AVALIAÇÃO PSICOLÓGICA E LEI:

Adoção, Vitimização, Separação Conjugal, Dano Psíquico e outros temas

AVALIAÇÃO PSICOLÓGICA E LEI:

Adoção, Vitimização, Separação Conjugal, Dano Psíquico e outros temas

Sidney Shine
Organizador

Artesã

Avaliação Psicológica e lei: Adoção, vitimização, separação conjugal, danos psíquicos e outros temas

3ª Edição - 3ª reimpressão - 2025

DIRETOR
Alcebino Santana

DIREÇÃO DE ARTE
Tiago Rabello

REVISÃO
Solange Scatollini

CAPA
Mariah Castro - adaptação Karol Oliveira

DIAGRAMAÇÃO
Valquíria Kloss

Avaliação psicológica e lei: adoção, vitimização, separaçã conjugal, dano psíquico e outros temas / Sidney Shine, (organizador). – Belo Horizonte : Artesã, 2021.

248 p. ; 21 cm.

ISBN: 978-65-86140-83-5

1. Processo civil - Brasil. 2. Porva pericial. 3. Psicologia forense. 4. Psicometria. 5. Testes psicológicos 6. Varas da Família e das Sucessões 7. Varas da Infância e Juventude I. Shine, Sidney.

CDU155.940981

IMPRESSO NO BRASIL
Printed in Brazil

(31)2511-2040 (31)99403-2227
www.artesaeditora.com.br
Rua Rio Pomba 455, Carlos Prates - Cep: 30720-290 | Belo Horizonte - MG
/artesaeditora

Sumário

Prefácio

Neste livro o leitor terá a oportunidade de verificar como vem se dando a construção do conhecimento nas áreas da avaliação psicológica e da psicologia jurídica. Diferentes autores, sob diferentes temas e enfoques teóricos, dividirão com o leitor seus estudos e reflexões. Essa diversidade é, sem dúvida, enriquecedora e revela a complexidade dessas áreas do conhecimento.

Este livro está sendo lançadoestá m vinte anos após o primeiro concurso para psicólogos judiciários no Estado de São Paulo. Este período marca mudanças significativas nos campos da psicologia jurídica e da avaliação psicológica. Apontaremos, ao longo deste prefácio, algumas destas mudanças, sem pretender esgotar o tema.

A primeira questão que este livro levanta é: por que avaliação psicológica e psicologia jurídica? Qual é a relação entre estas duas áreas? Se há mudanças nestas áreas, a que podemos atribuí-las?

É importante ressaltar que o Direito e a Psicologia são dinâmicos, e que as mudanças dentro dessas áreas do conhecimento são tanto causa quanto conseqüência de movimentos históricos mais amplos.

Vejamos um exemplo. A revolução francesa defendia os ideais de igualdade, fraternidade e liberdade. Tais ideais permearam tanto o Código Penal de Napoleão como o nascimento da psiquiatria, com Pinel, ambos surgidos em 1810. Uma das inovações trazidas pelo Código de Napoleão foi a criação da noção de responsabilidade, ou não, de um indivíduo sobre seus atos. A medida que se constitui o saber psiquiátrico, a Justiça dele se utiliza para auxiliá-la a precisar se um indivíduo sofre de algum distúrbio mental que o incapacite de responsabilizar-se pelo crime que cometeu.

No tocante à área da infância e juventude, seus primórdios remontam ao direito romano, no qual se previa que as crianças tivessem penas menos duras do que os adultos. Paulatinamente, foi se desenvolvendo a noção de proteção à criança. Tal noção fez com que o juiz tivesse um campo de intervenção muito vasto e, no interior deste, uma grande iniciativa e interpretação pessoal. Eis justificada, então, a necessidade da Justiça recorrer a investigações psicológicas para se compreender a criança e visar sua reeducação.

A Justiça utilizou-se, para tanto, do psicólogo clínico e de seu arsenal de avaliação psicológica. Assim, a psicologia jurídica nasceu na psicologia clínica e, mais especificamente, no campo da avaliação psicológica. O psicólogo que exerce sua função na Justiça vem aperfeiçoando métodos de avaliação outros, específicos de sua população atendida, e do contexto da demanda (a do juiz diferente da do psiquiatra, por exemplo). Estes métodos irão enriquecer e aprimorar, por sua vez, o campo geral da avaliação psicológica. Em outras palavras, entre a avaliação psicológica e a psicologia jurídica criou-se uma pista de mão dupla, onde o desenvolvimento de ambas enriquece-as mutuamente. Para citar alguns exemplos de como a psicologia jurídica aperfeiçoa a avaliação psicológica, citaremos os trabalhos de Gijseghem[1] (1992), Aubut[2] (1993), Berger[3] (1992). De como as técnicas de avaliação psicológica auxiliam, por sua vez, a psicologia jurídica, temos Gruffel D, Maulaz E(1994)[4], Mercenon C. Rossel F. e Cedranshi C (1990)[5], apenas para citar alguns exemplos.

O campo da avaliação psicológica vem sofrendo constantes questionamentos, provenientes tanto de seu desenvolvimento científico próprio quanto das ideologias dominantes de cada momento histórico.

Em seus primórdios, a avaliação psicológica foi ligada ao surgimento dos testes psicológicos: projetivos com o teste de associação de palavras de Jung, e de nível intelectual, de Binet e Simon, em 1904 e 1905, respectivamente.

---

[1] Gijseghem, H.V. *L'enfant mis à Nu: L'allegation d'abus sexuel: la recherche de la vérité*, Québec, Éditions du Méritien, 1992.

[2] Aubut, J. et collaborateurs, *Les agresseurs sexuels*, Paris, Maloine, 1993.

[3] Berger, M. *Les séparations à but thérapeutique*, Toulouse, Privat, 1992.

[4] Gruffel,D., Maulaz E. *De la personalité de l'escroc. A propos d'un cas avec Rorschach et T.A.T.* in Expertise em Psychologie légale. XLII,p. 367-376, mars-juin,1994.

[5] Mercenon, C.; Rossel, F., Cedrashi, C. Réfléxions sur la notion de faux-self; deux niveaus de fontionnement mis em évidence au Rorschach, *Revue de psychologie appliquée,* vol. 40, nº 2, p.183-202, 1990.

A avaliação psicológica foi muito questionada nas conturbações sociais de maio e de junho de 1968, na França. Ela foi chamada de "psicologia a mão armada", por fazer uso dos testes. Sobre esta polêmica, concordamos com a crítica feita por Perron-Borelli a Perron (1970)[6]:

> *Em seu princípio, nós podemos simpatizar com essa recusa: é saudáve lutar contra o perigo da alienação que representa para todo profissional a redução ao papel de servo de uma tecnologia que escaparia a sua crítica. Mas talvez essa posição, quando ela é expressa sem nuanças, fundamenta-se numa concepção simplista e ultrapassada do exame psicológico** (p. 5).

A avaliação psicológica por meio de técnicas não é simples. Uma mesma técnica projetiva pode receber diferentes interpretações, segundo referenciais teóricos diferentes. As técnicas de Rorschach e T.A.T, por exemplo, podem ser analisadas, dentre outros possíveis, segundo o referencial psicanalítico. A interpretação dessas técnicas, neste referencial teórico, pressupõe o conhecimento de

toda a psicanálise e psicopatologia psicanalítica, além de vários livros específicos sobre esses testes, tais como: Chabert (1993 1987, 1993)[7], Brelet (1996)[8]. Portanto, é no mínimo estranho acusar as técnicas psicológicas de simplistas. Deixaremos de lado as críticas ideológicas ao uso de testes: pode-se fazer mau uso de qualquer tipo de instrumento.

Mas, voltemo-nos para as mudanças no Direito, na avaliação psicológica e na psicologia jurídica nestes últimos vinte anos. Nesse

---

[6] Perron-Borelli, B. Perron R., *L'examen psychologique de l'enfant*, Paris, Presses Universitaires de France, 1970.

* Os textos em francês foram traduzidos pela autora.

[7] Chabert, C. *Le Rorschach en clinique adulte: interprétation psychanalytique*. Paris, Bordas, 1983.

________, Rorchach et T.A.T.: antinomie ou complementarité. *Psychologie Française*, tome 2, 1987.

________, A psicopatologia no exame de Rorschach, São Paulo, Casa do Psicólogo, 1993.

[8] Brelet, F. *Le T.A.T.: fantasme et situation projetive*. Paris, Dunod, 1996.

período, detectamos que houve movimentos sociais crescentes para garantir os direitos humanos, e acesso democrático à Justiça assim como para a busca de solução de conflitos fora do Judiciário.

Vejamos, inicialmente, como essas mudanças refletiram-se nas leis:

O Estatuto da Criança e do Adolescente (ECA) veio em 1990, em substituição ao Código de Menores. Uma análise superficial já revela uma nova maneira de se compreender a criança e o adolescente. O Código de Menores dispunha "sobre assistência, proteção e vigilância de menores[9]" (p. 1). Agora a criança é titular de direitos comuns a toda e qualquer pessoa, e não mais objeto de intervenção do mundo adulto. O ECA introduziu muitas práticas que modificaram a maneira de se atuar junto às crianças. Ampliou a forma como a sociedade deve proteger e cuidar da infância por meio da criação dos Conselhos Tutelares e Organizações Não Governamentais (ONGs). A forma da participação social nos serviços da infância e juventude está bem explicitada por Sêda (1999)[10]. As mudanças foram inúmeras, enfim, mas sobre elas não me alongarei aqui por não ser propriamente o objetivo deste prefácio.

Nas Varas de Família também ocorreram modificações, notadamente no Código de Processo Cível, com relação à família. O exemplo mais popular talvez ainda seja o do "estatuto da união estável". Além disso, não podemos esquecer que o ECA, na medida em que promove os direitos da criança, acaba por revelar que ela pode não ter seus direitos completamente atendidos apenas por sua família. Considera-se a autonomia da criança face à sua família. A criança pode exercer suas escolhas pessoais, mesmo que contra a vontade de seus pais, como afirma Dekeuwer- Défossez (1991)[11]. Sem dúvida, o ECA enriqueceu ainda mais o trabalho do perito psicólogo nas Varas da Família.

Ainda com relação às Varas da Família há, atualmente, uma grande discussão sobre o papel da mediação nas disputas dos ex-casais. A

---

[9] Juarez, S. *O Código de Menores*, São Paulo, Editora Saraiva, 1985.

[10] Sêda E. *A criança e sua convenção no Brasil, pequeno manual*, Conselho Regional de Psicologia, 1999.

[11] Dekeuwer-Défossez, *Les droits de l'enfant*, Paris, Presses Universitaires de France, 1991.

mediação está sendo implementada em vários locais dentro do Tribunal de Justiça, tanto de São Paulo quanto em outros Estados. Em outros países, como por exemplo, o Canadá, a mediação é obrigatória para todos os casais que se separam, segundo lei recém aprovada.

Em outras áreas novas leis foram introduzidas: a do Estatuto do Idoso (1º de outubro de 2003, Lei n. 10.741), e os Juizados Especiais Cíveis e Criminais, criados em 2001.

Percebe-se, em várias dessas mudanças, que a Justiça coloca maior responsabilidade na sociedade, para que busque suas soluções, embora não deixe de apoiá-las direta ou indiretamente: em relação ao ECA, por exemplo, na criação dos Conselhos Tutelares e incentivo a ONGs; nas Varas da Família, numa busca crescente para que os casais resolvam suas desavenças por meio da mediação; na criação dos juizados especiais cíveis e criminais, garantindo um acesso mais rápido e democrático da população à Justiça. Em setores diversos, procura-se levar o indivíduo a adquirir maior consciência e autonomia, além de fazer valer seus direitos de cidadão.

Mas não é só no Direito que o movimento de propiciar maior autonomia e direitos para o indivíduo se faz sentir (conforme indicam as leis mais recentes, acima mencionadas). Este movimento reflete-se também na avaliação psicológica, na medida em que esta não é mais vista como uma coleta de dados, dos quais o indivíduo não tem qualquer acesso ou, na melhor das hipóteses, terá direito a algumas entrevistas devolutivas, dependendo do contexto em que tal avaliação é realizada.

Introduziu-se, então, a prática do psicodiagnóstico interventivo (já na década de noventa), que, segundo Ancona- Lopez (1995)[12] é uma atuação "que se caracteriza pelo fato de o psicólogo partilhar suas impressões sobre o cliente, levando-o a participar do processo e a abandonar a postura passiva 'de sujeito' a ser conhecido" (p. 33).

O psicodiagnóstico interventivo também adentrou na prática pericial nas Varas da Família, como desenvolvemos anteriormente em Castro

[12] Ancona-Lopez. Psicodiagnóstico: processo de intervenção: In: Ancona-Lopez, S. *Psicodiagnóstico*: Processo de Intervenção, São Paulo, Cortez Editora, 2002.

e Passarelli (1992)[13] , Toffolo, Castro e Correa (1993)[14]. Minha equipe de trabalho no Tribunal não cessa de questionar os alcances e limites da avaliação psicológica e da perícia psicológica, desde estes primeiros trabalhos. Desses trabalhos, destacamos: Silva(2000)[15], Machado e Correa (2000)[16], Shine (2003)[17], Castro (2003), Silva (2005)[18].

Neste momento histórico levantamos, dentre outras, as seguintes questões: Haverá um modelo ideal de perícia? Que efeito que a perícia tradicional e a perícia interventiva tem surtido nas partes? Os juízes utilizam-se de nossos laudos para proferir suas sentenças? Este livro é fruto destas indagações, sendo que o leitor encontrará resposta a estas e a muitas outras questões, pertinentes aos campos de avaliação psicológica e psicologia jurídica.

O desenvolvimento social e científico de outros países talvez nos forneçam parâmetros ou dados que poderemos utilizar em nossa prática. Não para copiá-los, posto que a realidade de cada país é muito distinta, mas para auxiliar-nos numa discussão mais ampla. Mediação ou perícia? A primeira excluiria a segunda necessariamente? Um exemplo de bom senso vem do Canadá, no qual há excelentes pesquisas na área da psicologia jurídica. Lá, ao mesmo tempo em que se aprovou uma lei obrigatória para a mediação nas disputas de ex-casais, constatou, numa ampla pesquisa, realizada em 1999, pelo Ministério da Justiça, Sáude Mental e Serviços Sociais[19], a pertinência

[13] Castro, L. R. C.; Passarelli, C. A perícia psicológica nas varas de família, In: Congresso Iberoamericano de Psicologia, Madrid, 1992, *Resumos*, p. 302

[14] Toffolo, T.; Castro, L. R. F.; Correia, Y. B. Disputa da Guarda uma visão psicanalítica. In: Congresso Iberoamericano de Psicologia Jurídica, I. Buenos Aires, 1993, *Resumos*.

[15] Silva, M.T.A. O Uso dos testes psicológicos no trabalho de perícia das varas da família e sucessões; *Anais do III Congresso de Psicologia Ibero Americano de Psicologia Jurídica*, 2000.

[16] Machado, M. C. L. e Correa, Y. B. O Casal em disputa pela guarda dos filhos. In: *Anais do III Congresso de Psicologia Ibero Americano de Psicologia Jurídica*, 2000.

[17] Shine, S. *A Espada de Salomão*. A psicologia e a Disputa de Guarda e Filhos, São Paulo, Casa do Psicólogo, 2003.

[18] Silva, E. Z. M., *Alcances e Limites da Psicologia Jurídica*: o impacto da avaliação psicológica na visão das partes envolvidas, São Paulo, 2005, 237p.Tese de Doutorado, PUC.

[19] *Rapport du Comité sur L'Expertise en Matière Familiale*, 1999.Québec.

das perícias psicológicas. A pesquisa concluiu que a intervenção de um perito competente, no momento oportuno, revela-se eficaz a longo prazo, evitando que as pessoas implicadas não se encontrem novamente, por ocasião de um estado de crise, dentro de um processo judicial nos quais as crianças sofrerão os aspectos negativos. Ou seja: parece não haver uma prática única que seja capaz de resolver a diversidade dos problemas atuais. Diversas práticas, antes de se oporem, parecem se complementar.

Este livro demonstra o desafio que é construir um campo de conhecimento sólido, fundamentado e útil para aqueles que dele se utilizam. Após a leitura destes preciosos trabalhos de meus colegas, tive a grata satisfação de poder tornar minhas as palavras de Duflot-Favori[20]:

> *A Justiça, como toda instituição, tem seu peso, sua lentidão, sua rigidez. Mas ela é viva e acessível a outros discursos. É, para o psicólogo, a chance de uma dialética possível na qual ele pode sair confortável no seu papel de agente da mudança social (p. 184).*

Assim como eu, leitor, conto que você revigore, ao ler este livro, a esperança na Psicologia e na Justiça.

Lidia Rosalina Folgueira Castro

Psicóloga-chefe do Setor de Psicologia das Varas da Família do Fórum Central da Capital de São Paulo.
Supervisora de Psicodiagnóstico e Psicoterapia Infantil da Faculdade de Psicologia da Universidade São Marcos.
Doutora em Psicologia Clínica pelo Instituto de Psicologia da Universidade de São Paulo.

[20] Duflot, C. *Le psychologue expert en justice*. Paris, PUF, 1988.

Apresentação

Os textos apresentados nesta coletânea trazem, enquanto signo comum, a preocupação de tematizar e ampliar a discussão de vários aspectos ligados a uma atuação compromissada e séria de psicólogos, psicanalistas e assistentes sociais no campo da Lei.

A Psicologia Jurídica, uma especialidade recém-reconhecida pelo Conselho Federal de Psicologia[1], é uma área carente de bibliografia e seus operadores têm encontrado caminhos solitários e próprios para desenvolver seus trabalhos e estudos. A iniciativa deste livro é de trazer à luz experiências, marcos teóricos e dados que se podem referir a esta área, proporcionando sua maior circulação.

"Avaliação psicológica em contexto forense", de Sidney Shine, abre a coletânea circunscrevendo algumas questões ligadas à avaliação psicológica dentro do campo jurídico, discorrendo sobre o tema *perícia psicológica.* Examina as especificidades dessa prática e os dilemas éticos e técnicos que esta nova área de atuação coloca ao psicólogo forense.

"A influência dos laudos psicológicos nas decisões judiciais nas Varas de Família e Sucessões do Fórum Central da capital de São Paulo", pelas psicólogas Maria Cláudia Rodrigues, Maria Cristina Leme Hungria e Eunice Maria Couto, é fruto de uma pesquisa empírica a partir do levantamento em autos de processos de Vara de Família. As autoras correlacionam os dados da distribuição de casos com o índice de coincidência entre o posicionamento do perito psicólogo e o convencimento do juiz.

"O necessário reconhecimento do processo de luto na separação conjugal", pela psicóloga Evani Zambon Marques da Silva, discute a pertinência de se estudar o processo de luto nas separações conjugais que ensejariam muitas problemáticas que desembocam em

[1] O título de Especialista em Psicologia Jurídica foi criado pelo Conselho Federal de Psicologia por meio da Resolução n.º 14/00 em 22/12/00.

perícias em Varas de Família. A autora parte de estudos em psicologia social e faz convergir seu interesse de pesquisadora frente aos casos em que tem atuado.

"Crianças e adolescentes vitimizados: rotina dos atendimentos", pela psicóloga Solange Maria Amaral S. Pinheiro, é fruto de uma larga experiência da autora com casos de violência envolvendo crianças e adolescentes em Vara da Infância e Juventude. A autora parte de uma amostra de casos que atendeu no Fórum João Mendes e levanta os índices percentuais de violência sofrida e os encaminhamentos dados. Ela utiliza o referencial teórico junguiano para pensar as conseqüências traumáticas de diversos tipos de violência em crianças e jovens.

Aos trabalhos dos psicólogos judiciários da cidade de São Paulo, junta-se ainda o trabalho da colega que atuou em Osasco (SP) Leila de Dutra Paiva, que traz sua contribuição, fruto de sua dissertação de mestrado, na forma de um texto que condensa vários aspectos que envolvem a adoção e o Sistema Judiciário em seu trabalho que se intitula "O psicólogo judiciário e as 'Avaliações' nos casos de adoção".

Comparece nesta coletânea a ex-psicóloga judiciária, que atuou muito tempo na Comarca de Guaratinguetá (SP), Patrícia Regina da Matta Silva, que traz sua reflexão voltada à questão de crianças em um espaço pouco estudado: a rua . Seu trabalho, intitulado "A meninice e a institucionalização da situação de rua: práticas institucionais e subjetividade", já é fruto de um processo de maturação de conteúdos trabalhados em sua tese de doutoramento. A colega que não faz mais parte dos quadros do Tribunal de Justiça de São Paulo continua atuante na Psicologia como professora universitária.

O artigo do psicólogo judiciário Hélio Cardoso de Miranda Jr. discute questões interessantes a partir de sua dupla inserção na Psicanálise e no Sistema Judiciário de Minas Gerais, "Psicanálise e avaliação psicológica no âmbito jurídico". O seu trabalho de caráter epistemológico busca aproximar a rede conceitual psicanalítica à prática psicológica da avaliação psicológica.

Temos a contribuição de Sonia Liane Reichert Rovinski, psicóloga do Tribunal do Rio Grande do Sul, com seu trabalho "A avaliação do dano psíquico em mulheres vítimas de violência". Esse texto traz a contribuição em uma área ainda menos explorada que é a Vara Cível. Sonia ilustra a participação do psicólogo forense na avaliação do dano psíquico, distinguindo-o do dano moral, como subsídio ao magistrado.

Todos os seus autores são psicólogos atuando ou tendo atuado em diversas áreas no campo da Psicologia Jurídica em que o psicólogo tem sido chamado a dar sua contribuição. A única exceção é a participação de uma profissional do Serviço Social Judiciário, Maria Isabel Strong, que divide a autoria com Sidney Shine. O próprio tema do trabalho justifica sua participação: "O laudo pericial e a interdisciplinaridade no Judiciário" que fecha os trabalhos desta coletânea.

Penso que os relevantes trabalhos reunidos dão uma idéia do que se tem feito no Sistema Judiciário por seus operadores técnicos. O livro nasceu da ambição de um projeto coletivo no qual pudéssemos fazer circular e estimular o crescimento das trocas nesta área. Convidamos o leitor para acompanhar cada autor nos meandros desta prática. Esperamos que eles sirvam de estímulo e subsídio para novos trabalhos dos profissionais desta área, de esclarecimento para os profissionais do direito e uma introdução útil para estudantes destas profissões.

São Paulo, 13 de julho de 2005.

Sidney Shine
Organizador

Avaliação psicológica em contexto forense

Sidney Shine

A avaliação psicológica em contexto forense ou jurídico precisa ser reconhecida pelo que ela é: uma modalidade específica de avaliação com características intrínsecas ao seu objeto e objetivo.

Antes de definir o objeto e objetivo da avaliação psicológica em contexto forense, vamos esclarecer o uso do termo "forense" contraposto a "jurídico".

> Forense [Do lat. forense.]
> 1. Respeitante ao foro judicial.
> 2. Judicial[1].
> (Ferreira, 1999)

Podemos concluir das definições acima que o termo "forense" em português se aplica *exclusivamente* ao poder judiciário. Esta acepção deixaria de contemplar o que *não* estivesse no âmbito do judiciário. Se utilizarmos tal designativo em relação às possibilidades de atuação da psicologia, estaríamos deixando de fora os trabalhos em que a psicologia se encontra ligada ao poder executivo, tais como o ministério público, as prisões, os manicômios, as delegacias etc. É por esta razão que o termo "Psicologia Jurídica"[2] é preferível para designar a imbricação do campo da Psicologia com o Direito.

---

[1] [Do lat. judiciale.] Adj. 2 g. 1. Que tem origem no poder judiciário ou perante ele se realiza. 2. Respeitante a juiz, a tribunais ou à justiça; forense.

[2] Neste sentido, concordamos com Souza (1998, p. 6): "É reconhecida internacionalmente como Psicologia Jurídica e/ou Forense. Contudo, em nossa opinião, ficaria mais adequado chamarmos a mesma de Psicologia Jurídica, tendo em vista que este termo abrange um campo muito maior que o termo *forense*, que estaria aplicado somente às atividades exercidas no foro".

Neste trabalho estaremos enfocando um tipo específico de avaliação psicológica para o contexto forense: *a perícia*. E o faremos utilizando como substrato de nossas reflexões a experiência no campo pericial em casos de Vara de Família.

Observemos que a própria circunscrição do campo permite uma visualização do *objeto* e do *objetivo* de uma avaliação psicológica que se dê neste contexto. Ora, por *objeto* da avaliação psicológica se entende a questão pertinente que a avaliação trata de investigar, ou posto de outra forma, trata-se de um problema a resolver[3], uma questão a responder. Lembremos que a Psicologia funciona por meio da busca de uma resposta a uma pergunta específica (*Qual é a inteligência do fulano?*, por exemplo). É fácil constatar, pois, que a avaliação psicológica em contexto forense recairá sobre uma pergunta cujo interesse reside no deslinde de uma questão do direito: *uma questão legal.*

Vamos diferenciar *objeto* do *objetivo* da avaliação. Uma vez que o objeto se define por uma questão-problema, o *objetivo* será dado pela demanda que é feita ao psicólogo em sua avaliação. Por exemplo, em casos de disputa de guarda em Vara de Família recorre-se ao perito psicólogo no intuito de buscar uma resposta a questões-problemas de origem e natureza psicológicas, mas cujo objetivo final é definir o guardião legal da criança. *Quem tem as melhores condições psicológicas para o exercício da guarda*? Repare o leitor que perguntar por condições psicológicas traz em primeiro plano o campo de *expertise* do profissional em questão. Se a pergunta/problema fosse em relação ao cálculo pecuniário acrescido de juros e correção de uma dívida, com certeza o profissional competente seria o contador. Portanto, quer se saber algo que é do campo de algum especialista (por isso recorre-se ao perito), enquanto uma forma de subsídio[4] ao julgamento da matéria pertinente, no nosso exemplo, a guarda do filho.

[3] Maloney and Ward (*apud* Grisso, 1986, p. 105); Cunha, J. A., 2000, p. 19.

[4] "Os fatos litigiosos nem sempre são simples de forma a permitir sua integral revelação ao juiz, ou sua inteira compreensão por ele, através apenas dos meios usuais de prova que são as testemunhas e documentos. Nem é admissível exigir que o juiz disponha de conhecimentos universais a ponto de examinar cientificamente tudo sobre a veracidade e as conseqüências de todos os fenômenos possíveis de figurar nos pleitos judiciais. Não raras vezes, portanto, terá o juiz de se socorrer de auxílio de pessoas especializadas como engenheiros, agrimensores, médicos, contadores, químicos etc., para examinar as pessoas, coisas ou documentos envolvidos no litígio e formar sua convicção para julgar a causa, com a indispensável segurança" (Theodoro Jr., 2002, p. 428).

Há mais uma especificidade na atuação do psicólogo neste contexto. A resolução do problema que a avaliação psicológica se constitui, portanto como instrumento, sempre recairá sobre um sujeito (Shine, 2003). A abordagem da Psicologia se caracteriza, então, pela *dimensão intersubjetiva*; em última instância o *objeto* da Psicologia é sempre pertinente ao *sujeito*. Aqui temos uma peculiaridade, do ponto de vista epistemológico, do que se constitui o conhecimento da Psicologia. Ela não pode se enquadrar nos parâmetros das ciências naturais, uma vez que seu próprio objeto de estudo não pode ser considerado uma "coisa" que existe na natureza descurada de sua condição de ser humano, portanto estamos falando do âmbito das *ciências humanas*.

Humanos somos todos, desde o operador do Direito que formula a questão pertinente para a perícia responder, o perito que se incumbe dela e os periciandos, principais interessados no resultado da ação. Esta triangulação nos coloca diretamente em contato com a questão *ética* de nossa atividade, tanto em relação ao demandante da intervenção psicológica quanto ao periciando (ou periciandos) em questão – objetos-sujeitos de nossa intervenção.

Apesar de nosso interesse ser eminentemente técnico neste capítulo, no sentido de aprofundarmos as especificidades dessa modalidade de avaliação, não estamos nos eximindo da tarefa de encarar as problemáticas éticas que tal campo nos coloca. Ainda mais, acreditamos que tais questões estejam no cerne mesmo da definição da identidade do psicólogo forense.

Vicissitudes da relação perito-periciando no contexto de avaliação psicológica forense

O encontro do psicólogo-perito com o seu periciando-sujeito se dá dentro do contexto específico que a demanda legal informa e institui. Dito de outra forma: se o processo judicial é o de guarda, a avaliação psicológica buscará as potencialidades e as dificuldades de cada um dos genitores à luz do relacionamento e das necessidades específicas do(a) filho(a) em questão. Se o objetivo é avaliar sua competência para o exercício de funções de cidadão, buscar-se-á discriminar as condições necessárias para tal exercício e a confirmação de sua presença ou ausência no sujeito. Se o periciando é um apenado e a avaliação busca subsidiar a decisão quanto ao tipo de regime que lhe será aplicado, tratar-se-á de levantar qual é o seu perfil a partir do crime cometido e inferir a probabilidade de sua reincidência.

Essa é uma relação de trabalho que opõe dois sujeitos, mas que implica um terceiro – o operador do Direito. Isso coloca a questão do que ele fará com a informação que o profissional-perito fizer chegar as suas mãos.

Pensamos que não é difícil depreender de nossos exemplos que *o interesse do sujeito-periciando na determinação do resultado da avaliação está colocado desde o início.* O genitor, no exemplo **1**, busca a guarda. O periciando, no exemplo **2**, busca manter seus direitos de exercer a cidadania. No exemplo **3**, o sujeito busca as melhores condições de sobrevivência para si e, porque não dizer, as melhores condições de fugir de uma situação coercitiva. Ora, posto desta forma a relação que une o psicólogo-perito ao sujeito-periciando será permeada por intenções conscientes de simulação[5] e dissimulação[6] no limite da possibilidade de resguardar seus próprios interesses. Portanto, este cenário é bastante distinto da *relação de ajuda* própria do trabalho psicológico em *enquadre clínico* (Psicologia Clínica). Neste, o interesse do sujeito que demanda ajuda coincide com o fato de ser ele próprio *veículo* e *objeto* da ação do profissional. Há uma convergência de interesses entre a demanda e o móvel (motivação do sujeito) para a ação do profissional. No contexto jurídico, a demanda apresentada pelo operador do Direito requer uma resposta do perito que pode *ser ou não* benéfico ao interesse próprio do sujeito-periciando. Este fará tudo para que o interlocutor (psicólogo) seja o intermediário de uma *boa resposta* ao destinatário último (operador do Direito) da informação relevante. Esta situação,

---

[5] O DSM-IV enquadra simulação como "produção intencional de sintomas físicos ou psicológicos falsos ou amplamente exagerados, motivada por incentivos externos tais como esquivar-se do serviço militar, fugir do trabalho, obter compensação financeira, evadir-se de processos criminais ou obter drogas" (Associação Psiquiátrica Americana, p. 642).

[6] "... quando procura encobrir ou minimizar os sintomas que na realidade existem" (Rovinski, 2000, p. 188).

já explicitada desde 1906 por Freud, condiciona uma distinção capital na *estratégia* de avaliação que o psicólogo irá lançar mão.

Portanto, estamos considerando que certa dose de *desconfiança* e *distanciamento* são componentes do vínculo possível de trabalho que unirá o psicólogo-perito aos seus periciandos. Aqui se recoloca a questão ética.

A ética como limite e campo de atuação

A transparência quanto à posição que o psicólogo em avaliação psicológica forense assume frente ao seu sujeito-periciando é de extrema importância. Desde o início deve estar claro qual é a sua função para todos os envolvidos na avaliação[7]. A dificuldade em explicitar tal situação pode levar a problemas de manejo não só técnicos quanto éticos que podem prejudicar tanto o objeto quanto o objetivo de tal intervenção. Por exemplo, vamos ilustrar um dilema do colega psicólogo que realizou uma perícia em Vara de Família em uma Ação de Disputa de Guarda. Após entrevistar os adultos em litígio, ele chamou as crianças de 10 e 13 anos para uma entrevista psicológica. Na entrevista, ficou sabendo que o avô materno buscava manipular as reações das duas crianças, incentivando-as a escreverem "bilhetes de amor" à mãe. No enquadre feito com as crianças, o psicólogo garantiu *total sigilo* para o que falassem como meio de assegurar a confiança no vínculo profissional-crianças. Na hora de redigir o laudo se deparou com quesitos complementares do advogado da parte contrária da mãe, em que se perguntava ao profissional se os "bilhetes escritos pelas crianças eram autênticos". O profissional se viu confrontado com o dilema de informar o que sabia no desempenho de seu papel e expor as crianças ou protegê-las à custa de uma informação que detinha de fato. Aqui o erro técnico foi ter usado o enquadre de um psicodiagnóstico infantil, garantido um sigilo como se fosse um

[7] Lembramos que a avaliação psicológica em contexto forense engloba uma série de situações em que podem estar envolvidos não só operadores do direito (juiz, procurador, advogados), de um lado, como vários sujeitos-periciandos (partes, crianças, adolescentes), do outro.

psicoterapeuta, em vez de um enquadre de uma perícia psicológica em que o objetivo mesmo da intervenção é informar um terceiro sobre o objeto da investigação.

Para se garantir a melhor possibilidade de trabalho, deve-se deixar bem claro, de início, que as informações que o entrevistando trouxer serão resguardadas em sigilo, mas aquilo que se considerar relevante para o deslinde da matéria legal será encaminhado ao destinatário do laudo. O sigilo pode e deve ser garantido naquilo que é irrelevante para a matéria jurídica em apreciação. Parece simples de cumprir, mas perguntas simples tais como: "O meu ex-marido já veio aqui?" Ou "Você já conheceu o meu filho?" devem ser avaliadas com cuidado e respondidas com cautela. Afinal, isso (comparecimento ou não à entrevista psicológica) não deixa de ser um dado pertinente à parte atendida. Pode haver a intenção de um uso de tal informação nas interações entre os membros da família em litígio. Um pai convocado por mim para uma entrevista com conhecimento da outra parte foi preso no saguão do Fórum por meio da execução de um processo de Alimentos. Em outro caso, a Requerente queria subordinar suas entrevistas à vinda da parte contrária: "Eu quero saber se ele veio, porque senão eu não vou comparecer de novo aí". Nesse momento, temos mais dados para avaliar a forma como esta pessoa entende a sua participação no processo. Este dado poderia ter-se obscurecido se não buscássemos a preservação do enquadre de atendimento pericial.

Este cuidado ético com a pessoa atendida pode aumentar a suspeita e a desconfiança da outra parte, principalmente se ela não se sentir tratada com o mesmo cuidado e consideração. Portanto, a questão da imparcialidade e isenção se recoloca para o psicólogo perito no momento mesmo de explicitar as condições de seu atendimento.

As modalidades possíveis de atuação do psicólogo no contexto forense

Vamos voltar nossa atenção, agora, não para o periciando-objeto da intervenção pericial do psicólogo, mas para este psicólogo no desempenho de variadas funções na arena jurídica.

Em vez de analisarmos o sujeito-objeto da intervenção, vamos colocar o psicólogo como *foco* de nossa análise. Veremos que de acordo como ele ou ela intervém e se coloca, também se configuram qualidades diferentes de entendimento dos limites de trabalho, bem como da ética subjacente, o que pode levar a posições distintas naquilo que seria o mesmo processo de avaliação. Esclareçamos: Dependendo de como o profissional psicólogo se posiciona na arena jurídica, ou seja, sobre o que realiza no desempenho de uma avaliação psicológica forense, temos uma compreensão técnica e um posicionamento ético diferentes. Apontaremos a seguir quais são estas posições possíveis e quais as decorrências delas. Para tal, utilizaremos um tipo especial de caso em Vara de Família: casos de disputa de guarda de filhos.

Abordaremos a atuação do psicólogo frente a cinco possibilidades de papéis distintos no contexto forense, a saber: testemunha, perito parcial, perito "pistoleiro", perito adversarial e perito imparcial.

A testemunha (factual)

A testemunha é, por definição, "aquele que sabe porque viu ou ouviu" (Ferreira, 1999). Quando o psicólogo é convocado nesta categoria, portanto, convoca-se não a sabedoria do perito [do latim *perior* que quer dizer *experimentar*, aquele que sabe por experiência], mas o conhecimento do sujeito que, tendo estado presente, viu e observou algo ou alguma coisa.

O psicólogo, como qualquer outro cidadão, pode ser chamado a ocupar esse lugar. Nessa categoria de participação na arena jurídica não deveria ser o seu conhecimento específico que está em jogo, mas a sua condição de ser vivente que observou e viu algo. Tanto é que ele não é pago por ninguém para desempenhá-lo. Trata-se antes de uma intimação judicial. A sua participação na audiência é compulsória, sob pena de desobediência civil a uma convocação oficial.

José Alberto Simões Correa, Conselheiro do CRP/06, na edição do *Jornal do Conselho* de março/abril de 1996 se manifesta em relação a essa situação. A orientação do CRP é no sentido de que o profissional *deve* comparecer em dia e hora determinados na intimação, mas não necessariamente atender às exigências feitas pela justiça, caso sejam contrárias aos princípios éticos da profissão. Em suas palavras:

> O que geralmente acontece é uma confusão entre dois tipos de ação que o profissional pode ter junto à justiça: a situação em que vai agir como *testemunha* (grifo nosso) e a outra em que é solicitado a prestar esclarecimentos técnicos sobre o paciente. A diferença é sutil, mas fundamental. Como testemunha o psicólogo deverá prestar informações sobre fatos concretos que tenha presenciado e que podem auxiliar na resolução do caso em questão. *Essas informações, portanto, não podem ser baseadas nos depoimentos de seus pacientes ou em inferências que o profissional possa fazer a partir dos atendimentos que está realizando* (destaque nosso) (p. 16).

Esta distinção é importante, pois a clareza do profissional quanto a este limite (daquilo que sabe por ter estado lá e visto) impõe que não se extrapole a sua função testemunhal e invada o campo pericial, ao se arvorar em conjecturas que são pertinentes à área do conhecimento técnico específico da Psicologia Jurídica.

Abordamos em outra obra (Shine, 2003) a situação em que o perito é convocado para atuar como testemunha. Situação que observamos em nossa prática profissional (atuação pericial em processos judiciais). Em sentido estrito, a perícia é um testemunho sobre alguém, mas de outra ordem – que implica um conhecimento de natureza específica e especializada. Por isso, em inglês "perito" tem o adjetivo *expert* aposto ao substantivo "testemunha" *witness*. Ou seja, o perito[8] já é uma testemunha qualificada de seu periciando.

Consideramos, portanto, uma primeira distinção entre o psicólogo atuando como testemunha e o psicólogo atuando como perito. Abordaremos a situação pericial, discriminando também certas diferenças quanto ao enquadre no qual o profissional vai se inserir e que condicionarão a sua perspectiva de avaliação (Shine, 2003).

O perito parcial

Todo psicólogo, em um sentido amplo, é um *expert* na sua matéria. Ou seja, no que diz respeito à sua área de competência ele é um

[8] Vide nota nº 4.

especialista[9]. Quando é contratado pelo advogado ou pela parte, ele se tornará um perito parcial dentro da arena jurídica. O termo corrente, mais comum, é assistente técnico[10].

O psicólogo pode e deve agir com isenção, conduzindo seu trabalho segundo os referenciais técnicos e éticos de sua área. No entanto, aceitando atuar para uma das partes, colocar-se-á parcial porque o seu lugar na arena jurídica lhe condiciona aquilo com o qual entrará em contato e será matéria de sua avaliação[11]. Isto não quer dizer que o psicólogo descuide de fazer tudo conscienciosamente, buscando o bem-estar de todos (aqueles a quem atende). Contudo, *tornar-se-á parcial porque está condicionado àquilo que pode saber por sua experiência*. E sua experiência que lhe vem das técnicas de avaliação psicológica se dará sobre *parte* do problema (que neste caso, não começa nem se encerra somente com a parte-cliente contratante).

Pode-se contra-argumentar que o assistente técnico pode e deve tentar avaliar a todos os envolvidos numa disputa de guarda. Mas ele deverá ser claro quanto a sua função e seu compromisso ético. Ora, se o assistente técnico quer se encontrar com a outra parte (que não lhe contratou) apenas para obter dela dados e análises que subsidiem os interesses de seu cliente, não se reinstalará um relacionamento profissional que coloca o ser humano como mero objeto intermediário? E mais, forçando-o a falar contra seus próprios interesses? Esta prática poderia ser considerada ainda eticamente legítima dentro do campo de atuação do psicólogo?

Do lugar de assistente técnico parece ideológico tal profissional professar o "maior interesse do menor" como diretriz. Como ele poderia,

---

[9] Relembramos que com a instituição pelo Conselho Federal de Psicologia do título de especialista o psicólogo vai ter configurado campos específicos de atuação, dentre os quais está a psicologia jurídica (Resolução n.º 14/00 de 22/12/00).

[10] Alguns preferem a designação "assessor da parte", outros ainda se referem a "perito particular". O termo "perito contraditório" (referência ao princípio do contraditório no Direito pelo qual as partes têm que ter ampla possibilidade de manifestação) é usado por Landry (1981).

[11] Não é incomum a orientação do advogado para que seu cliente não entre em contato com o assistente técnico da outra parte. Esta orientação faz sentido dentro da lógica adversarial, na qual imagina-se que o assistente técnico pode utilizar o que souber do cliente contra ele mesmo. Por outro lado, esta situação impõe ao assistente técnico um "ponto cego" em relação a um dos sujeitos-objeto de sua intervenção.

ao mesmo tempo, defender o interesse da criança e se alinhar a um de seus pais, se este for a sua posição, contra o outro? O interesse da criança, neste sentido, já estaria subordinado ao interesse do genitor que retém o profissional por um vínculo de prestação de serviços.

O perito "pistoleiro"

Hess (1998), psicólogo norte-americano, assim se refere ao profissional assistente técnico que, imbuído pela lógica adversarial, pretende que o seu laudo vai estar a favor de quem o contratou, *a priori*. Ou seja, as técnicas de avaliação serão utilizadas tendo em vista realçar a "verdade" que interessa à parte-cliente. Não existe aqui nenhum compromisso com a imparcialidade ou isenção. A prestação de serviços é entendida como a melhor utilização do referencial teórico-técnico da Psicologia para servir ao cliente naquilo que pretende por meio da demanda jurídica.

Schaefer (1992) designa a atuação do "pistoleiro" como "patentemente antiética[12]". A autora se apóia em Saks (1990)[13] para defender a idéia de que o perito (*expert witness*) *deveria* ter papel semelhante ao de outras testemunhas que é "apresentar evidências sob o juramento de serem verdadeiras" (p. 1064). Portanto, *defender* a uma das partes ou um determinado resultado, por meio de omissão de dados desfavoráveis, seria incompatível com a obrigação do perito de dizer a verdade. Neste sentido, os advogados têm o imperativo ético diferente de defender vigorosamente os interesses de seu cliente, obrigando-os a apresentarem somente evidências favoráveis à causa. Indagamos aqui se o psicólogo atuar da forma descrita acima, ele não estará se apoiando em uma ética alheia à sua profissão?

Esta discussão pode ser desdobrada em duas questões: a primeira diz respeito à forma como o psicólogo se insere na arena jurídica; a segunda, a como ele entende o alcance de seu trabalho.

---

12 *"The role of 'hired gun' is patently unethical, and advocacy as a witness also has ethical implications because there is never perfect congruence between the expert data and a particular position (Saks, 1990). To be an advocate, therefore, the expert witness would have to distort the data presented"* (p. 1065).

13 Saks, M. J. Expert witnesses, nonexpert witnesses, and nonwitness experts. *Law and Human Behavior, 14*, p. 291-313, 1990.

Nesta primeira vertente (inserção do psicólogo na arena jurídica), destacamos o fato de que a inserção institucional do profissional por meio do seu *contrato* e *enquadre de trabalho* já condicionam e impõe características específicas (Shine, 2003). Esta distinção é o que trabalhamos acima, fazendo uma diferenciação entre o assistente técnico e o perito. Tecemos nossas críticas quanto aos perigos éticos que uma atuação pautada na lógica adversarial do advogado pode conduzir o profissional psi.

Adentraremos, a seguir, em nossa segunda vertente de análise que diz respeito ao alcance que o trabalho pericial pode ter dependendo do entendimento de quem o exerce, ou seja, novamente, estamos focando as diferentes posições que o psicólogo-perito pode assumir ao realizar sua avaliação psicológica forense. O próximo ponto diz respeito *às conclusões* que o perito pode chegar em seu mister; é o que nós apontamos, em outra obra, como "a difícil distinção entre a função de avaliar para conhecer (perícia) e conhecer para decidir (juízo)" (Shine, 2003, p. 258).

O perito adversarial

Quando a questão final a ser concluída é colocada (a guarda deve ficar com quem?), o perito adversarial é, assim o denominamos (Shine, 2003), *aquele que escolhe* alguém seja por um motivo ou outro. Em outros termos, é o perito que toma a posição de dar um *laudo conclusivo*, entendendo-se "conclusivo" no sentido de ir ao mérito mesmo da ação que está sendo julgada.

Berry (1998), psicólogo forense e professor de Nebraska (EUA), cita Woody[14] (1978) e Gardner[15] (1982) como representantes dessa forma de pensamento. A proposta desses autores, segundo Berry (1998), é proceder a uma avaliação tão "imparcialmente" quanto possível, mas uma vez concluído, o perito deveria se colocar ativa e abertamente do lado do genitor escolhido como o mais adequado.

[14] Woody, R. *Getting custody: Winning the last batle of the marital war.* New York, Basic Books, 1978.

[15] Gardner, R. *Family evaluations in child custody litigation.* Cresskil, N. J., Creative Therapeutics, 1982.

Em nosso meio, a posição adversarial parece ser predominante, depreendemos isto dos relatos de diversos trabalhos, por exemplo: Cabral, Oliveira e Souza, 2001 e Castro, 2003; Felipe, 1997. Esta discussão, parece-nos, é pouco realizada. Rovinski (1998) é uma exceção, como veremos a seguir.

O perito imparcial

Berry & Karras (1985) e Berry (1989) defendem a posição de que o profissional deve "simplesmente apresentar as descobertas, opiniões e previsões de forma imparcial e neutra" (Berry, 1989, p.140). Segundo essa visão, opiniões podem ser emitidas a respeito dos possíveis resultados de diferentes arranjos de guarda, mas nunca oferecer recomendações conclusivas. Por quê?

Rovinski (1998) apóia-se nos trabalhos de Grisso[16] para alertar ao perigo de se incorrer em um *julgamento*, competência do juiz. Tal posição é, necessariamente, moral e requer uma autoridade legal. É neste sentido que o autor, segundo Rovinski (1998), argumenta que uma avaliação psicológica não pode definir operacionalmente um arranjo de guarda específico. Isto porque, enquanto uma construção *hipotética* e *legal*, ela teria um componente que escapa à competência do profissional de saúde mental. O autor defende que a função do psicólogo seria discriminar os fatores psicológicos em jogo e expor o nível de congruência entre o que se faz (do lado dos pais) e do que se necessita (do lado da criança), sem julgar se tal nível de congruência é suficiente ou não para o deferimento de pleito em favor de um ou de outro. Nessa perspectiva, Rovinski (1998) afirma textualmente:

> Assim, voltando ao papel do perito na avaliação psicológica, podemos dizer que sua tarefa é descrever, da forma mais clara e precisa possível, aquilo que o periciado sabe, entende, acredita ou pode fazer. Não cabe a ele estabelecer, de forma abreviada, um escore que represente a aceitabilidade ou inaceitabilidade legal do desempenho do sujeito.

---

[16] Grisso, T. "Evaluating competencies". In: *Forensic assessments and instruments*. 2º ed. New York, Plenum, 1988.

> Quando o perito estiver avaliando incongruência entre as habilidades de um examinando e as demandas de um contexto particular, não deve tentar estabelecer critérios para definir uma quantidade particular de incongruência que seja sugestiva de incompetência legal. Em outras palavras, sua avaliação não pode responder a questão final sobre o julgamento. O examinador deve descrever habilidades pessoais, demandas situacionais e o seu grau de congruência, de maneira a evitar estabelecer o último julgamento ou a conclusão final sobre a competência legal (p. 60).

Em relação a este posicionamento, Brito (1993), pesquisadora da UERJ, traz a manifestação do Conselho de Ética do Conselho Regional de Psicologia - Região 05 cuja área de competência cobre o estado do Rio de Janeiro:

> Como profissionais, os membros da referida Comissão admitem que quando o psicólogo propõe-se a responder qual dos cônjuges possui melhores condições para permanecer com a guarda da criança, está com freqüência realizando um julgamento, provavelmente imbuído de preconceitos pessoais a respeito do que significa ser um bom pai e uma boa mãe (p. 99).

Essa posição não deixa de ser um juízo, porém, por si só, ela não se mantêm se não for exposta uma argumentação que sustente tal posição. Mesmo porque tal compreensão não é generalizada em nosso meio. Cabe aqui explicitarmos certos referenciais que podem orientar nossa discussão a fim de não perdermos de vista o objetivo de tal intervenção.

Encontramos na contribuição de Jose Bleger (1984), psicanalista argentino, subsídios para pensar a atuação do psicólogo em instituição. O autor pensa sobre uma atuação do psicólogo fora do consultório na lida com a saúde mental, ou como ele define, com a *psicohigiene* nos grupos e atividades da vida diária. Sua proposta é a utilização da psicanálise e do método clínico, mas para realizar uma *intervenção institucional*. A proposta da psico-higiene para o psicólogo, neste sentido, seria diferente da atuação do psiquiatra ou do psicanalista que tem um cunho mais terapêutico.

Bleger (1984) entende que o psicólogo investiga a conduta humana que sempre acontece em relação, pressupondo, então, à intersubjetividade; desta forma ele nega o parâmetro das ciências naturais que pressupõe um distanciamento entre o cientista/pesquisador e seu objeto. O psicólogo como cientista só poderia empreender sua investigação *incluindo-se* nela, admitindo que o conhecimento psicológico que produz é sempre uma realidade intersubjetiva.

Em linhas gerais, pode-se dizer que Bleger (1984) pensa a atuação do psicólogo enfocando "as tarefas diárias e ordinárias" cujo objetivo seria "promover o bem-estar". A sua atenção seria sobre os preconceitos, os hábitos e as atitudes de pessoas e grupos em situações de mudança ou períodos críticos (doença, acidente, morte etc.), além de situações cotidianas comuns. A sua proposta qualifica o psicólogo como um *assessor* ou *consultor* que deveria ser *alguém de fora da instituição*, o que garantiria uma autonomia profissional, diferenciando-se daquilo que a direção da instituição entenda que deva ser seu trabalho.

Bleger (1984) propõe a utilização do *método clínico* e a abordagem da instituição configurando *a demanda* naquilo que tem de implícito e explícito. O seu entendimento é de que o problema apresentado ao psicólogo como motivo da solicitação do trabalho não é "o problema" da instituição, mas sim um *sintoma* dele. A sua proposta tem no *estabelecimento do enquadre* a efetivação tanto do aspecto científico da Psicologia (de investigação)quanto do seu aspecto operacional (de ação interventiva) e político (de atuação em um grupo social). Assim sendo, o enquadramento levaria em conta certos elementos que destacaremos a seguir:

- Atitude clínica que consiste num certo grau de dissociação instrumental para permitir uma identificação com os acontecimentos e uma certa distância dos mesmos.
- Esclarecimento da função do psicólogo, estabelecendo o tempo do trabalho, os honorários, condições do trabalho (não aceitar prazos fixos, exigência de soluções urgentes).
- Esclarecimento dos limites e do caráter de sua tarefa, querendo dizer com isto que não realizará nenhuma tarefa com grupos da instituição que não a aceitem. Educar as pessoas

de que o tempo que isto custa não é perdido, mas investido em esclarecimento e informações (recolhimento de elementos de observação).

- Esclarecimento sobre a informação dos resultados, bem como a quem são dirigidos.
- O que diz respeito a um grupo será tratado apenas com ele (não submeter relatórios a outros setores da instituição).
- Quanto aos contatos extraprofissionais, limitar ou excluí-los.
- Quanto à relação entre os grupos, manter abstinência em relação aos mesmos (não tomar partido).
- Quanto ao lugar ou à natureza da atividade profissional do psicólogo, não assumindo tarefas alheias (dirigir, educar, decidir, executar as decisões) ou formando superestruturas que desgastem ou se sobreponham com as autoridades.
- Quanto à dependência em relação ao seu trabalho: não fomentá-la, mas facilitar sua solução.
- Quanto à postura frente ao grupo (controle da onipotência, insistência na função de um estudo científico dos problemas, para transmitir-se o conhecido, num dado momento).
- Quanto ao sucesso do trabalho e à saúde da instituição. Ou seja, não tomar como índice de avaliação o objetivo da instituição. Não considerar sadio uma instituição sem conflitos, mas aquela que possui meios de explicitá-los e a possibilidade de resolvê-los.
- Quanto ao manejo da informação, cuidando do *timing* e da gradação. A ênfase não é em informar, mas de fazer compreender os fatores em jogo (*insight*).
- Quanto à resistência: contar sempre com ela. A sua investigação é parte fundamental da tarefa.

A inserção do psicólogo como perito se deu, inicialmente, como de um *assessor/consultor* a prestar uma perícia de forma pontual (ORTIZ, 1986). Pensamos que podemos resgatar as vantagens do distanciamento técnico e ético restabelecendo os limites de trabalho e competência do psicólogo e do juiz. Isto não quer dizer que iremos propor uma análise institucional, uma vez que a demanda do trabalho psicológico é de outra natureza (pericial). Mas cumpre resgatar certos assinalamentos que nos ajudam a pensar o trabalho pericial, utilizando-se do método clínico em instituição.

Obviamente que a intervenção do psicólogo é condicionada por regras jurídicas e dentro de um contexto institucional legal cujo objetivo é fornecer subsídios à autoridade judicial. Logo, seu comprometimento com a tarefa da autoridade judicial está posta desde o início, condicionando a forma que as pessoas atendidas (*avaliadas*, na linguagem do contexto de avaliação de guarda) se comportarão com o profissional. Entretanto, as indicações de Bleger (1984), no sentido de se manter uma postura de defesa dos prazos de trabalho, na sua posição de educador quanto à forma de atuação do psicólogo, de resistência à pressão da urgência, do alerta quanto à onipotência ou quanto à tentação de tomar para si tarefas alheias e da possibilidade de focar sobre a tarefa (estudo científico dos problemas para comunicação do conhecido), mesmo frente ao dilema (o pai ou a mãe), são de grande valia para o psicólogo forense. Pressionado pelos operadores do Direito, por um lado, e pela família, pelo outro, o psicólogo necessita encontrar seu lugar; ou seja, entender que sua identidade não reside na satisfação pura e simples da demanda, seja de um lado ou de outro.

Apoiamo-nos em Bleger (1984) para sustentar a posição de que enquanto *assessores* não julgamos, por se tratar de área de competência de outrem. O que não quer dizer que não estamos implicados nos efeitos e conseqüências da medida judicial como um todo.

Aqueles que advogam a tomada de posição geralmente aceitam a existência de um *prognóstico* que traz consigo uma predição para o qual não há uma adequada base científica. Esta é a posição defendida não só por Grisso[17] (*apud* Rovinski, 1998), mas por Melton *et al*[18]. Em uma disputa de guarda, segundo nossa visão, uma decisão por uma modalidade de guarda contém implícita uma predição de que o desenvolvimento da criança será melhor neste arranjo de guarda do que em outro. Não há dados psicológicos suficientes para predizer os resultados possíveis com precisão, portanto, a escolha acaba se trans-

---

[17] Op. cit.

[18] Melton, G.; Petrila, J.; Polythress, N.; Slobogin, C. *Psychological evaluations for the court*. 2. ed. New York, Guilford, 1997.

formando em uma questão de valores e preferências pessoais do perito. A ênfase na questão da escolha de um genitor sobre o outro desloca o foco da dinâmica familiar em jogo, explicitá-la e clareá-la tanto para o juiz quanto para os seus próprios membros seria a tarefa precípua de uma avaliação psicológica forense.

Referências bibliográficas

ASSOCIAÇÃO PSIQUIÁTRICA AMERICANA. *DSM-IV* – Manual Diagnóstico e Estatístico de Transtornos Mentais. 4. ed. Porto Alegre: Artes Médicas, 1995.

BERRY, K. K. The mental health specialist as child advocate in court. In: TEXTOR, M. R. (ed.) *The divorce and divorce therapy handbook.* New Jersey: Jason Aronson Inc., 1989. p. 135-147.

BLEGER, J. *Psico-higiene e psicologia institucional.* Porto Alegre: Artes Médicas, 1984.

CABRAL, A. P. C.; OLIVEIRA, M. W. S.; SOUSA, M. Q. L. Um novo olhar sobre a função paterna nos processos de guarda. In: *Psicologia, serviço social e direito*: uma interface produtiva. Recife: Editora Universitária/ UFPE, 2001, p. 71-94.

CASTRO, L. R. F. *Disputa de guarda e visitas*: no interesse nos ou dos filhos? São Paulo: Casa do Psicólogo, 2003.

CONSELHO REGIONAL DE PSICOLOGIA. "Testemunha ou perito?" In: *Jornal do CRP – 06,* São Paulo, p. 16, mar./abr. 1996.

CUNHA, J. A. Estratégias de avaliação: perspectivas em psicologia clínica. CUNHA, J. A. e colaboradores. *Psicodiagnóstico – V*. 5. ed. revisada e ampliada. Porto Alegre: Artes Médicas, 2000.

FELIPE, S. S. R. *A contribuição do Teste de Apercepção Infantil (CAT-A) e Procedimento de Desenhos da Família com Estórias (DF-E) na avaliação de crianças envolvidas em disputas judiciais.* São Paulo, 1997, 327 p Dissertação (Mestrado) – Instituto de Psicologia, Universidade de São Paulo.

FERREIRA, A. B. de H. *Dicionário Aurélio Eletrônico*. Séc. XXI, Versão 3.0. Rio de Janeiro: Nova Fronteira, 1999.

FREUD, S. (1906). A Psicanálise e a determinação dos fatos nos processos jurídicos. In: FREUD, S., *Edição Eletrônica Brasileira das Obras Completas de Sigmund Freud*. Rio de Janeiro: Imago, v. IX, s.d.

GRISSO, T. Psychological assessment in legal contexts. In: CURRAN, W. J. C.; McGARRY, A. L.; SHAH, S. A. *Forensic Psychiatry and psychology*: perspectives and standards for interdisciplinary practice. Philadelphia: F. A. Davis Company, 1986.

HESS, A. K. Accepting forensic case referrals: ethical and professional considerations. In: *Professional Psychology*: Research and Practice, v. 29, n.º 2, p. 109-114, 1998.

LANDRY, M. *O psiquiatra no tribunal*. O processo da perícia psiquiátrica em justiça penal. São Paulo: Pioneira/Edusp, 1981, 112 p.

ORTIZ, M. C. M. A perícia psicológica. In: *Psicologia, Ciência e Profissão*. Brasília, Conselho Federal de Psicologia, ano 6, n.º 1, 1986.

ROVINSKI, S. L. R. A perícia psicológica. In: *Aletheia*. Canoas: ULBRA/ Departamento de Psicologia, n. 7, p. 55-63, jan./jun. 1998.

________. Perícia psicológica na área forense. In: CUNHA, J. A. e colaboradores. *Psicodiagnóstico - V*. 5. ed. rev. e aum. Porto Alegre: Artes Médicas, 2000. p. 183-195.

SCHAEFER, A. B. Forensic evaluations of children and expert witness testimony. In: WALKER, C. E.; ROBERTS, M. C. (ed.) *Handbook of Clinical Child Psychology*. 2. ed. New York: John Wiley & Sons, 1992. p. 1057-1079.

SHINE, S. *A espada de Salomão*. A Psicologia e a Disputa de Guarda de Filhos. São Paulo: Casa do Psicólogo, 2003, 302 p.

SOUZA, F. J. O campo da Psicologia Jurídica. In: *Aletheia*. Canoas: ULBRA/Departamento de Psicologia, n.º 7, p. 5-8, jan./jun. 1998.

THEODORO JR., H. *Curso de Direito Processual Civil*. Teoria Geral do Direito Processual Civil e Processo de Conhecimento. Rio de Janeiro: Forense, 2002, v. 1.

A influência dos laudos psicológicos nas decisões judiciais das Varas de Família e Sucessões do Fórum Central da capital de São Paulo

Maria Cláudia Rodrigues[1]
Eunice Maria Couto[2]
Maria Cristina Leme Hungria[3]

A psicologia jurídica constitui-se um campo de atuação profissional que recentemente tem se expandido, o que nos leva a indagar se é, em parte, por conta de um maior conhecimento e aceitação de seu trabalho por parte do magistrado. Nas palavras de Silva (2002, p.108):

> Apesar de estimulada a contribuir com o Direito, principalmente dentro do enquadre pericial, a Psicologia Jurídica trilhou caminhos próprios que foram demonstrando paulatinamente não só ao Direito, mas para a sociedade, a importância da esfera legal abrir-se para o enfoque emocional que está por detrás dos inúmeros dramas humanos que buscam soluções jurídicas.

Esta hipótese motivou-nos a pesquisar a influência do laudo pericial sobre a sentença judicial, se é exercida e de que forma.

O presente trabalho baseia-se nos dados e conclusões de nossa pesquisa efetuada com 52 processos das Varas de Família e Sucessões do Foro Central da capital de São Paulo do Egrégio Tribunal de

[1] Psicóloga e historiadora, Pós-Graduação *lato sensu* em Ciências Humanas pelo Centro de Extensão Universitária (CEU).

[2] Psicóloga.

[3] Psicóloga judiciária, especialização em Psicologia Social e Personalidade pela Univesidade de Brasília (UNB).

Justiça do Estado. Questionamos se o laudo exerce influência sobre a decisão judicial e de que tipo.

Verificamos em um estudo elaborado por Samper (1995) sobre as dificuldades da intervenção psicológica no âmbito jurídico do Direito de Família que, na Espanha, os resultados globais das sentenças manifestam concordância com os laudos psicológicos. Também, em Recife, o artigo de Fernandes (2001a) evidencia que a interface entre Direito e Psicologia não é apenas possível, mas necessária, deixando clara a contribuição do psicólogo para a Justiça. Estes trabalhos incitaram-nos a averiguar se haveria, ou não, similaridade de resultados em nossa pesquisa, no sentido de corroborar a contribuição da perícia psicológica para o exercício do Direito.

No entanto, antes de entrarmos no âmago da questão que propusemos, cabe-nos contextualizar o surgimento da psicologia inserida no meio judiciário e elucidar qual o papel que exerce dentro da Justiça.

Breve histórico do início da psicologia no Foro Central

O *Manual de Psicologia Jurídica* publicado em 1932 por Myra y Lopes, editado no Brasil em 1955 (*apud* SILVA, 2002), é um marco de estudos que delineiam a intersecção entre a psicologia e o direito. A psicologia encontrava-se, naquele momento, atrelada ao direito penal, tendo sido derivada da Medicina Legal. Este é o ponto inicial do percurso da Psicologia Judiciária que, a partir de então, foi ampliando seus horizontes na Justiça.

Para citarmos mais precisamente a inserção do psicólogo nos quadros do Tribunal de Justiça do Estado de São Paulo, um levantamento realizado por Bernardi (1999) indica que se iniciou em 1980 com profissionais voluntárias que, posteriormente, foram efetivadas por meio do primeiro concurso que ocorreu em 1985.

O Setor de Psicologia das Varas da Família e Sucessões passou a desenvolver suas atividades em agosto de 1985 com a formação de um grupo de cinco psicólogas provenientes do Serviço de Psicologia da Vara Central da Infância e da Juventude da capital de São Paulo.

A formação da equipe ocorreu como resposta ao artigo 3º do Provimento nº 236/85 do Egrégio Conselho Superior da Magistratura, pelo Juiz de Menores Corregedor Permanente. Nela consta a designação de psicólogos para atendimento dos casos procedentes das Varas de Família e Sucessões, bem como da existência da chefia da equipe. As "Atribuições do Psicólogo" foram recentemente atualizadas[4] pela presidência do Egrégio Tribunal de Justiça em 2001.

Atualmente a equipe técnica conta com oito psicólogos, atende às doze Varas da Família e das Sucessões do Foro Central, ao Departamento de Inquéritos e Polícia Judiciária (DIPO), bem como às Varas Cíveis por meio das determinações de seus respectivos Juízes Titulares e Auxiliares.

Atuação do psicológo das Varas de Família

O psicólogo atua nas Varas de Família como perito. A palavra "perícia" origina-se do latim e quer dizer *habilidade, destreza*. Como define Amaral Santos (*apud* THEODORO JR., 2002, p. 428), a perícia pode consistir:

> numa declaração de ciência, ou na afirmação de um juízo, ou, mais comumente, naquilo e nisto [*É declaração de ciência*], quando relata as percepções colhidas, quando se apresenta como prova representativa de fatos verificados ou constatados [*É afirmação de um juízo*] quando constitui parecer que auxilie o juiz na interpretação ou apreciação dos fatos da causa[5].

Na compreensão de Theodoro Júnior (2002, p.428):

> É a perícia, destarte, meio probatório que, de certa forma, se aproxima da prova testemunhal e no direito antigo os peritos foram, mesmo, considerados como testemunhas, mas, na ver-

[4] Consulte-se o Comunicado nº 345/04 publicado *no Diário Oficial do Poder Judiciário do Estado de São Paulo*, de 26 de maio de 2004, Caderno 1, Parte I, fl. 11.

[5] Amaral Santos, *Comentários ao Código de Processo Civil,* 1976, v. IV, nº 245, p. 334.

> dade, há uma profunda diferença entre esses instrumentos de convencimento judicial. O fim da prova testemunhal é apenas reconstituir o fato tal qual existiu no passado; a perícia, ao contrário, descreve o estado atual dos fatos; das testemunhas, no dizer de Lessona, invoca-se a *memória*, dos peritos, a *ciência* (João Monteiro, *Programa do Curso de Processo Civil,* 3. ed., v. II, § 178, nota 1, p. 318).

O perito psicólogo no Tribunal de Justiça do Estado de São Paulo atua por determinação judicial, analisando os litígios que lhes são apresentados para o parecer técnico, utilizando para tanto seu conhecimento técnico ou científico.

> A perícia regulada pelo Código é sempre *judicial,* isto é, realizada em juízo, por perito nomeado pelo juiz. Mas existem também perícias *extrajudiciais* promovidas por iniciativa das partes, através de técnicos particulares ou agentes administrativos. Sua força de convencimento não pode, naturalmente, ser a mesma da perícia judicial e o juiz examinará tais laudos como simples *pareceres,* dando-lhes a credibilidade que merecem (Theodoro Jr., 2002, p. 429).

Nesta categoria encontram-se também nossos colegas psicólogos contratados pelas respectivas partes no processo, os chamados *assistentes técnicos*.

A avaliação psicológica realizada deve ser traduzida em um relatório que chamamos *laudo pericial* e juntado aos autos para que o juiz possa se valer de mais esse cabedal teórico e técnico, antes de prolatar sua sentença sobre o caso. Em outras palavras, o laudo tem como objetivo fornecer subsídios para auxiliar o juiz na decisão judicial materializada na sentença, conforme a proposta pericial *strictu sensu,* tal qual definida pelo Código de Processo Civil (artigos 145 a 147; artigos 420 a 439). A Resolução nº 17/2002, atualizada pela de nº 07/03, do Conselho Federal de Psicologia faz referência à elaboração de documentos, dentre eles o laudo psicológico.

Segundo o artigo 420, "a prova pericial consiste em exame, vistoria ou avaliação". O *exame* na inspeção refere-se a coisas, *pessoas* ou documentos, para verificação de qualquer fato ou circunstância que tenha interesse para a solução do litígio. Assim, temos que o laudo pericial vem a ser mesmo mais uma das provas que o juiz terá à mão dentre outras como testemunhal e documental.

Nesta função específica, o perito é amparado legalmente pelo Código de Processo Civil, de acordo com os artigos acima citados, e pelos provimentos que discriminam as funções do psicólogo dentro do Egrégio Tribunal de Justiça de São Paulo – nº 236/85 do Conselho Superior da Magistratura e o de nº 6/91 da Corregedoria Geral da Justiça.

A Lei nº 4.119, de 27/08/1962, que dispõe sobre a regulamentação da profissão do psicólogo, afirma que, dentre outras coisas, "cabe ao profissional psicólogo realizar perícias e emitir pareceres sobre a matéria de Psicologia".

Os casos em que o psicólogo é chamado para realizar a perícia diferem no tocante à medida pleiteada pelas partes: guarda de menores, regulamentação de visitas, busca e apreensão, divórcio (consensual e litigioso), separação litigiosa, inquérito policial, danos morais e psicológicos, interdição e alimentos (a proporção da demanda será indicada, posteriormente, na análise dos dados obtidos através da pesquisa, no Gráfico 1). Tais casos normalmente não diferem quanto à existência de uma dinâmica familiar muito comprometida e da necessidade de que uma decisão judicial possa auxiliar as famílias de alguma maneira.

A maioria dos estudos psicológicos em Varas de Família considera a disputa da guarda, por exemplo, oriunda de uma separação mal resolvida. Portanto, podemos dizer que o emocional transcende a esfera legal, pois a busca de soluções jurídicas são sintomas de problemas emocionais, tanto que, muitas vezes, as sentenças proferidas em Juízo não são cumpridas, havendo uma perpetuação de conflitos através da via legal.

Mas detendo-nos na explicitação da prática pericial, o psicólogo tem total liberdade no tocante à escolha da técnica com a qual deseja trabalhar. A metodologia utilizada é escolhida conforme a preferência ou orientação técnica do profissional. Normalmente o psicodiagnóstico com fins de perícia abarca uma gama imensa de instrumentos, que pode se adequar não só ao técnico que irá escolhê-la, mas principalmente às partes e à situação que vai ser avaliada. Dentre os testes[6] utilizados pelo Setor podemos citar: Rorschach, TAT, Teste das Pirâmides, Desenhos da Família e Estórias do W. Trinca (considerado um procedimento clínico e não um teste propriamente dito).

O atendimento de um caso requer a realização de entrevistas psicológicas com todos os elementos relevantes à questão estudada, envolvendo, na maioria das vezes, os novos companheiros dos cônjuges separados, avós, tios, babás e pessoas envolvidas no cotidiano da criança, além de necessariamente o requerente, o requerido e os filhos em questão. Em muitos casos são necessários contatos com o colégio onde a criança estuda (coordenador pedagógico ou professor), para melhor compreensão da dinâmica da criança.

O atendimento psicológico de uma família exige que o número de entrevistas se estenda até a necessária compreensão das defesas psicológicas, com o auxílio opcional de testes psicológicos (citados acima) e de observação lúdica da criança. Nesse caso, como a criança não possui total articulação da linguagem, expressa-se por meio de brincadeiras, durante a observação lúdica, e o psicólogo deve ficar atento, com o olhar clínico, para captar os sentimentos e angústias expressos pelo menor na situação.

Metodologia

A fim de confirmarmos ou não a hipótese de que os magistrados consideram de maneira expressiva os laudos apresentados por seus peritos técnicos, propusemo-nos a analisar as sentenças judiciais proferidas em processos de Varas da Família e Sucessões recebidos pelo Setor para a realização de perícia nos anos de 2000, 2001 e 2002[7].

[6] A Resolução do Conselho Federal de Psicologia nº 02/2003 restringiu o uso de alguns testes psicológicos, critério respeitado pelo Setor de Psicologia, desde então.

[7] Contamos com o apoio dos juízes das respectivas Varas, que nos autorizaram a pesquisar os autos, respeitando-se o segredo de justiça. O segredo de justiça assegura o *sigilo* profissional, de forma que não divulgamos aqui os dados pessoais das partes envolvidas nos processos pesquisados.

Inicialmente, solicitamos 100 processos e restringimo-nos às Varas de Família, dispensando Varas Criminais, Cíveis e o DIPO (Departamento de Inquéritos e Polícia Judiciária) por dois motivos:

1. o número de casos daí procedentes é proporcionalmente menor, uma vez que o Setor atende predominantemente casos de Família;
2. evitamos solicitar o desarquivamento dos autos das Varas Criminais e Inquéritos Policiais por estarem localizados em outro Prédio, no Fórum da Barra Funda (também na capital de São Paulo), o que dificultaria nosso acesso a estes departamentos pela distância a ser percorrida.

Os processos recebidos no período acima discriminado foram iniciados em 1998, 1999, 2000, 2001 e 2002 (vide Gráfico nº 3). O total de autos para a nossa amostra foi de 88 processos, dos quais extraímos a *Natureza da Ação* (isto é, a categoria jurídica que especifica o tipo de disputa), *Vara, Ano de procedência, Contribuição ou não do laudo para a sentença, Arquivamentos (antes ou depois da entrega do laudo), Sentença antes da perícia e Casos ainda em andamento.* Este total de processos foi encaminhado pelos Ofícios (cartórios) de Família, depois de desarquivados[8]. Cabe aqui expressar nossa gratidão pela cooperação de todos os funcionários cartorários que tornou possível a nossa pesquisa. Em função da sobrecarga do trabalho dos Cartórios não foram desarquivados 12 autos, o que explica a diminuição de nossa amostra para 88 processos.

Da amostra considerada de 88 processos, excluímos:

- *Processos ainda em andamento*, pois o juiz não elaborou a sentença, impossibilitando a apreciação do laudo por parte do magistrado,
- *Processos Arquivados (antes ou depois do laudo)*, com fulcro no artigo 267, que diz respeito a não apreciação do mérito. Por exemplo, casos em que houve desistência das partes, ou óbito, ou maioridade de idade em caso de Tutela, ou qualquer outro motivo que expressou a falta de interesse na ação.

[8] O Arquivo central da capital localiza-se no bairro do Ipiranga. O desarquivamento é feito mediante o encaminhamento de solicitação efetuado pelos Ofícios (cartórios).

- *Sentença antes da Perícia*: nesses casos não houve laudo, pois o juiz sentenciou tendo em consideração outros processos em andamento com as mesmas partes. Se, por exemplo, os autos de Regulamentação de Visitas estavam em andamento separadamente e as partes fizeram acordo no processo de Separação Judicial Litigiosa, a referida sentença serve para as duas ações.

Considerando-se as exclusões acima, a amostra foi reduzida para 52 processos, prevalecendo, desta maneira, a classificação segundo: *Contribuição ou não do laudo para a sentença, Contribuição do laudo com citações na Sentença.* Consideramos *contribuição* nos casos em que a decisão judicial coincide com as sugestões do perito, isto é, há concordância. Podemos citar, para exemplificar, que se o psicólogo sugeriu que a guarda de determinada criança ficasse com a mãe e, na sentença, o Juiz assim o decide, concluímos que o laudo contribuiu para a decisão judicial. Se, ao contrário, o Juiz optou pela guarda paterna, houve discordância, logo *não contribuição.*

Também é válido citar que houve um caso em que o laudo psicológico contribuiu para a sentença de 1ª Instância (isto é, houve concordância entre a sugestão pericial e a decisão judicial), e, posteriormente, para 2ª Instância[9], inclusive com citação de trecho do referido laudo por parte do desembargador no r. acórdão, que manteve a mesma decisão. Este fato é significativo, pois certifica o acolhimento do trabalho pericial na mais elevada Corte Judicial paulista.

Discussão dos resultados

Os resultados apontam que a maioria dos casos atendidos pelo Setor de Psicologia são: Regulamentação de Visitas, Modificação de Guarda e Guarda de Menor (vide Gráfico 1). Este dado confirma o que dissemos anteriormente sobre a predominância de casos em que se trata de disputa de guarda.

---

[9] 2ª Instância: órgão superior da Justiça, no qual as partes podem entrar com recursos para protestar uma decisão judicial, submetendo-a à reavaliação.

Gráfico I: Freqüência dos resultados da pesquisa por modalidade de ação

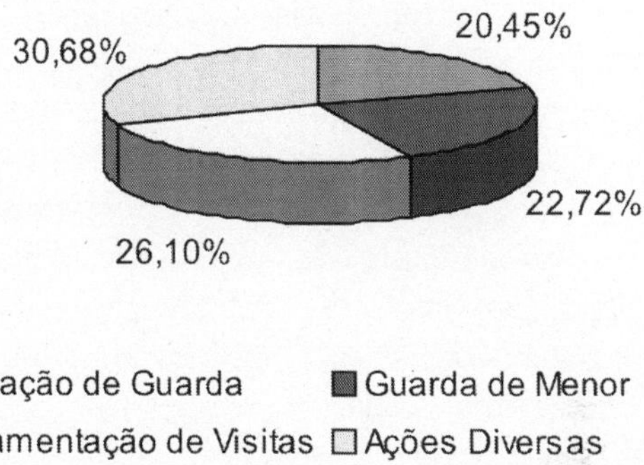

Regulamentação de Visitas traduz conflitos que variam desde a queixa de uma das partes reclamantes de impedimento de visitas ao filho por parte do ex-cônjuge que detém a guarda do menor até tentativa de mudança de horário de visitas.

Modificação de Guarda e *Guarda de Menor* tratam de disputa pela guarda do menor. Nestes casos o ex-cônjuge, requerente da ação, na maioria das vezes, faz uso de sérias acusações (como acusações de abuso sexual, por exemplo) contra o detentor da guarda para comprovar sua incapacidade de exercer a função parental. Aqui a disputa é bastante acirrada. Como afirma Shine (2002, p.70):

> O processo que coloca um dilema insolúvel para a criança é o de *Modificação de Guarda*, no qual se questiona quem é o genitor mais adequado para permanecer com a criança. Esse tipo de processo tende a aumentar ao extremo a situação de conflito familiar. Para provar que se é o(a) mais adequado (a), parte-se para provar que o (a) outro (a) é *inadequado (a), negligente, perturbado (a) etc.* Arma-se o "barraco" familiar em pleno fórum. Se no amor e na guerra tudo vale, em guerra de desamor as armas podem ser bastante pesadas.

Assim, podemos dizer que, predominantemente, o perito lida com conflitos delicados, que exigem grande responsabilidade de sua atuação profissional, muito embora, como já foi citado acima, as ações de Regulamentação de Visitas oscilem entre uma pequena divergência de horários até impedimento de visitas, o que aumenta em maior ou menor grau a complexidade do caso e, conseqüentemente, a exigência de trabalho por parte do psicólogo.

Ações Diversas é a denominação que utilizamos para englobar os diversos tipos de ações com menor incidência, proporcionalmente às de Modificação de Guarda, Guarda de Menores e Regulamentação de Visitas, a saber: Modificação de Cláusula, Divórcio Consensual e Litigioso, Medida Cautelar, Separação Consensual e Litigiosa, Suspensão e Extinção de Pátrio Poder, Curatela, Outros Feitos Não Especificados, Alimentos, Interdição, Tutelo, Suprimento de Idade e Consentimento para Casar e Busca e Apreensão de Menor. Nestes casos de menor incidência no Setor encontram-se ações como, por exemplo, a Curatela, e a Interdição que exigem conhecimentos mais próximos da Psiquiatria, em que se quer provar a incapacidade do requerido de gerir sua própria vida por problemas de saúde.

A maioria dos processos recebidos em 2000, 2001 e 2002 (Gráfico 3) pelo Setor, período estipulado da amostra de nossa pesquisa, foram iniciados em 2000 (42,04%), seguido por 1999 (22,72%) e 2001 (19,31%). Em relação ao ano 2002, constatamos que a baixa freqüência se deve ao fato de os processos ainda se encontrarem em andamento.

Gráfico 2: Freqüência dos processos recebidos por Varas

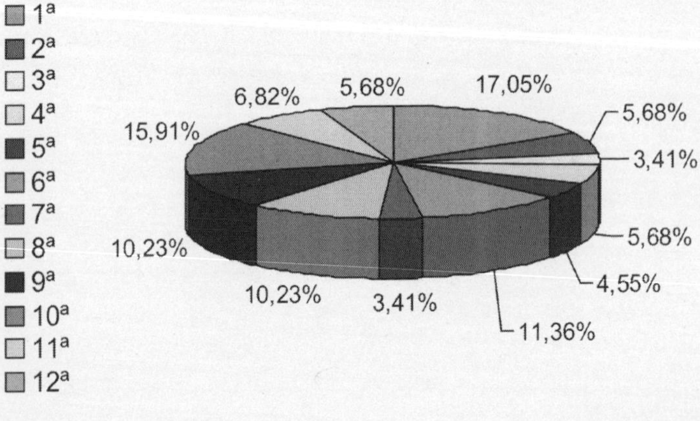

Gráfico 3: Freqüência dos processos por ano[10]

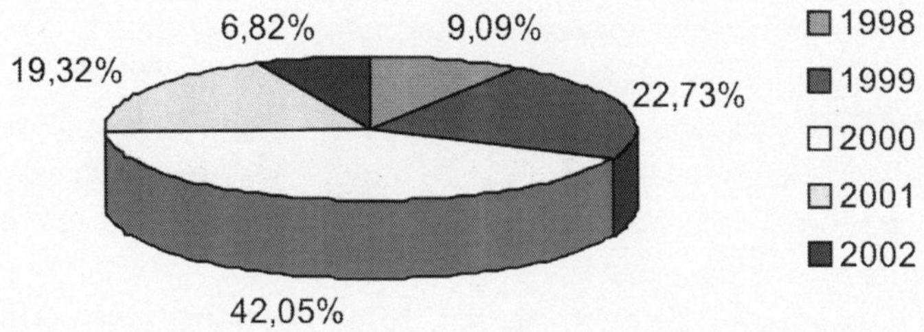

O número variou conforme a disponibilidade dos processos nos Cartórios, portanto, não correspondendo necessariamente ao real número de processos recebidos pelas respectivas Varas nos anos de 2000, 2001 e 2002. Em outras palavras, não podemos afirmar que a Vara "X" normalmente manda mais processos que a "Y", mas que isso ocorreu nesta situação em função da facilidade/dificuldade dos processos serem desarquivados e remetidos ao Setor para a presente pesquisa, num espaço de três meses (vide Gráfico 2). Ou seja, a pesquisa não tomou o universo total dos processos recebidos pelo Setor de Psicologia, mas uma amostra significativa.

Embora os processos em andamento não nos tenham permitido avaliar a contribuição ou não do laudo pericial para a sentença judicial, observamos que o número 18,18% é significativo à medida que, justamente por encontrarem-se ainda em andamento, expressam a complexidade dos casos atendidos pelo Setor de Psicologia. Se dos processos recebidos no período mencionado da amostra (2000, 2001 e 2002) muitos foram iniciados em 1999 (22,72%), 2000 (42,04 %) e 2001 (19,31%), podemos afirmar que os autos estão em andamento, no mínimo, há dois anos (tendo por referên-

[10] Observe-se que um processo remetido ao Setor de Psicologia para a perícia em 2002, por exemplo, pode ter entrado em 1998 na Justiça. Assim, tivemos autos advindos de 1998, 1999, 2000, 2001 e 2002 no período discriminado (2000, 2001 e 2002).

cia processos iniciados em 1999 e recebidos pelo Setor em 2000) e, no máximo, há cinco anos (contando o período de 1998 a 2002), o que significa que normalmente há um prolongamento de acusações, de novos fatos trazidos aos autos, da utilização de recursos (como, por exemplo, Agravo de Instrumento) que, muitas vezes, implicam efeito suspensivo[11] até que seja efetuada a decisão de 2ª Instância.

Podemos mencionar ainda que há possibilidade de se fazer uso de recursos durante o trâmite processual em 1ª Instância ou após proferida a sentença judicial. Em ambos os casos, o juiz ou o desembargador pode requerer uma nova avaliação psicológica, em função dos novos elementos apresentados no litígio, exigindo do perito a elaboração de um outro laudo, que resultará de um novo estudo (ou reavaliação). Para exemplificar, podemos citar que um de nossos peritos, recentemente, foi procurado para reavaliar um caso que se encontra em andamento em 2ª Instância, tendo remetido um novo laudo para a apreciação do desembargador relator do recurso. Portanto, os dados supramencionados também corroboram a complexidade dos autos avaliados pelo Setor de Psicologia.

Em relação aos processos nos quais verificamos a existência de acordo antes do laudo, podemos dizer que, muitas vezes, é solicitada perícia nos autos, mas mesmo antes que ela seja concluída as partes chegam a um acordo. Aqui levantamos a hipótese de que no decorrer da perícia haja uma mobilização inerente à própria exposição das partes e principalmente dos menores envolvidos no processo pericial, levando a uma evitação da avaliação. Ou então, porque por meio do contato com o psicólogo perito exista um trabalho psicológico resultando em um acordo entre as partes. Aqui caberia um outro estudo que averiguasse a influência da perícia sobre as partes periciadas, uma vez que, pelo que constatamos, um número considerável de casos chega a acordo, durante ou após a conclusão da perícia (vide Gráfico 4).

[11] Um recurso pode ser julgado em 2ª Instância concomitantemente ao Processo de 1ª; neste caso, o desembargador relator acolhe o referido recurso **sem** efeito suspensivo. Ao contrário, se determinar efeito suspensivo, os autos em trâmite na 1ª Instância ficam suspensos aguardando o julgamento do recurso.

Gráfico 4: Freqüência do total de processos em que não houve laudo pericial

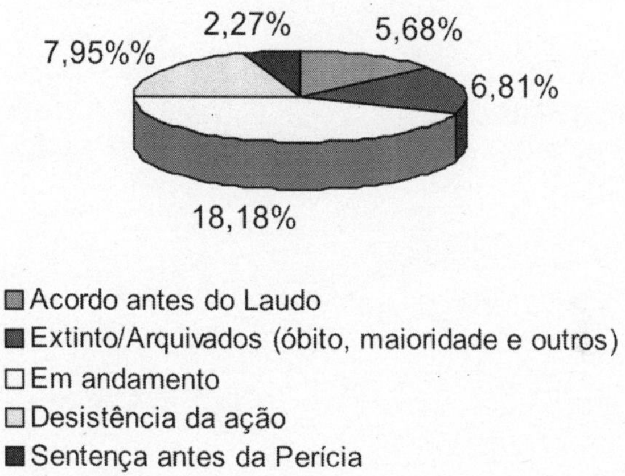

Em 94,23% dos casos, a sentença demonstrou que o laudo pericial contribuiu para a decisão judicial. Nesta categoria consideramos a concordância do juiz com as sugestões fornecidas pelo perito, como já mencionado anteriormente. Dos 94,23% de sentenças que demonstraram contribuição, 13,46% apresentaram trechos do laudo pericial utilizados pelo magistrado para fundamentar a sua decisão, numa menção clara do acolhimento do trabalho do psicólogo (vide Gráfico 5).

Em 5,76% dos casos a decisão do juiz foi totalmente contrária à sugestão pericial, não havendo contribuição direta da perícia. Utilizamos a expressão "contribuição direta", pois podemos ponderar sobre a possibilidade de determinadas informações do laudo pericial terem sedimentado ainda mais a posição do magistrado em relação ao mérito processual, ainda que em discordância com as sugestões do perito.

Gráfico 5: Resultado final – contribuição ou não do laudo

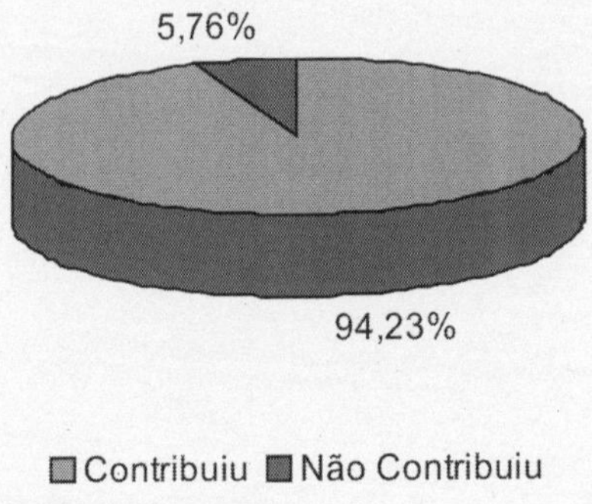

Obs.: Dos 94,23% de "contribuiu", 13,46% apresentam citações de trechos dos laudos[12].

Comparando o resultado da presente pesquisa a outros, observamos que:

- em Recife, Fernandes (2001a) concluiu que o parecer contribuiu para a sentença em 86,66% e não contribuiu em 3,33%, com um total de 10% de extinções sem apreciação do Mérito.
- na Espanha, Samper (1995) concluiu que em 50,9% dos casos o perito sugeriu guarda materna e em 55,2% a sentença judicial ficou com a mãe. Em 11,8% o perito sugeriu guarda paterna e em 10,6% a sentença definiu a guarda para o pai.

Conforme a exposição dos resultados das referidas pesquisas, concluímos que a proporção de concordância da decisão judicial com o laudo pericial é quase unânime, com uma pequena margem de diferença de discordância, o que reitera os resultados aqui apresentados.

[12] Consideramos que a citação textual do laudo na sentença constitui-se em uma evidência direta da importância atribuída ao argumento técnico psicológico para a construção da sentença pelo juiz.

Conclusão e sugestões

A amostra analisada durante a pesquisa corroborou a nossa hipótese de que o laudo pericial, no Foro Central da capital de São Paulo, vem auxiliando a decisão final do magistrado. E é interessante lembrar que o artigo 436 do Código Processual Civil define que o juiz não está adstrito às sugestões da perícia, isto é, não tem obrigação de acatamento, podendo ou não acolhê-las, o que valoriza ainda mais os resultados apresentados. Nas palavras de Theodoro Júnior (2002, p. 434):

> Seu parecer não é uma sentença, mas apenas fonte de informação para o juiz, que não fica adstrito ao laudo e pode formar sua convicção de modo contrário a base de outros elementos ou fatos provados no processo (art.436).

Fator significativo também foi a similaridade dos resultados aqui obtidos comparados aos de Recife e da Espanha, delineando-se o progressivo avanço da psicologia jurídica em cooperação com o Direito.

Thomaz (2003) afirma que para o Direito interessa a vontade exteriorizada através das condutas, seja por ação, seja por omissão. As condutas determinadas pelos sentimentos é que criam as relações jurídicas. O elemento interno, psíquico, para a compreensão de determinada conduta é fornecido pela Psicologia ao Direito, aquela vai elucidar o porquê de um modo de proceder (de agir ou deixar de agir) das pessoas na sociedade. Há, portanto, aí uma complementaridade, que é demonstrada por meio dos resultados de nossa pesquisa.

Cabe aqui lembrar também o que preleciona Castro (2003, p. 29):

> A psicologia jurídica tem se mostrado um ramo do conhecimento cada vez mais imprescindível à sociedade contemporânea, na qual as rápidas mudanças tornaram mais complexa a tarefa de julgar.

Nesse sentido, a perícia psicológica tem sido um instrumento utilizado pelo magistrado para julgar com maior precisão as condutas humanas. Castro (2003) alerta-nos para a realidade da complexidade dos casos atendidos em Vara de Família, um reflexo de nossa sociedade. Segundo seu estudo, muitos dos ex-casais periciados apresentam, mais do que uma separação mal resolvida, distúrbios de personalidade que comprometem o exercício da paternidade/maternidade, como a prática de abuso sexual e maus-tratos. Dentro desse contexto, a perícia revela o psicodiagnóstico da patologia, trabalho essencial para a decisão judicial.

Ocorreu-nos pensar que se dados concretos sobre a utilidade da psicologia para o direito existem, de maneira global, como foi exemplificado, por outro lado não tivemos conhecimento de trabalhos jurídicos sobre a contribuição da psicologia forense escritos por magistrados (e fica aí uma sugestão), que seria mais um passo de reconhecimento da interface existente.

A nossa percepção ao longo desta pesquisa levou-nos à conclusão de que a ampliação da amostra num tempo maior, assim como a exploração dos dados obtidos, poderia vir a acrescentar novos resultados. Por exemplo, poderíamos averiguar, através de outro estudo, a influência da perícia sobre a dinâmica das partes, uma vez que suspeitamos que, em muitos casos, onde há homologação de acordo em sentença judicial, a composição das partes pode ser resultado do trabalho pericial. E, posteriormente, a influência da sentença na vida das pessoas: há o cumprimento ou não da sentença? O conflito foi dirimido a longo prazo ou não?

Outro aspecto que pode ser considerado é a manifestação do interesse das partes, muitas vezes, por um tratamento psicológico, buscando indicação de profissionais da área com os peritos. Aqui a psicologia jurídica pode se transformar em uma semanda para a psicologia clínica. E em relação à metodologia de trabalho de cada perito: que tipo de teorias psicológicas são mais utilizadas? Quais as que mais influenciam a sentença ou são mais eficientes?

Deixamos nossas indagações a fim de que outros pesquisadores possam oferecer suas contribuições, neste vasto campo da psicologia jurídica das Varas de Família no Poder Judiciário.

Referências bibliográficas

BERNARDI, D. C. F. Histórico da Inserção do Profissional Psicólogo no Tribunal de Justiça do Estado de São Paulo – Um Capítulo da Psicologia Jurídica no Brasil. In: BRITO, L. M. T. (org.) *Temas de Psicologia Jurídica.* Rio de Janeiro: Relume Dumará, 1999.

BRASIL. *Lei nº 4.119, de 27/08/1962.* Dispõe sobre a regulamentação da profissão do psicólogo.

CASTRO, L. R. F. *Disputa de guarda e visitas: no interesse dos pais ou dos filhos?* São Paulo: Casa do Psicólogo, 2003.

CONSELHO FEDERAL DE PSICOLOGIA. *Resolução nº 17/2002.* Disponível em www.cfp.org.br. Acesso em dezembro de 2002.

_______. *Resolução nº 07/03. Caderno Especial de Resoluções.* Brasília, s.e. 2003.

FERNANDES, H. M. R. Buscando o fio da meada. In: FERNANDES, H. M. R (coord.). *Psicologia, serviço social e direito: uma interface produtiva.* Recife: Ed. Universitária da UPFE, 2001a. p. 39-59.

_______. Além da perícia psicológica. In: FERNANDES, H. M. R (coord.). *Psicologia, serviço social e direito: uma interface produtiva.* Recife: Ed. Universitária da UPFE, 2001b. p. 123-140.

NEGRÃO, T.; GOUVÊA, J. R. F. *Código de Processo Civil.* 36. ed. São Paulo: Saraiva, 2004.

SAMPER, T. B. Dificultades de la intervención psicológica en los procedimientos matrimoniales. In: *Anais Do I Congreso Ibero Americano de Psicologia Juridica.* Santiago: Asociacion Iberoamericana de Psicología Jurídica, 1995. p. 301-319.

SÃO PAULO (Estado). *Provimento nº 236/85 do Conselho Superior da Magistratura do Egrégio*, Tribunal de Justiça, na ordem de serviço nº 03/85 – CEN.

SÃO PAULO (Estado). *Provimento nº 6/91 da Corregedoria Geral da Justiça*, de 28 de junho de 1991, publicado no *Diário Oficial do Estado de São Paulo* em 04 de julho de 1991.

SHINE, S. O conflito familiar transformado em litígio processual. In: AGOSTINHO, M. L.; SANCHEZ, T. M. (org.). *Família: conflitos, reflexões e intervenções.* São Paulo: Casa do Psicólogo, 2002. p. 63-74.

SILVA, E. Z. M. Psicologia Jurídica: um caminho em evolução. *Revista da Academia Paulista de Magistrados*. São Paulo: s.e., n.º 2, 2002. p. 107-112.

THEODORO JÚNIOR, H. *Curso de Direito Processual Civil – Teoria geral do direito processual civil e processo de conhecimento*. 38. ed. Rio de Janeiro: Forense, 2002. 2 v.

THOMAZ, T. H. B. União Homossexual – reflexões jurídicas. *Cadernos Jurídicos da Escola Paulista de Magistratura*. São Paulo: Imprensa Oficial, n. 16, julho-agosto/2003. p. 79-100.

O necessário reconhecimento do processo de luto na separação conjugal

Evani Zambon Marques da Silva [1]

É reconhecido na prática dos profissionais que trabalham com conflitos familiares e mais especificamente com separações conjugais, a existência de um período que pode ser chamado inicialmente de enfrentamento das condições concretas e simbólicas da perda do outro ao longo da vida.

Existem diferentes formas de reação dos indivíduos frente às perdas afetivas, uma vez que a carga histórico-familiar, os vínculos afetivos constituídos por meio da formação do par amoroso e seus derivados – tais como filhos -, e a própria estrutura psíquica das pessoas, certamente, atuam na modulação das inúmeras formas de reação e sentimentos.

Há estudos (Oliveira, 2002) que inclusive fazem uma distinção das reações diante da perda de acordo com o gênero e sexo das pessoas, enfatizando sua análise nos papéis que os indivíduos desempenham na família e também como se organizam diante das mudanças socioculturais vigentes.

O nosso enfoque foi extraído principalmente dos estudos das separações conjugais litigiosas que são avaliadas pelos psicólogos atuantes na equipe das Varas de Família do Tribunal de Justiça de São Paulo e pela participação no curso sobre Luto, ministrado pela profa. Maria Helena Pereira Franco, do programa de estudos pós-graduados em Psicologia Clínica da PUC/SP. As aulas, somadas a nossa experiência cotidiana, foram o estímulo necessário para que

[1] A autora é psicóloga judiciária, atuante nas Varas de Família e Sucessões do Tribunal de Justiça de São Paulo, professora universitária, doutora em Psicologia (PUC/SP), especialista no Método de Rorschach, autora de livro e diversos artigos na área da Psicologia Jurídica.

pensássemos nas perdas, como as conjugais ou da guarda do(s) filhos(s), como verdadeiras experiências de morte, muito embora elas não tenham ocorrido do ponto de vista concreto.

À guisa de introduzirmos a idéia central deste trabalho, lançamos, preliminarmente, algumas colocações para que possamos adentrar em questões que, além de inquietar o cotidiano de nossa prática profissional, vêm instigando-nos a pesquisar mais sobre o assunto, levando-nos a indagações do tipo: Por que algumas pessoas preferem a viuvez ao divórcio? Por que muitas crianças exprimem, das mais diversas formas, sentimentos relativos à orfandade, ainda que o(s) pai(s) ainda exista(m)? Por que alguns conseguem, e outros não, "riscar" o outro da vida afetiva e se reorganizar de alguma forma?

Não temos a intenção de responder neste artigo a todas essas questões, mesmo porque ainda não encontramos as respostas, mas estamos entendendo, paulatinamente, que a avaliação da situação da perda da situação da conjugalidade, e como ela é elaborada pelo casal, deve ser avaliada e considerada em meio às disputas diversas que ocorrem nas Varas de Família e Sucessões, onde atuamos há vários anos.

Temos avaliado em nossa prática que a maneira como o par irá equacionar as perdas eminentes, derivadas da separação conjugal, refletirá sem dúvida alguma na maneira como as relações com os filhos, por exemplo, continuarão sendo edificadas.

Disputar a guarda de um filho, ou discutir os meandros e os moldes da visitação do genitor que não ficou com a guarda, encerram outras disputas muito mais profundas, as quais não serão analisadas neste trabalho. Mas o que pretendemos apontar é que, em uma primeira análise, o advento da separação conjugal é sempre algo crítico que denota uma crise no ciclo vital, o rompimento de um ideal não só afetivo, mas de uma família que certamente fora idealizada.

Entendemos que a compreensão dos tipos de apego que os indivíduos desenvolvem uns com os outros é de suma importância para mais tarde entendermos o significado e a forma do rompimento estabelecido. Neste sentido, o psiquiatra inglês John Bowlby, no final da década de 1960 e início da vindoura, estudou de forma aprofundada o assunto, criando a Teoria do Apego[2], que é referência nos estudos sobre os padrões de separação também.

Ao pesquisarmos o assunto, notamos que os trabalhos que se atêm ao luto na separação conjugal ainda são incipientes em nosso país, sendo em sua grande maioria aqueles que se valem de referenciais psicanalíticos ou, então, aqueles mais voltados aos estudos da perda conjugal, destacando apenas os estados de viuvez (Oliveira, 2002; Athie, 2000; Carbone, 2001; Cerveny & Berthoud, 2002, só para citarmos alguns).

Destacamos que não encontramos estudos que enfatizem a importância da avaliação psicológica dos estados e ou padrões de luto quando da separação conjugal e suas conseqüências sobre os filhos.

Em nossa prática, temos vivenciado inúmeras situações que fazem ligação com o que os estudiosos da atualidade têm descoberto sobre os processos de luto.

Os relatos obtidos, ora diretos ora indiretos, indicavam-nos a existência de processos internos que guardavam certa semelhança com os trabalhos de luto ocorridos face às mais diferentes situações de perda.

Um grande impacto para nós foi ouvirmos de um indivíduo a frase na qual mencionava que uma das piores dores, para ele, era "a dor de ser órfão de pai vivo".

Iniciávamos nosso trabalho nas Varas de Família e Sucessões do Fórum Central de São Paulo (Fórum João Mendes Jr.) e ouvíamos, direta ou indiretamente, relatos dos indivíduos atendidos que apontavam sempre para a dor da perda, ou melhor, das perdas.

Em nossos laudos, sempre fazíamos interpretações que remetiam ao luto de uma separação mal resolvida, a qual atingia os filhos de alguma maneira, dificultando todo o processo legal da separação e divórcio em si.

Começávamos a perceber a importância das orientações para que as pessoas fossem buscar um trabalho psicoterapêutico em que pudessem equacionar melhor as perdas advindas da ruptura conjugal.

---

[2] A Teoria do Apego foi divulgada por meio de três livros de John Bowlby, denominados *Apego* (1984), *Separação* (1984) e *Perda* (1985). Os dados reforçam as idéias construtivistas que explicam que a realidade é criada em nossas relações com os outros, e que os padrões de apego influenciam a constituição da personalidade do indivíduo.

Abaixo elencamos alguns desses relatos, os quais objetivam nosso pensamento sobre as perdas na separação conjugal.

– *Eu tenho um pai, mas é a mesma coisa que se eu não o tivesse, porque ele não vem nunca me visitar, não passeia comigo, e nem sequer ajuda a minha mãe a pagar meus estudos, minha comida e minhas roupas*. (menino de 5 anos envolvido em processo de regulamentação de visitas)
– *Preferia vê-lo morto a ter que passar pela humilhação de deixar meus filhos junto com aquela atual mulher dele; seria mais fácil as crianças entenderem que o pai morreu... do que entenderem que casou de novo.* (genitora de duas crianças envolvidas em processo de regulamentação de visitas)
– *Sei que existem muitas ex-mulheres, mas nenhuma chega aos pés da minha (ex-mulher), posto que ela não larga do meu pé e conseqüentemente, eu acabo não largando do dela; só quando morrermos isso vai ter fim!* (ex-marido em processo de disputa de guarda e separação conjugal litigiosa há 5 anos)

Existem muitas experiências na vida que nos fazem pensar na morte e até mesmo vivenciá-la no tocante a sua elaboração, ainda que ela não tenha acontecido concretamente. Como exemplo podemos citar os afastamentos, perdas de capacidades físicas ou mentais, mudanças do ambiente conhecido, tais como casa, cidade, país. Estas experiências envolvem de alguma maneira um processo de luto e exigem da pessoa uma reorganização interna e externa.

As dores derivadas da perda de alguém, ou melhor dizendo, da perda ou do afastamento de alguém com o qual convivíamos trazem, muitas vezes, tristeza, ansiedade, medo do desconhecido, sensação de fracasso e impotência.

O que nos chama a atenção é que o divórcio está incluído nas diversas situações de perda que podem colocar os indivíduos no limite da dor e do sofrimento psíquico e, conseqüentemente, em contato com sentimentos semelhantes aos encontrados no processo de luto, conforme aponta Kovács (1996).

A referida autora cita as separações conjugais como situações permeadas de muita dor e sofrimento; além disso, existem outras perdas e afastamentos que, embora festejados socialmente, trazem o "espectro" da morte, demarcando o fim de um estado ou situação.

Segundo pesquisas desenvolvidas por Parkes (1998), a dificuldade na elaboração das situações de perda "não físicas" (na infância) podem, por exemplo, trazer para os filhos enormes dificuldades para lidarem com um luto na vida adulta. Na verdade não se atribuem problemas exclusivamente à separação conjugal em si, mas quando ela vem atrelada a uma série de conflitos familiares que desamparam emocionalmente a criança.

As perdas oriundas do rompimento de um projeto amoroso sobre o qual os indivíduos tenham edificado uma família, por exemplo, traz conseqüências que variam mediante diversos fatores, dentre os quais destacamos, o tempo de união conjugal, a idade dos filhos e dos pais, o engajamento ou desengajamento com a família de origem, a fase profissional dos pais e escolar dos filhos, só para citarmos alguns.

De qualquer forma, tanto do lado dos adultos como do lado dos filhos há um luto a ser elaborado, uma perda a ser vivenciada de algum modo, sendo que isso irá ocorrer conforme as possibilidades individuais de cada membro da família.

Kovács (1996, p.13) refere-se à separação como uma "morte entre vivos", já que na situação de luto por morte houve a morte concreta de alguém que se foi, e alguém que ficou sente que um pedaço de si morreu; na separação há semelhanças marcantes no processo de luto, só que concretamente nenhuma morte ocorreu.

A mesma autora coloca que:

> A separação é uma experiência universal que todos conhecemos e vivemos desde a mais tenra infância. As vivências de separação da figura materna já são experiências vivenciadas por bebês com sentimentos de abandono, alienação e aniquilação, que embora sem registro na consciência são um carimbo que todos os humanos conhecem. As separações e perdas são companheiras constantes na vida do ser humano e ninguém pode afirmar que nunca as viveu. Embora seja uma experiência universal, ela é tão particular e peculiar que a sua história individualiza cada ser humano (p.14).

A separação aterroriza tanto determinadas pessoas que muitas preferem a morte própria ou de outrem a vivenciar os sentimentos ligados ao afastamento do outro e/ou a perda definitiva em sua vida.

Caruso (1981), psicanalista vienense que se propôs a estudar a separação dos amantes a partir de diversos casos atendidos em seu consultório, definiu a separação como uma eclosão da morte psíquica na vida dos seres humanos. Segundo seus relatos, ele localizou com maior facilidade estudos relativos ao luto conseqüente à morte física em si do que aqueles que falam sobre o afastamento do outro em vida.

O citado autor aponta o afastamento mútuo que ocorre entre os amantes como um longo e doloroso processo, comparável a uma doença crônica e caracterizado por uma fricção mútua que encontra sua expressão social no divórcio.

É um processo abortivo, no qual o verdadeiro afastamento recíproco e o esquecimento daí decorrente ocorrem somente depois que a desesperada separação se concretiza (p. 15)

Ao definir a separação como uma morte em vida, ele aponta também uma série de defesas utilizadas, mas que no entanto também mostram a ambigüidade do princípio de morte não dissociado do processo vital, ou, nas palavras de Kovács (1996) "as defesas são frágeis vitórias contra a morte" (p.15).

Nesse processo de morrer constituído pela separação surgem alguns mecanismos especiais de defesa, chamados por Caruso (1981) também de mecanismos de intercâmbio, ou seja, estão orientados para a vida e seu desenvolvimento e reagem também à presença da morte, na medida em que servem de proteção contra um perigo mortal que irrompe na existência. Nesse sentido é preciso lembrar que essa morte se refere à morte do outro dentro de mim, o que também significa a minha morte, a morte da minha própria consciência.

A situação em si de perda entre pessoas vivas traz, na grande maioria das vezes uma *catástrofe do ego*, ou seja, a separação produz uma morte na consciência, o que poderá ou não significar uma passagem para uma vida superior. Em alguns casos podem surgir psicose (aniquilação da consciência), suicídio, depressão, paralisação da vida. O ego, então, se defende para evitar a morte psíquica. (destaques nosso)

A perda do objeto de identificação, daquele com o qual compartilhamos nossa intimidade, acaba, na realidade, ameaçando a nossa própria identidade e isso significa uma vivência de morte.

O luto na separação conjugal ou, como cita Caruso (1981), na separação dos amantes, é uma tentativa de defesa contra o vazio, a negação e a depauperação do ego.

Destacamos como de suma importância no tocante ao divórcio a resolução do apego emocional entre os amantes, comumente referido na literatura como divórcio emocional (Bowen, 1978).

Nesse sentido, vale dizer que é comum as famílias entenderem que ao findarem a tramitação legal do divórcio, ou seja, após terem em mãos uma sentença judicial que mencione que elas já se encontram legalizadas nessa nova condição, achem também que estão divorciadas emocionalmente.

Na verdade há uma distância grande entre esses dois processos (o interno e o externo), sendo que o divórcio emocional leva um tempo variável para solucionar-se (se é que podemos afirmar isso) e dependerá das condições intra e extra-psíquicas do divorciado. Tal dependência é a mesma observada nos processos de luto que se seguem às perdas físicas, quando, então, cada indivíduo utilizará seus recursos internos para fazer frente a sua perda, sua dor e seu luto.

Só para termos uma idéia da importância dos sentimentos atribuídos ao divórcio, de acordo com a escala de Holmes e Rahe (1967), que é uma forma usada para escalonar os eventos estressantes da vida, o divórcio vem em segundo lugar, depois da morte de um dos cônjuges.

As separações são sempre permeadas de sentimentos ambivalentes, persistindo o apego apesar da raiva e do ressentimento, e quanto maior o apego maior a angústia.

O estresse advém das mudanças que devem ser realizadas no funcionamento global da vida. O divórcio requer tais mudanças, exigindo uma redefinição no padrão de funcionamento da vida familiar global.

Escala de reajuste social de Thomas Holmes e Richard Rahe

Os psicólogos Holmes e Rahe em 1967 elaboraram uma escala com 43 itens que medem a quantidade de estresse nos mais diferentes eventos da vida.

Os autores coletaram os acontecimentos vitais mais estressantes da vida das pessoas atribuindo-lhes um valor que vai de 0 a 100 e os denominaram *life events* (eventos da vida).

Para estes autores, o estresse significava uma adaptação à mudança, sendo que esses eventos ou mudanças podem ser tanto positivos como negativos para nossa vida e, além disso, é possível que uma pessoa se encontre em mais de uma situação estressante ao mesmo tempo.

Nas tabelas que se seguem estão expostos (em parte) os acontecimentos vitais estressantes descritos por eles, que vão desde o primeiro, com uma pontuação de 100, até o 43º evento na **Escala de estresse para adultos** com uma pontuação mínima de 10. Já na **Escala de estresse para crianças e adolescentes** há desde o primeiro evento, com uma pontuação de 100, até o 49º, com uma pontuação mínima de 5.

Temos que levar em consideração que cada pessoa e em cada cultura há uma modificação da valorização pessoal do estresse.

As escalas de estresse formuladas pelos autores estão citadas logo abaixo, sendo que não foram mencionadas na íntegra por possuírem uma enormidade de itens, os quais, para o objetivo do nosso trabalho, não se fazem necessários.

Escala de estresse para adultos

Estresse	Valor
Morte do cônjuge	100
Divórcio	60
Menopausa	60
Separação conjugal	60
Reclusão penal	60

Morte de parente próximo	60
Enfermidade ou incapacidade	45
Matrimônio	45
Dispensa do emprego	45
Reconciliação conjugal	40
Isolamento	40
Problema de saúde com parente próximo	40
Trabalhar mais de 40 horas por semana	35
Gravidez	35
Problemas sexuais	35
Chegada de novo membro na família	35
Troca de rotina de trabalho	35
Mudança da situação financeira	35
Morte de um amigo (não membro da família)	30

Escala de estresse para jovens e adolescentes

Estresse	Valor
Morte dos pais ou noivo(a)	100
Divórcio dos pais	65
Puberdade	65
Engravidar ou provocar gravidez	65
Separação ou ruptura de noivado	60
Reclusão	60
Morte de ente querido da família que não seja pai noivo(a)	60
Ruptura de compromisso conjugal	55
Compromisso de noivado	50
Enfermidade pessoal grave ou acidente	45
Contrair núpcias	45

Pelo alto grau de estresse produzido, o divórcio do ponto de vista emocional é um processo que, segundo os autores acima citados, requer um triplo enfrentamento, uma vez que estão implicadas algumas perdas importantes - tanto internas quanto externas – e, por isso mesmo, é desejável a elaboração de alguns pontos que seriam:

- realizar o luto pelo casamento e pela família perdida;
- examinar o próprio papel na deterioração do casamento;
- planejar uma maneira de continuar a vida sem distorções ou rompimentos com o passado.

J. Peck & J. R. Manocherian (1995) explicam que existem diferentes estratégias que podemos usar quando nos deparamos com um alto nível de apego emocional. A tarefa principal é a elaboração do luto e, por isso, a pessoa precisa entristecer-se pelas diversas perdas, tais como a perda das esperanças, dos sonhos e expectativas de uma vida compartilhada, bem como a perda do parceiro conjugal e da unidade familiar

Além disso, as citadas autoras acreditam que a pessoa precisa entender seu próprio papel no rompimento, desejavelmente sob outras perspectivas e não perpetuando o prisma acusatório. Esta assunção de responsabilidade se faz necessária para que posteriormente não se repitam os mesmos erros em futuros relacionamentos.

Os procedimentos legais do divórcio (audiências, conversas com advogados, perícias em certos casos) levam os indivíduos a entrar em contato mais uma vez com aspectos dolorosos da separação. Sabemos que o ambiente jurídico, não raramente, serve para estimular a própria manutenção do vínculo existente entre o casal, dificultando a elaboração do necessário processo de luto (Silva, 1999; Vainer,1999; Castro, 2000; Ramos e Shine, 1994, só para citarmos alguns).

Kaslow & Schwartz (1995) trazem a diferenciação em termos de ritualização quando ocorre uma morte física, concreta e uma morte psicológica, tal como a que existe no divórcio.

Não existe nenhum tipo de cerimônia após um divórcio, quando muito algumas manifestações de solidariedade pelos amigos mais próximos. O sentimento de solidão geralmente acaba intensificando toda a negatividade do desfecho da situação conjugal, atrelando-a ainda mais a culpas e vergonhas.

Nos Estados Unidos, Parkes (1998) refere uma organização que provocou grande mudança nas vidas de viúvos e viúvas, chamada de *Parents without Partners* (Pais sem parceiros). Tal organização é voltada para pessoas viúvas, separadas e divorciadas e tem por objetivo a organização de diversas atividades recreativas e educacionais. Por participarem em tais atividades, as pessoas conseguem restabelecer sentimentos de autoconfiança e auto-estima, por exemplo.

Os grupos de apoio para viúvos e divorciados que vem se desenvolvendo durante a última década são, segundo Kaslow & Schwartz (1995), similares aos grupos de auto-ajuda para pais e filhos deficientes mentais ou físicos, para parentes de alcoólicos e outros. Eles oferecem aos membros a oportunidade de compartilhar e comparar experiências, aprender soluções alternativas uns com os outros e adquirir novas informações relativas aos seus problemas ou *status*.

As mesmas autoras mencionam que diversas instituições religiosas e centros comunitários também vêm patrocinando reuniões para pessoas sozinhas, as quais enfatizam a necessidade de reconstruir a própria vida sozinhas.

O essencial para o divorciado, assim como para aquela viúva ou viúvo, é tomar a decisão de que a "vida deve continuar" com ou sem o cônjuge, mas com outras pessoas que compartilhem os mesmos interesses, pois somente assim se tornarão os verdadeiros sobreviventes, como nos aponta Kaslow & Schwartz (1995).

Muitas vezes, o sobrevivente não só se adapta à perda, mas acaba se renovando ao alterar seu estilo de vida e buscar outros caminhos diferentes dos trilhados até o momento na vida.

Salientamos, no entanto, que seja pela viuvez, seja pelo divórcio, há uma alteração no estilo de vida quando as famílias com filhos passam a ser conduzidas apenas por um dos pais. Nesse sentido, vale dizer que a ausência física de um dos genitores não significa que eles não desempenhem nenhum papel na unidade familiar.

Há alguns perigos e dilemas para as famílias com apenas um dos pais que podem ser os seguintes, segundo Kaslow & Schwartz (1995):

1- O pai considera a criança um substituto do cônjuge ausente, o que é sempre prejudicial, especialmente se a criança serve de constante lembrança daquele que se foi.
2- Superdependência emocional do pai em relação ao filho.
3- Perda da perspectiva da fase de desenvolvimento em que o filho se encontra em função da luta pela sobrevivência que o genitor está empreendendo.
4- O pai percebe a criança como um fator dificultador para se ajustar ao novo estilo de vida.
5- Sentimento de culpa e ambivalência no cônjuge que deu entrada na separação.
6- Comportamento adolescente por parte dos pais; às vezes no período pós-divórcio surge uma "segunda adolescência dos pais".
7- Dependência da família de origem.

Cabe frisarmos que nem sempre essas dificuldades surgem quando um dos pais fica sozinho com o filho, mas elas podem ocorrer em alguma fase do divórcio, em que a elaboração da perda ainda esteja ocorrendo.

Em síntese, objetivamos demonstrar com esta explanação que não só as perdas físicas propiciam a entrada dos indivíduos no processo de luto, mas que ele é uma resposta natural e até, de certa forma, esperada após a perda de alguém significativo na vida da pessoa.

O presente texto, além de tecer considerações sobre o processo de luto existente no divórcio, pode também estimular o leitor a pesquisar outros tipos de luto igualmente inseridos nos processos das separações conjugais, tais como o que assola os filhos nas mais diversas idades e fases do ciclo vital.

Concluindo, podemos afirmar que as fases encontradas na elaboração da perda física da pessoa podem também ser identificadas quando ocorre a perda emocional, tal qual nas situações de divórcio.

É importante que avaliemos não só o significado da perda afetiva para aquele(s) indivíduo(s), mas também que possamos estimulá-lo(s) a reconstruir uma outra identidade (de descasado talvez), com toda reformulação de papéis e reenquadres socioculturais que eventualmente isso possa acarretar. A perda, seja física ou emocional, é sempre um fenômeno familiar multifacetado, conforme explica Walsh & McGloldrick (1998), propagando-se por todo o âmbito familiar e transmitindo-se para a próxima geração.

Toda a passagem pela situação da separação conjugal pode remeter o *ex-casal* a dificuldades na vivência do luto pela perda afetiva significativa, ainda sem o suficiente amparo e cuidados específicos por parte da nossa sociedade. Oferecer algum tipo de ajuda psicossocial, individual ou em grupos, tal como já ocorre em diversos países, pode facilitar o desfecho de muitos litígios, com conseqüências visíveis para todos os envolvidos.

Referências bibliográficas

ATHIE, B. V. Famílias em época de transição: prática terapêutica do luto patológico. In: *Pediatria Moderna*, 36 (10), p. 690-698, 2000.

BOWEN, M. *Family Therapy in Clinical Practice*. Nova York : Jason Aronson, 1978.

BOWLBY, J. *Apego*. São Paulo: Martins Fontes, 1984.

________. *Separação*. São Paulo: Martins Fontes, 1984.

________. *Perda*. São Paulo: Martins Fontes, 1985.

CARBONE, A. G. *O luto na viuvez conjugal*. Dissertação (Mestrado) - Pontifícia Universidade Católica de São Paulo, 2001.

CARUSO, I. *A separação dos amantes: uma fenomenologia da morte*. São Paulo: Cortez/Diadorim, 1981.

CASTRO, L. R. F. *Disputa de guarda no interesse dos pais ou dos filhos?* São Paulo: Casa do Psicologo, 2000.

CERVENY, M. O. C.; BERTHOUD, C. M. E. *Visitando a família ao longo do ciclo vital*. São Paulo: Casa do Psicólogo, 2002.

HOLMES, T ; RAHE, R. *Escala de estresse para adultos, jovens e adolescentes* (1967). Disponível em www.psicologia.org.br/international/pscl19.htm, acesso em 21/10/02.

KASLOW F. W.; SCHWARTZ L. L. *As dinâmicas do divórcio*. São Paulo: Editorial Psy, 1995.

KOVÁCS, M. J. A morte em vida. In: BROMBERG, M. H. P. F. (et alii) *Vida e morte: laços de existência.* São Paulo: Casa do Psicólogo, 1996.

OLIVEIRA, C. C. Casamento e viuvez. In: FRANCO M. H. P. (org.) *Estudos avançados sobre o luto.* São Paulo: Livro Pleno, 2002.

PARKES, C. M. *Luto: estudos sobre a perda na vida adulta.* São Paulo: Summus, 1998.

PECK, J.; MANOCHERIAN, J. R. O divórcio nas mudanças do ciclo de vida familiar. In: CARTER, B. ; McGOLDRICK, M. *As mudanças no ciclo de vida familiar.* Porto Alegre: Artes Médicas, 1995.

RAMOS, M.; SHINE, S. K. A família em litígio. In: RAMOS, M. (org.) *O casal e a família como paciente.* São Paulo: Escuta, 1994.

SILVA, E. Z. M. *A paternidade ativa na separação conjugal.* São Paulo: Juarez de Oliveira, 1999.

VAINER, R. *Anatomia de um divórcio interminável.* São Paulo: Casa do Psicólogo, 1999.

WALSH, F.; MCGOLDRICK, M. *Morte na família: sobrevivendo às perdas.* Porto Alegre: Artes Médicas, 1998.

Crianças e adolescentes vitimizados: rotina dos atendimentos

Solange Maria Amaral S. Pinheiro

O presente trabalho visa abordar a prática no que diz respeito ao perfil psicológico de crianças e adolescentes vítimas de maus-tratos físicos e psicológicos, inseridos num processo de avaliação, a partir de atendimentos realizados na Vara Central da Infância e Juventude do Tribunal de Justiça do Estado de São Paulo. O trabalho do psicólogo judiciário difere daquele do psicólogo clínico na medida em que sua atividade está circunscrita no ambiente institucional, no caso o Fórum Central. Devemos portanto levar em consideração a vinculação com o sistema jurídico.

> A realização de uma avaliação psicológica para fins de perícia junto à área jurídica parte de conhecimentos básicos da psicologia, mas necessita que se faça uma adaptação desses conhecimentos junto às normas legais (Cunha, p. 18).

Segundo essa autora, o psicólogo judiciário para realizar uma avaliação psicológica deve possuir conhecimentos da área psicológica como também conhecimentos do ponto de vista legal.

Nas Varas de Infância e Juventude não se realiza a perícia propriamente dita, mas a vinculação com o sistema jurídico requer a adaptação dos conhecimentos psicológicos às normas legais. O acesso às vítimas decorre da procura das mesmas, de seus familiares ou por meio de denúncias que são apuradas de acordo com determinações judiciais. A partir deste primeiro contato é que se inicia o processo de avaliação psicológica.

As crianças e adolescentes maltratados apresentam sinais e sintomas característicos e representativos em termos de amostra. São casos que muitas vezes dependem de observação atenta e aprofundada pelo processo de avaliação psicológica, pois a violência tende a ser encoberta, principalmente quando a criança ou o adolescente são vítimas dos próprios pais ou parentes mais próximos.

> A despeito da atmosfera de urgência e dramatização, quando entramos em contato com famílias cuja criança foi exposta a carência, maus-tratos, abusos sexuais, é essencial dar-se o tempo de *olhar, observar, avaliar as relações pais-filhos*, tanto do ponto de vista da criança, quanto de seus pais (Gabel, p. 520).

A tentativa dos adultos de encobrir a violência contra crianças e adolescentes, de impedir que venha à tona por uma simples coleta de dados, é fato que pudemos perceber em nossa prática profissional como psicóloga judiciária na Vara da Infância e Juventude do Fórum Central, no período de 1996 a 2001.

O nosso trabalho se insere no esforço coletivo de lançar mais luz sobre esse fenômeno social do qual temos poucos dados ainda.

> Temos claro que todas as estatísticas disponíveis no Brasil e no mundo mostram apenas a ponta visível de um *iceberg*. Embora – sobretudo a partir da segunda metade do séc. XX – existam dados sobre as várias modalidades de violência doméstica na infância e adolescência em grande número de países, forçoso é reconhecer que esses dados referem-se quase sempre à VIOLÊNCIA DENUNCIADA (Azevedo e Guerra, p. 65).

A própria citação das autoras acima aborda um fato denominado *complô do silêncio*, que envolve todo o contexto da violência, no qual os familiares, o agressor e a própria vítima passam a compactuar para a perpetuação das respostas agressivas. Este silêncio cria um segredo entre vítima e agressor, que deve ser desvendado no momento certo e com as devidas precauções do profissional, fase denominada *revelação*, que para algumas vítimas, dependendo das características de personalidade e do tipo e freqüência da agressão, ocorre com mais facilidade do que para outras. As mesmas autoras adiantam que: “Um grande número de casos permanece encoberto pelo ‘complô do silêncio’, de que acabam sendo cúmplices os pais, familiares, vizinhos e a própria vítima”.

Nesse sentido, a tarefa do psicólogo judiciário é de extrema importância e requer uma investigação pormenorizada, atenta e voltada para o não-verbal. Na tônica da avaliação de crianças e adolescentes maltratados, inseridos no contexto e atendimento do judiciário e a fim de possibilitar uma visão mais prática do cotidiano dos profissionais que atuam nesta área, apresentaremos uma amostra de 53 casos de maus-tratos e/ou abuso sexual, dentro de um total geral de 85 atendimentos de crianças e adolescentes realizados na Vara da Infância e Juventude de São Paulo, Fórum Central, no período de janeiro de 1996 a março de 2001.

A descrição das características observadas nas entrevistas com crianças e adolescentes vitimizados, bem como o conhecimento dos diversos sintomas e do perfil psicológico que tais crianças podem apresentar serão brevemente abordados e dispostos em tópicos para maior clareza da exposição.

Procuraremos identificar traços psicológicos da criança ou do adolescente vítima e de sua dinâmica, percebidos no contexto de avaliação psicológica, tratando de elencar os aspectos que permeiam a complementariedade do binômio vítima-agressor e da reprodução da agressão. Cabe ressaltar que em nossa prática profissional foi possível detectar que muitos dos agressores foram vítimas em sua infância ou adolescência. Essa constatação adveio das entrevistas que foram realizadas, sempre que possível, com os agressores que, ao se reportarem a seus históricos, trazem conteúdos relacionados a traumas por agressões/abuso sexual dos pais e/ou familiares. O aprofundamento desta constatação pode ser motivo de outra investigação no sentido de comprovar a hipótese detectada a partir das entrevistas com as 53 vítimas. Em muitos casos os dados de um passado traumático no histórico do agressor vêm à tona por relatos de outros familiares ou da própria vítima. Observamos que a dependência química a drogas e álcool é uma característica comum ao perfil do agressor, dado obtido também em situação de entrevista, por meio da pesquisa do histórico dos agressores.

A psicodinâmica do agressor, sua participação nas entrevistas, individualmente ou em conjunto com a vítima, tanto quanto os encontros com o não agressor (mãe ou pai, irmãos, tios, primos, avós da vítima e pessoas afins), também fazem parte do processo de avaliação, diagnóstico e encaminhamentos que possam se fazer necessários aos atendimentos dos casos de criança e adolescentes vitimizados, porém, neste trabalho, o enfoque será dado ao perfil da vítima, abordando-se as características do agressor quando isto se fizer necessário para uma maior compreensão.

No sentido de conceituar a violência doméstica contra crianças e adolescentes de forma abrangente e sem especificações muito rígidas às diferenças culturais, poderíamos nos reportar a definições de vários autores segundo Azevedo (1995):

> São maltratadas as crianças vítimas por parte de seus pais ou responsáveis, seja de brutalidades voluntárias seja de uma ausência voluntária de cuidados, acarretando lesões físicas ou problemas em geral (Straus, 1985).
>
> Entende-se por sevícias toda agressão física ou mental, abuso sexual, negligência ou maus-tratos perpetrados sobre um indivíduo de menos de 18 anos por seus pais ou responsáveis (Cortecuisse, 1984).
>
> Violência física é considerada como um ato executado com intenção, ou intenção percebida, de causar dano físico a outra pessoa. O dano físico pode ir desde a imposição leve de dor, passando por um tapa até o assassinato (Gelles, 1979).
>
> O abuso corresponde aos atos perpetrados que resultam dano e a negligência aos atos de omissão que têm efeitos negativos (Giovannoni, 1971).

Tais conceituações deixam claro que a violência doméstica é um fato constatado em crianças e adolescentes com uma freqüência significativa e se reporta à agressão física, à agressão verbal, ao abuso sexual, à negligência e maus-tratos causados por pais ou responsáveis, bem como por pessoas da convivência da vítima. Devemos pensar também na violência que ocorre fora do ambiente doméstico, que pode ser causada por pessoas desconhecidas da criança e do adolescente.

A entrevista

Antes de abordarmos as questões sobre o perfil psicológico de crianças e adolescentes vítimas de maus-tratos físicos e psicológicos, existem aspectos relevantes na condução das entrevistas que podem ser apontados. Por exemplo, é possível verificar que as crianças ou os adolescentes vitimizados, ao contarem para o profissional as circunstâncias que envolveram o contexto de maus-tratos e/ou abuso sexual estão dizendo a verdade quando as evidências apontaram para relatos coerentes, corroborados através das entrevistas e pela utilização de técnicas projetivas.

> Atualmente, aqueles que conhecem essas situações e costumam trabalhar com crianças inscritas numa população dita "de risco" sabem que são poucos os casos em que as crianças não dizem a verdade. Tudo isso parece ser inspirado pela preocupação de autenticação da palavra da criança, base de sustentação que lhe é devida no momento em que sua palavra não lhe pertence mais exclusivamente. Autenticar significa ir além da busca da credibilidade pelo especialista que intervém numa segunda etapa. No entanto que estes parecem concordar ao dizer Summit (1983) ou Liliane Deltaglia (1990) que os casos de fabulação são raros e que mesmo um testemunho aparentemente duvidoso pode dizer respeito a fatos que, mais tarde, serão reconhecidos como reais (Gabel, 1997).

No decorrer das entrevistas, as crianças e os adolescentes vitimizados precisam ser esclarecidos e orientados da melhor forma possível quanto as suas reações, seus sentimentos, muitas vezes ambíguos, bem como quanto à necessidade de um trabalho psicoterápico. Verificamos que o momento da revelação, em alguns casos, pode não ser imediato ao início da avaliação psicológica, dependendo da estrutura do vínculo entre o profissional e a criança ou o adolescente, bem como das características de personalidade dos entrevistados. O jovem deve sentir-se tranqüilo e à vontade, percebendo que pode confiar no profissional que o está atendendo. As revelações, às vezes, são parciais e o assunto pode ser mais grave do que aparenta. A criança ou o adolescente pode revelar a outras pessoas. A mãe não é necessariamente uma pessoa de confiança, seja no sentido de compartilhar o segredo com o filho e achar que o está ajudando, seja quando tenta desmenti-lo por ser cúmplice da violência ou ser a própria agressora.

Os desenhos, os testes projetivos e o material lúdico podem facilitar a aproximação jovem-profissional, favorecendo o clima para a revelação e para a verificação da veracidade dos fatos. Durante as entrevistas, as questões devem ser neutras e esclarecedoras, com especial atenção a todas as intervenções, que considerarão o momento atual da criança ou do adolescente. Há a necessidade de se proteger a criança ou o adolescente de qualquer tipo de retaliação.

O técnico responsável por um determinado caso precisa evitar que suas próprias emoções relacionadas à violência sofrida pelo entrevistado venham interferir na condução das entrevistas, trazendo variáveis que comprometam a necessária neutralidade neste tipo de trabalho. É necessário considerar o ritmo de cada entrevistado a partir do trauma vivenciado e do momento em que se encontra. Quando as crianças e os adolescentes já estão fornecendo detalhes sobre as agressões a que foram submetidos, os profissionais devem estar o mais atento possível para garantir um clima de receptividade e de confiança. Não se pode, por exemplo, apressar o entrevistado nos relatos, é preciso respeitar sua seqüência temporal e eventuais contradições, que aos poucos serão trabalhadas. A capacidade de empatia[1] do entrevistador facilita o processo de avaliação.

As entrevistas devem ser bem preparadas, muitas vezes num contexto de trabalho de equipe interdisciplinar, que inclui, quando necessário, o psicólogo e o assistente social judiciário. As entrevistas englobarão outros profissionais que eventualmente tenham atendido ao mesmo caso.

Em muitos casos, as entrevistas estendem-se aos demais familiares e pessoas próximas das crianças e dos adolescentes. A aborda-

[1] Empatia é uma atitude subjetiva de confiança, ou confiança em relação ao objeto. É uma prontidão para encontrar o objeto a meio caminho, uma assimilação subjetiva que acarreta uma boa compreensão entre sujeito e objeto, ou pelo menos a simula. (Sharp, 1991, p. 59).

gem familiar torna-se necessária, pois a agressão pode ser compartilhada e é importante que se trabalhe a realidade psicológica das vítimas e dos envolvidos.

A aceitação do sofrimento: a vítima

Quem é esse personagem? Haveria um padrão no qual pudéssemos encaixá-lo? Ao atermo-nos às diferentes referências bibliográficas sobre crianças e adolescentes vítimas de violência, reportamo-nos a autores como Carl Gustav Jung, Erich Neumann, Maria Amélia Azevedo, Viviane Azevedo Guerra e Marceline Gabel. Considerando a nossa própria prática profissional, parece que uma tendência ao comportamento da vítima vai se delineando, isto é, um perfil persiste em se configurar, sendo possível classificar as possíveis vítimas dentro de seu contexto familiar.

Dependendo do tipo de violência, do temperamento e da faixa etária da criança ou do adolescente vitimizado, da avaliação psicológica e do encaminhamento técnico, bem como da suscetibilidade às agressões no ambiente doméstico ou fora dele, os rumos, no âmbito psicológico, podem ser diversos, favorecendo ou não o desenvolvimento da personalidade destas vítimas. As relações com os adultos, principalmente o contato com os pais, são de importância fundamental ao desenvolvimento psicológico dos filhos, podendo, caso estejam em desequilíbrio, ser responsáveis por distúrbios dos mais variados tipos.

> C. G. Jung atribui muitos dos distúrbios da psique infantil a distúrbios psíquicos dos pais. Isto significa que, até a puberdade, existe uma união parcialmente inconsciente entre filhos e pais, especialmente entre filho e mãe (Neumann, 2000, p. 20).

A determinação do perfil na compreensão da vítima tanto quanto o valor do vínculo entre o psicólogo e as pessoas entrevistadas são fatores relevantes na abordagem da revelação dos maus-tratos físicos, psicológicos ou do abuso sexual. Cabe ressaltar neste item que no contexto da psicologia jurídica, os entrevistados procuram os Fóruns a partir de diferentes queixas; referimo-nos especificamente aos casos de violência contra crianças e adolescentes.

As pessoas envolvidas numa queixa de violência contra crianças ou adolescentes procuram o Fórum no setor apropriado que se denomina Vara da Infância e Juventude, ou por serem as próprias vítimas das agressões, ou por estarem envolvidas direta ou indiretamente com as vítimas, ou porque são chamadas a partir de denúncias de terceiros. Não há, a princípio, uma procura para uma ajuda psicoterápica, mas para uma avaliação psicológica, pautada numa determinação judicial, com encaminhamentos diversos, que podem incluir a sugestão de psicoterapia em recursos da comunidade. Isto significa que o trabalho do psicólogo judiciário que atende crianças e adolescentes vítimas de violência tem um enfoque na avaliação, no psicodiagnóstico e no encaminhamento, não sendo equivalente a um contexto de psicoterapia.

A qualidade do vínculo entre o profissional e as partes envolvidas no processo de avaliação psicológica configura a eficiência do trabalho realizado pelo psicólogo judiciário, sendo importante não só o vínculo com a vítima, com seus familiares e pessoas afins, como aquele que se estabelece com o agressor.

Por mais difícil que possa parecer, é por meio de uma abordagem técnica com o agressor que aliviamos o sofrimento da vítima. Nesse sentido, a intervenção técnica junto ao agressor, nos casos em que isto foi possível, mostrou-se muito eficiente. Há, no entanto, situações em que o agressor não comparece às entrevistas, ou pela própria resistência ou por estar afastado da vítima. O trabalho do psicólogo judiciário centra-se na avaliação, psicodiagnóstico e encaminhamento, sem conotação psicoterapêutica, com situações de maior ou menor envolvimento por parte da família. Pode haver uma sensibilização inclusive para iniciar uma psicoterapia. O psicólogo judiciário, durante o processo de avaliação, pode assinalar e movimentar conteúdos internos das vítimas, do agressor e demais familiares que acabam por adquirir um valor terapêutico sem se confundir com uma psicoterapia propriamente dita, mas reforçando a sua necessidade.

A vítima e a sombra

O agressor, muitas vezes, não reconhece a sua ação como violenta, tentando torná-la comum e socialmente compreensível.

São séculos de uma mentalidade que:

- não reconhece a existência de abuso da força física e de poder sobre os filhos em severos castigos;
- não admite que a punição física contínua está a um passo de ser tomada como abuso, porque permite que constantemente alguém se valha de sua posição social, do seu poder na hierarquia familiar ou institucional, da sua superioridade física para impor a primazia dos seus interesses;
- não entende que toda punição física atinge a pessoa na sua integridade – dimensão física e psicológica;
- não aceita que a ocorrência da punição física coloca para a criança e para o adolescente a certeza de que os conflitos tão presentes nas relações interpessoais podem ser liquidados fazendo-se uso da violência;
- não percebe que a punição tem sido pouco eficiente no sentido de adequar o comportamento das crianças e dos adolescentes a um padrão de atitudes desejáveis (Cavalcanti, 1999, p. 98-99).

A agressão e o mal, sob suas inúmeras facetas, parece que se constitui em um *complexo*[2] de difícil abordagem no inconsciente da vítima, que depende obviamente da sensibilidade do psicólogo judiciário, para torná-lo consciente e passível de uma abordagem psicológica.

[2] "Os complexos são grupos de idéias ou imagens carregados emocionalmente, que repousam no inconsciente e muitas vezes nos incomodam. Quando estes complexos se constelam fazem-se acompanhar invariavelmente pelo afeto (...) Os complexos interferem com as intenções da vontade e perturbam o desenvolvimento da consciência; produzem perturbações da memória e bloqueio no fluxo das associações, aparecem e desaparecem conforme sua próprias leis; podem temporariamente obcecar a consciência ou influenciar a fala e a ação de modo inconsciente. A etiologia de sua origem é freqüentemente um assim chamado trauma, um choque emocional ou coisa desse tipo que cinde um pedaço da psique" (Sharp, 1991, p. 37-38).

> Um complexo só pode realmente ser superado se for vivido em sua plenitude. Em outras palavras, se quisermos nos desenvolver melhor, devemos atrair para nós e beber até a última gota aquilo que, por causa de nossos complexos, mantivemos à distância (Sharp, 1991, p. 39).

O complexo constelado no inconsciente da vítima interfere nas reações destes indivíduos vitimizados, e, sob a ótica da teoria analítica, está relacionado com o conceito de *sombra* que se refere aos desejos reprimidos, às fantasias infantis também reprimidas, aos ressentimentos e a todas as qualidades, boas ou más, que foram rejeitadas durante o nosso desenvolvimento psicológico. Essas qualidades não desaparecem, permanecendo dentro de nós e formando como que uma segunda personalidade denominada sombra (SHARP, 1991).

> A sombra é simplesmente um pouco inferior, primitiva, desadaptada e desajeitada, não totalmente má. Contém qualidades infantis ou primitivas que poderiam de certo modo vitalizar e embelezar a existência humana (Sharp, 1991, p. 151).

As vítimas, normalmente, por temerem seus conteúdos sombrios, não os reconhecem em si mesmas, vivenciando-os muitas vezes nos outros, mecanismo que na Psicologia é dado o nome de projeção[3].

Nos casos de crianças e adolescentes vítimas de maus-tratos e abuso sexual, os conteúdos sombrios são terríveis, pois deflagram um complexo de inferioridade, através do qual podem se sentir como pessoas muito más que não merecem ser amadas e, por esta razão, são punidas. Nesse caso, as crianças e os adolescentes vitimizados são dominados por esse complexo de inferioridade, com interferência em seus padrões de comportamento e reações emocionais, que são fatores de importância na constituição de uma neurose[4].

---

[3] Processo automático pelo qual os conteúdos de nosso próprio inconsciente são percebidos como estando nos outros (Jung, 1999, p. 134).

[4] Crise psicológica devido a um estado de desunião consigo mesmo, ou, mais formalmente, uma dissociação moderada da personalidade, devida à ativação dos complexos (Sharp, 1991, p. 108).

No universo das transformações que se fazem necessárias estão aquelas relacionadas à auto-estima e auto-aceitação, bem como os aspectos traumáticos da violência que precisam ser trabalhados. A conscientização dos conteúdos sombrios no espaço da psicoterapia é relevante à vítima, podendo auxiliá-la em seu processo de autoconhecimento e na própria evolução.

O trabalho com crianças e adolescentes vítimas de violência é um trabalho árduo e contínuo, sendo necessário atuar de acordo com o ritmo de cada entrevistado. A vítima em seu quadro de sofrimento deve ser respeitada, não se podendo iluminar precocemente partes do inconsciente de uma pessoa que deveriam, por um certo período, continuar sombreados. Nesse sentido, podemos afirmar que a vítima vive a mercê de uma sombra tenebrosa, que lhe dá um caráter de apatia e esvaziamento.

As vítimas não querem, a princípio, qualquer contato com seus conteúdos sombrios, tentando esquecê-los e reprimi-los a todo custo. São dominadas por estes conteúdos e não conseguem por si mesmas conscientizar-se dos aspectos negativos que envolvem seu complexo. Além de serem submetidas aos maus-tratos físicos e/ou psicológicos e sofrerem as dores daí resultantes, que inclui a de serem enganadas por aqueles que deveriam suprir suas necessidades afetivas e físicas, as vítimas têm que conviver com seus aspectos sombrios que, aprisionados em seus inconscientes, não encontram condições favoráveis à própria manifestação. Substituem uma saudável e necessária interação consciente-inconsciente, por um atuar mecanizado, enrijecido, que lhes embotam os sentidos e os sentimentos, destruindo-lhes a expressão da própria psique, que vai gradativamente expirando num corpo que apenas respira.

Pelo que a experiência tem evidenciado, de uma amostra de casos de maus-tratos físicos, psicológicos e/ou abuso sexual, podemos elucidar parâmetros que sejam referências à prática psicológica com crianças ou adolescentes vitimizados, bem como dos aspectos relevantes na condução das entrevistas com esse grupo. Apresentaremos a seguir os dados de nossa amostra.

De um total de 85 casos de crianças e adolescentes atendidos por essa psicóloga em Vara da Infância e Juventude de São Paulo no

Fórum Central, foram selecionados aqueles com história de vitimização. Assim, como já inicialmente enfatizado, do atendimento realizado no período de 1996 a 2000, 53 deles (62%) foram vítimas de algum tipo de violência, especificados em tabela a seguir e distribuídos por faixa etária, sexo e caracterização do agressor. Esta porcentagem é muito significativa, principalmente se considerarmos que, além dos casos de violência contra crianças e adolescentes, as Varas de Infância e Juventude no estado de São Paulo atendem também os casos de medida de tutela, de guarda, de disputa de guarda, de suprimento de idade e consentimento para casamento, de emancipação, de problemas de comportamento e de conflitos familiares, os quais fariam parte dos 38 restantes da amostra dos 85 casos, em que não foram observados nenhum tipo de violência.

Os casos de vitimização vêm muitas vezes mesclados sob a forma de outras demandas judiciais, isto é, além da existência dos maus-tratos físicos e psicológicos, um determinado caso pode também estar inserido numa medida de tutela, de guarda, de disputa de guarda etc.

Tabela I

Distribuição dos casos de vitimização atendidos no período de 1996-2000

Idade (anos)				Sexo	
0-5 08	6-10 16	11-15 17	16-18 12	M 28	F 25

No que diz respeito aos tipos de violência, procuramos eleger categorias de acordo com os dados encontrados nos 53 casos. Assim, obtivemos as seguintes categorias distribuídas pelos diferentes casos:

a) Violência física
- afundamento de crânio provocado pela mãe: 1
- mãe bate freqüentemente: 4
- pai e madrasta batem freqüentemente: 1

- pai bate freqüentemente: 4
- hematomas pelo corpo e nas orelhas provocados pela mãe: 1
- constantes tapas pela mãe adotiva: 1
- irmão costuma agredir: 1
- colega ateou-lhe fogo: 1
- hematomas pelo corpo e fratura de crânio provocado pela mãe: 1
- pai e mãe batem freqüentemente: 1

b) Negligência
- criança pouco assistida pela mãe: 1
- pais não cuidam da criança, que é abrigada: 1
- mãe utiliza o filho para esmolar: 1
- mãe deixa o filho em casa sozinho e sem assistência: 1
- omissão paterna e materna (privação de alimentos e cuidados): 2
- mãe com vida irregular deixa o filho com qualquer pessoa: 2
- mãe com problemas econômicos, que não atende ao filho: 3
- mãe alcoolista que não assiste o filho: 1

c) Abuso sexual
- pai mantém relações sexuais com filha desde os 6 anos: 1
- abuso sexual do guardião: 2
- assédio sexual por irmão da guardiã: 1
- abuso sexual do tio: 1
- abuso sexual do padrasto: 2

d) Violência psicológica
- agressões verbais do guardião: 2
- rejeição por parte dos pais: 2
- rejeição materna: 1
- pai costuma ameaçar de morte o filho: 1
- rejeição paterna: 2

e) Dois ou mais tipos
- agressões verbais e físicas pelo guardião: 3

- agressões físicas e abuso sexual na instituição: 1
- agressões físicas e rejeição paterna: 2
- mãe e pai agridem e rejeitam: 1
- agressões físicas e verbais da tia materna: 1
- agressões físicas e verbais do padrasto: 2

Tabela II

Tipos de violência

Física	Negligência	Abuso sexual	Psicológica	2 ou mais tipos
16	12	07	08	10

Observa-se que os maus-tratos físicos tomam a dianteira (30,1%), seguidos dos casos de negligência (22,6%) e daqueles nos quais a vítima sofreu dois ou mais tipos de maus-tratos (18,8%). Os jovens de 11 a 15 anos foram os mais agredidos (32%), seguidos pelas crianças de 6 a 10 anos (30,1%). Na maioria dos casos de 11 a 15 anos, a violência já existia na infância, sendo seqüencial a uma dinâmica já comprometida.

Tabela III

Agressor

Pai	Mãe	Ambos	Guardião	Outros
10	18	07	07	11

Na tabela III cabe ressaltar que o agressor pode ser a mãe, o pai, ambos, o(a) guardião(ã) e outros. O guardião seria a pessoa que, na falta do pai ou da mãe, assume a responsabilidade integral pela criança ou pelo adolescente. Na seqüência, *Outros* se refere aos demais familiares, vizinhos ou pessoas desconhecidas.

Quanto ao tempo de atendimento, observamos na citada amostra, na seguinte tabela, que em 27 casos (51%) o tempo de 0-6 meses de atendimento foi suficiente para a efetivação de algum tipo de encaminhamento. Num total de 17 casos (32%) os atendimentos ultrapassaram o período de um ano.

Tabela IV

Distribuição do total de casos pelo tempo de atendimento

Tempo de atendimento (em meses)		
0 - 6	7 - 12	13 ou mais
27	09	17

Tabela V

Tipos de encaminhamentos na Vara da Infância e Juventude

Sem continuidade	Em atendimento	Acolhimento	Transferências	Clínicas psicológicas
08	19	02	20	04

No que se refere à tabela V, caberia esclarecer que os casos sem continuidade são aqueles que nunca compareceram ou deixaram de comparecer sem justificativas. Alguns casos em atendimento já estavam inseridos em processo psicoterápico, os casos de acolhimento passaram a ser atendidos por outros profissionais tanto quanto aqueles que foram transferidos para outras varas ou setores. Os encaminhamentos para clínicas psicológicas são aqueles casos que puderam ter uma avaliação completa, que também incluiu o encaminhamento para realização da psicoterapia em recursos da comunidade.

Do total de casos, 19 (36%) ainda estavam em acompanhamento na época do levantamento, sendo significativo o total de 10 (19%) em processo de psicoterapia (6 já inseridos na psicoterapia e 4 encaminhados para clínicas especializadas). São casos que, além da intervenção do psicólogo judiciário, necessitam do recurso psicoterápico como a medida mais adequada a sua problemática atual.

É importante salientar que um total de 20 casos (38%) foram transferidos para outras varas ou seções, por questões de domicílio e caracterizações, dos casos com continuidade dos atendimentos por estes setores.

Esses dados quantitativos, dentro da complexidade de nosso problema, enfoca a vítima, sua real e triste existência, bem como nos alerta quanto à freqüência da violência contra crianças e adolescentes, ou seja, numa amostra de 85 casos, 53 deles (62%) foram vítimas de algum tipo de violência. Faz-se mister a conscientização de todos aqueles envolvidos no processo educacional de crianças e de adolescentes sobre a importância de se tomar medidas imediatas, relacionadas à intervenção médica, psicológica e social nos casos de maus-tratos. Em muitos casos de violência os agressores não se consideram agressivos e definem suas reações violentas como "corretivos" e "eficazes meios disciplinares", inerentes ao processo educacional.

No nosso trabalho com crianças e adolescentes vitimizados pudemos perceber características comuns nos jovens entrevistados, observadas individual e conjuntamente no comportamento dessas vítimas. Pudemos detectar crianças e adolescentes desconfiados, introvertidos, com memória prejudicada, com comprometimento na concentração e em suas capacidades cognitivas, com dificuldades de aprendizagem, com perturbações no sono, com representações de suas dificuldades e traumas em desenhos, com pesadelos, medos e angústias, com reações de uma sexualidade adulta inadaptável, com depressão, com sintomas psicossomáticos, com sensações de impotência e baixa auto-estima.

Nos casos de abuso sexual, a citação que se segue descreve de forma bastante evidente a dimensão destes sintomas.

> Os sintomas atingem todas as esferas de atividade. Eles são simbolicamente a conscientização, a nível do corpo e do comportamento, daquilo que a criança sofreu e do que fantasiou. A criança viveu uma experiência de violação de seu corpo e reagiu, independentemente da idade, de forma somática, que tam-

> bém é o modo preferencial da criança pequena. As queixas somáticas são habituais: mal-estar difuso, impressão de alteração física, persistência das sensações que lhe foram impingidas, dores nos ossos. As perturbações no sono são constantes e traduzem angústia de baixar a guarda e ser agredida sem defesa. O despertar angustiado durante a noite também é muito freqüente e se manifesta sob a forma de pesadelo. As perturbações na criança de cinco a dez anos podem expressar-se por meio de desenhos estereotipados e precisos que demonstram conhecimentos sexuais inadequados para sua idade (Gabel, p. 67).

As alterações de comportamento, as queixas somáticas, as alterações psicológicas e o conseqüente comprometimento da criança e do adolescente vitimizado refletem características comuns desta população maltratada, podendo aparecer as mais variadas combinações destes sinais.

É preciso lembrar sempre que cada indicador sozinho não significa necessariamente um sinal do quadro de violência. Um conjunto razoável deles associado a evidências orgânicas pode nos fornecer uma pista de que o fenômeno estará ocorrendo. A criança:

- desconfia dos contatos com os adultos;
- está sempre alerta, esperando que algo ruim aconteça;
- tem receio dos pais e evita, muitas vezes, sua casa;
- fica apreensiva quando outras crianças começam a chorar;
- demonstra comportamentos que poderiam ser considerados como extremos(agressivos, disruptivos, destrutivos ou excessivamente tímidos, passivos, submissos, retraídos);
- demonstra mudanças súbitas no desempenho escolar ou no comportamento;
- apresenta dificuldades de aprendizagem não atribuíveis a problemas físicos específicos ou a problemas no próprio ambiente escolar.

> É preciso lembrar que é um fenômeno que envolve medo, vergonha e culpa. Por isso mesmo é cercado pelo famoso "complô do silêncio", tão difícil de ser rompido (Azevedo e Guerra, p. 72-73).

A observação e discriminação dessas características são fundamentais ao diagnóstico e ao encaminhamento o mais adequado possível, podendo fornecer maiores e melhores condições de trabalho aos profissionais que atendem crianças e adolescentes vitimizados.

Conclusão

Os dados ora apresentados devem nos fazer refletir quanto à assustadora amostra do binômio agressor-vítima. Ao traçarmos o perfil da vítima, descobrimos o quanto de sua auto-estima e de sua consciência foram deformadas. São casos difíceis que demandam intervenções longas, desgastantes e intermináveis, características observadas nos casos atendidos no citado período.

Dos casos atendidos percebe-se que quanto maior a intensidade e freqüência das agressões e quanto mais precoce foi a violência, maior será o comprometimento da criança, percebidos em termos de sintomas e dificuldades psicológicas apresentados. É essencial que as vítimas sejam eficazmente amparadas e que os agressores sejam contidos, separados e/ou tratados. Só assim um processo de cura poderá ser instalado.

Os 62% de crianças e adolescentes vitimizados encontrados neste levantamento demonstram a freqüência e o quanto é significativo, em termos da população atendida pela Vara Central da Infância e Juventude. Será que esse número é representativo se comparado a outras varas e instituições? A nossa hipótese é que sim, mas a pesquisa deve ser feita para formarmos uma idéia mais consistente dessa realidade.

A abordagem técnica na forma de avaliação psicológica deve se ampliar a todo o ambiente familiar, incluindo atendimentos a irmãos, avós, parentes próximos e até pessoas que freqüentam a rotina da casa, pois estes indivíduos, mesmo não diretamente relacionados à violência, podem ou não ser coniventes .

O jovem agredido revela embotamento e seu caminho é destrutivo e amargo. A ausência do amor materno e paterno implica num sentimento de vazio e baixo tônus vital, características observadas durante as entrevistas com crianças e adolescentes vítimas de maus-tratos e abuso sexual. As vítimas não reconhecem seus conteúdos sombrios, sendo dominadas por um sentimento de inferioridade e baixa auto-estima com todas as dificuldades que daí podem decorrer.

Abordamos a questão do segredo e o fenômeno do "complô do silêncio", características comuns à psicodinâmica das crianças e adolescentes vitimizados. Por meio deste segredo, segue-se uma adaptação patológica na qual a vítima permanecerá inserida num convívio perverso e contrário a sua segurança, necessitando vincular-se a profissionais que possam compreender sua problemática e a dinâmica de sua família. O diagnóstico, o devido encaminhamento, a intervenção no ambiente mais próximo da vítima, o trabalho com o agressor e, se necessário, seu afastamento, são recursos prioritários a uma transformação em direção à saúde mental.

Seria interessante, como proposta de trabalho, analisar o quanto da adaptação patológica da vítima, observada na vivência do segredo e no "complô do silêncio", podem levá-la a sentir-se culpada por não receber o acolhimento necessário a sua formação.

> O pior castigo é, com certeza, a recusa de afeição e aprovação para controlar o comportamento da criança. Quando isso acontece, a criança capta a mensagem de que é má e, além disso, responsável pelo mau humor do pai ou da mãe; isso leva a sentimentos de culpa e auto-rejeição (Zweig e Abrams, p. 80).

Outra sugestão estaria relacionada ao quanto a criança ou o adolescente podem se identificar com o agressor, trabalhando, dessa forma, com a hipótese da reprodução da agressão.[5] A identificação com o agressor poderia culminar em uma adaptação patológica e levar à formação de novos agressores.

A abordagem com o agressor na avaliação psicológica poderia ser mais aprofundada, devendo ser considerado que sua presença às entrevistas ocorre dentro de um contexto forense, por determinação judicial.

---

[5]No que se refere à reprodução da agressão, a vítima, por ser o depositário dos maus-tratos e por não ter ainda um ego devidamente estruturado, já que se encontra em fase de desenvolvimento dada a sua condição de criança ou adolescente, passa a considerar-se culpada, procurando redimir-se por medo, por vergonha, ou por coações das mais bizarras dos agressores, pode aliviar-se por meio de um processo de reproduzir as ações que sofreu, atuando no pólo ativo como o agressor.

As pessoas que buscam um psicodiagnóstico geralmente o fazem voluntariamente ou por encaminhamento de um profissional da saúde. Pessoas que passam por uma avaliação forense o fazem por ordem de um juiz ou advogado. Assim, existe uma maior possibilidade de encontrarmos clientes não cooperativos, resistentes neste último tipo de avaliação (Cunha, p. 184).

Sugerimos ainda a análise dos conteúdos sombrios da vítima e do agressor, isto é, perceber o quanto expressam tais conteúdos e como os sentem internamente. Pedindo que desenhem uma *figura monstruosa* podemos obter dados de sua sombra. Desconhecemos trabalhos que procuram formar o perfil da vítima e do agressor a partir dos conceitos de tipologia, definido por Carl Gustav Jung em sua teoria de tipos psicológicos[6]. Essa nos parece uma outra área promissora de pesquisa.

Percebe-se que dentro do objetivo inicial deste trabalho, relacionado à prática no que diz respeito ao perfil psicológico de crianças e adolescentes vítimas de maus-tratos físicos e psicológicos, muito ainda pode ser feito, existindo hipóteses, como as apontadas nesta conclusão, que permitiriam a ampliação da pesquisa e o conhecimento cada vez maior das variáveis que permeiam o contexto da vitimização entre crianças e adolescentes.

Referências bibliográficas

AZEVEDO, M. A.; GUERRA, V. A. *A violência doméstica na infância e adolescência.* São Paulo: Robe Editorial, 1995.

CAVALCANTE, L. I. C. Violência contra crianças e adolescentes: números, discursos e imagens. In: CAVALCANTE, L. I. C. (org.) *O afeto e seu avesso. Um estudo sobre o abandono e violência na família.* Belém: Universidade Federal do Pará, p. 89-165, 1999.

CUNHA, J. A. *Psicodiagnóstico – V.* São Paulo: Artes Médicas, 2000.

[6] Jung classificava os tipos em oito grupos diferentes: duas atitudes da personalidade (introversão e extroversão) e quatro funções (pensamento, sensação, intuição e sentimento) que podem operar, cada uma delas, de modo introvertido e extrovertido (Sharp, p. 156).

GABEL, M. *Crianças vítimas de abuso sexual*. São Paulo: Summus, 1997.

JUNG, C. G. *Psicologia e religião*. Petrópolis: Vozes, 1999.

NEUMANN, E. *A criança*. São Paulo: Cultrix, 2000.

SHARP, D. *Léxico junguiano*. São Paulo: Cultrix, 1991.

ZWEIG, C. e ARAMS, J. *Ao encontro da sombra*. São Paulo: Cultrix, 2000.

O psicólogo judiciário e as "avaliações" nos casos de adoção

Leila de Dutra Paiva

O Estatuto da Criança e do Adolescente – Lei n. 8.069 de 13/7/1990, que versa sobre os direitos e políticas de atendimento referentes às crianças e adolescentes brasileiros – apresenta uma subseção que trata exclusivamente das adoções.

O ECA destina ao Judiciário todas as providências e procedimentos referentes à adoção e, desse modo, prevê e torna obrigatória a existência de equipe interprofissional (em geral, composta de assistentes sociais e psicólogos) para atuar nas diversas etapas do processo. Essa legislação também descreve os requisitos necessários aos adotantes e adotandos.

A Psicologia e o Serviço Social, enquanto campos do conhecimento científico, foram inseridos no contexto jurídico como prova processual. Desde o início, a atuação desses profissionais foi compreendida como uma atividade pericial que proporcionasse elementos para auxiliar a decisão judicial.

A instituição judiciária continua demandando que os psicólogos e assistentes sociais realizem predominantemente avaliações, perícias, diagnósticos, laudos e pareceres para subsidiar o trabalho dos juízes. Talvez isto aconteça por duas razões: a primeira é que o campo jurídico está apoiado numa concepção ideológica da noção de verdade – a da verdade única, pois segundo o Direito a própria lei deve representar a expressão de uma verdade – e a segunda é que a atuação desses profissionais é concebida como dispondo de um caráter predominantemente avaliativo.

Mesmo diante da demanda explícita de uma avaliação, há profissionais que, com base nos pressupostos da Psicanálise ou de outras disciplinas e métodos clínicos, procuram proporcionar ao sujeito uma "escuta" singular. Essa escuta pressupõe a existência de determinações subjetivas associadas aos motivos que deram origem à abertura dos autos processuais e parte da noção de que não existe uma verdade única e desvinculada do sujeito que a formula.

É possível intervir garantindo a possibilidade de que o sujeito seja ouvido e coloque em palavras aquilo que ele próprio acredita ser a sua verdade. Essa posição configura por si só uma intervenção e, muitas vezes, algo novo acontece após esses contatos, pois o sujeito endereça suas demandas a uma instância reconhecida por ele como detentora de um suposto saber acerca do sofrimento que o acomete.

Nesse sentido, as avaliações (se é que podem ser assim chamadas) objetivam implicar os sujeitos com os seus atos e auxiliá-los a interrogar e, se possível, ressignificar as razões que provocaram a abertura do procedimento processual. Sob a égide de um trabalho de cunho avaliativo, desponta uma intervenção. Além disso, a atuação também contempla as chamadas entrevistas devolutivas e um trabalho de acompanhamento, caracterizado, algumas vezes, por intervenções mais diretivas.

Ao enfocarmos a atuação da equipe multiprofissional nos casos de adoção, fazemos referência a um extenso trabalho que inclui: entrevistas com os candidatos a pais adotivos, entrevistas de acompanhamento com as crianças e/ou adolescentes com perspectivas de serem colocados em lares substitutos, acompanhamento dos genitores que vislumbram a alternativa de entregar o(s) filho(s) para adoção ou que estão em vias de serem destituídos do pátrio poder, aproximação gradual dos pretendentes habilitados à adoção com crianças e/ou adolescentes, assessoria à recém-formada família durante o estágio de convivência e acompanhamento das famílias adotivas com dificuldades.

A seguir passaremos a apresentar e a discutir **o trabalho dos psicólogos judiciários nos casos de adoção**.

A penetração dos conceitos e de alguns pressupostos da Psicanálise no contexto jurídico nos leva de imediato a problematizar o lugar de "perito" ou a condição de "avaliador" que a instituição atribui ao psicólogo judiciário. Se, por um lado, os psicólogos judiciários aceitam a incumbência de oferecer "a verdade" ou o diagnóstico aos autos, colaborando para o esclarecimento de algumas questões, com a Psicanálise inserida no campo da Psicologia Jurídica isto precisa ser repensado.

O conhecimento que a Psicanálise busca é regido pelas leis do inconsciente, o que equivale a dizer que verdade nunca pode ser apreendida em sua totalidade. O pressuposto da existência de uma verdade única fica fortemente abalado, uma vez que para a Psicanálise cada sujeito constrói a sua verdade e podemos quando muito ter acesso ao saber do sujeito em torno da sua verdade.

O psicólogo cuja atuação perpassa pela Psicanálise considera cada conteúdo em sua singularidade, não privilegia *a priori* qualquer dado ou elemento do discurso, parte da concepção de que os critérios e fatores comumente enfatizados não podem ser, em si, considerados positivos ou desfavoráveis.

A inserção da Psicanálise no contexto jurídico abre a possibilidade do psicólogo judiciário vir a ocupar outro "lugar" nessa estrutura institucional, rompendo com o compromisso único de realizar perícias e formular laudos ou pareceres e partindo para a promoção de intervenções singulares e eficazes a cada caso, buscando, sobretudo, compreender os impasses e abrandar os sofrimentos humanos, ao invés de simplesmente nomeá-los ou categorizá-los em condutas e atos de acordo com o discurso normativo da lei.

A avaliação dos pretendentes à adoção

O estudo realizado com os pretendentes pauta-se, em certo sentido, numa proposta de atuação "profilática", na medida em que interroga seu desejo e considera suas singularidades antes de assumirem a guarda de uma criança e/ou na fase inicial do novo contato. Para Giberti (1994), esse trabalho caracteriza uma forma de prevenção, pois tem como objetivo abordar possíveis conflitos dos pretendentes e as interrogações que formulam, tentando evitar que dúvidas e ansiedades interferiram no vínculo a ser formalizado com a criança.

Muitos esforços foram empreendidos pela extinta equipe do Serviço Técnico de Treinamento e Desenvolvimento na Área Psicossocial do Tribunal de Justiça do Estado de São Paulo no sentido de unificar os critérios de avaliação dos pretendentes à adoção. Com tal propósito, há alguns anos, o Tribunal de Justiça de São Paulo distribuiu para todas as Comarcas do Estado um roteiro contendo sugestões e uma relação de itens e critérios importantes a serem contemplados no estudo psicossocial (TRIBUNAL DE JUSTIÇA DO ESTADO DE SÃO PAULO, 1994).

Apesar dessas tentativas, constata-se que a diversidade quanto à formação dos profissionais e às abordagens teóricas utilizadas acaba favorecendo posturas tão diferentes como contraditórias entre aqueles que atuam nas diversas Varas da Infância e da Juventude do Estado. Até itens aparentemente objetivos, como nível socioeconômico e faixa etária, acabam perpassados por questões subjetivas dos profissionais e das autoridades com poder decisório.

Sem desconsiderar as especificidades regionais e a subjetividade inerente a cada caso, apresentaremos também alguns elementos, critérios e procedimentos técnicos que vêm sendo discutidos e utilizados nos contatos com os pretendentes à adoção em algumas Varas. Estes estão, até certo ponto, em consonância com as sugestões e diretrizes dos cursos/roteiros para psicólogos do Tribunal. Interessa-nos repensá-los à luz de contribuições da Psicanálise.

Quando se têm em mente os pressupostos do método psicanalítico, mesmo que haja um corpo de dados a ser cuidadosamente pesquisado, o profissional não se fixa a ele, mas permite que o campo de cada entrevista se configure a partir dos sentidos e da articulação da demanda apresentados pelo candidato. O discurso dos pretendentes pode revelar o funcionamento psíquico, encenando o pedido manifesto e os desejos inconscientes a ele subjacentes. Os critérios acabam servindo apenas como referencial do que se deve pesquisar e aprofundar no decorrer do estudo.

Hamad (2002) afirma que “a escuta de candidatos está à frente de qualquer outro critério” (p. 29). Para este autor, que durante muitos anos atuou como psicólogo na Action Sociale à l’Enfance realizando entrevistas com candidatos à adoção, a prioridade está na escuta singular dos aspectos subjetivos e não na fixação de critérios que possam se constituir em referências mais objetivas.

> Trata-se de reenviar-lhes, com tato, o que ouvimos, suas posições recíprocas em relação ao procedimento da adoção ou em relação a seu desejo de criança e ao lugar que cada um ocupa no que se refere ao desejo (p. 29).

Pelo fato de a legislação determinar a obrigatoriedade de os adotantes serem previamente "avaliados", é natural que, em algumas situações, eles se apeguem à idéia de que existem requisitos a serem cumpridos. É também comum os pretendentes associarem o psicólogo à figura do juiz ou à de uma instância capaz de solucionar seus males, embora adotem, algumas vezes, representações menos intimidadoras, persecutórias ou dotadas de fascínio. A relação positiva ou negativa, amistosa ou hostil que o candidato mantém com os profissionais pode revelar situações relacionais vividas no passado, nas quais esses sentimentos também estavam presentes. Freud (1925/1976) esclarece que a transferência[1] "é um fenômeno universal da mente humana, decide o êxito de toda influência médica e, de fato, domina o todo das relações de cada pessoa com seu ambiente humano..." (p. 56).

Além disso, o fato de alguns pretendentes sentirem-se inseridos num processo avaliativo pode propiciar, no início, ausência de espontaneidade e tendência a um discurso pautado nas convenções sociais ou em elementos que, segundo suas crenças, poderão ser valorizados no parecer judicial. No decorrer dos contatos, dependendo do vínculo que se estabelece entre o profissional e os pretendentes, essa situação pode se alterar, cedendo lugar a um contato mais franco, autêntico e revelador de significados (conscientes e inconscientes). O modo como cada profissional entende seu trabalho e a conotação que lhe atribui parece também promover ressonâncias importantes que influenciam, em certo sentido, os resultados que dele se obtém.

Os testes psicológicos podem ser utilizados em alguns casos, pois eventualmente facilitam a expressão dos pretendentes. Tal como salienta Dolto (1985), o importante não é o desenho, mas, sim, o que é dito dele. O teste é, então, utilizado como um instrumento facilitador, como um meio e não como um fim. Quando usados, prevalecem as técnicas gráficas projetivas, como: Procedimento de Desenhos-Estó-

[1] O termo transferência foi introduzido por Freud para designar um processo do tratamento psicanalítico mediante o qual os desejos inconscientes do analisando passam a se repetir no âmbito da relação analítica. O conceito de transferência não é unívoco em todas as abordagens psicanalíticas, pois há divergências, principalmente quanto a seu lugar e função no tratamento e quanto a seu manejo (Roudinesco & Plon, 1997)

rias e Procedimento de Desenhos de Família com Estórias (Trinca, 1997), Desenho da Figura Humana segundo a técnica de Machover (Van Kolck, 1984), House-Tree-Person de John Buck e Arte-Diagnóstico Familiar (Féres-Carneiro, 1983). Testes projetivos como o T.A.T. e outros recursos como Linha do Tempo, Genograma Familiar (Cerveny, 1994) e o trabalho com fotos de família são, por vezes, auxílios importantes.

As entrevistas, comumente de quatro a seis, são realizadas com os pretendentes, mas caso estes tenham filhos, ainda que de uniões anteriores, eles podem e devem ser incluídos nos contatos, para que se verifique como lidam com a idéia da ampliação da família e se existe a possibilidade de assumirem os cuidados com a criança na falta eventual dos pais. Para casais com filhos, revela-se útil a realização de, pelo menos, uma entrevista familiar, para observar a dinâmica das interações entre os membros.

Em geral, o casal é entrevistado conjuntamente. Algumas vezes, no entanto, torna-se necessário permitir que as particularidades de cada um possam emergir por meio de contatos individuais, pois, como salienta Chatel (1995), aquilo que não vai bem para cada um incide na relação entre os dois, e tratar o impasse como uma entidade em si, como um fato do casal, dificulta a compreensão de como cada um deles veicula e vivencia a idéia de ter um filho – que pode não ser mais do que um pretexto. Giberti (1994) também assinala que a adoção envolve a transformação de uma decisão individual em decisão conjunta; porém, alerta que mesmo quando aparentemente a decisão é conjunta, apenas um dos membros do casal pode estar nela implicado – o outro, apesar da manifesta concordância pode, de fato, não estar comprometido com essa escolha. Na prática, há exemplos de adoções que se efetivam unilateralmente, apesar de legalmente representadas por um casal.

Dolto (1989) sugere também a importância de se pesquisar como as famílias de cada pretendente encaram a idéia da adoção, principalmente pais e irmãos:

> Uma criança adotiva que não é introduzida na tradição da família do pai nem da mãe, ainda não foi adotada. Uma criança não é verdadeiramente adotada, senão por duas famílias adotantes (...)

> É a família como um todo que conta, nessas descendências. Uma criança é adotada por uma família e não por duas pessoas (...) A adoção é a família que cada um dos pais dá à criança, um lugar nas duas linhagens, um lugar no simbólico (...) É preciso que uma criança possa se situar como o terceiro de uma linhagem, que ela tenha um pai assim como a referência àquele que o seu pai amava e tomava como modelo (...) uma referência, a partir da qual o sujeito se constrói (pp. 22-23).

A história pessoal e familiar dos candidatos e a história do romance do casal podem revelar elementos sobre a dinâmica familiar e conjugal, possíveis alianças ou incompatibilidades, aspectos da vida afetiva e sexual, peculiaridades dos vínculos existentes e o lugar reservado para a criança no imaginário do casal. Os relatos sobre a trama familiar possibilitam observar a que tipo de repetições aquela família está sujeita e outros registros que se mostrem significativos para sua demanda e dinâmica, como abandonos, rupturas de vínculos, adoções sem sucesso, entre outros acontecimentos.

O mesmo método se aplica à avaliação do sentido da demanda de requerentes solteiros, viúvos e divorciados, que, mais particularmente, pode estar a serviço da negação da própria sexualidade ou de dificuldades na esfera afetiva.

No tocante ao projeto da adoção, é importante pesquisar se há consenso entre os solicitantes e concordância na família, como emerge a idéia da adoção e em que momento, quais são as referências de adoção e em que representações se sustentam, que expectativas existem em torno da criança ou adolescente a ser adotado, quais as fantasias em relação à história da criança etc.

As preferências ou exigências quanto às características da criança ou do adolescente podem revelar, num primeiro momento, os fundamentos racionais das escolhas, mas também sinalizar o sentido afetivo subjacente a essas opções. Dolto (1981, p. 13) afirma que "um ser humano, desde a sua vida pré-natal, já está marcado pela maneira como é esperado, pelo que representa em seguida, pela sua existência real diante das projeções inconsciente dos pais". Por este motivo, é importante que os futuros pais possam imaginar, pensar e falar o que esperam desse filho ou como gostariam que ele fosse, modo pelo qual irão inserir a criança em seu curso desejante, tomando-a como objeto de seu investimento libidinal.

Desse modo, interessa indagar tudo o que diz respeito à criança, para além das características físicas preferidas (faixa etária, cor de pele, estado de saúde, sexo). Mesmo as escolhas racionalmente justificadas podem revelar o que está atuante no desejo dos pretendentes, além desses dados serem úteis no momento em que alguma criança lhes for apresentada.

Um levantamento[2] sobre os pretendentes revela que entre os brasileiros inscritos, 76,2% querem apenas uma criança, 88,2% preferem crianças plenamente saudáveis, 45,3% optam pelo sexo feminino, 33,5% são indiferentes quanto ao sexo, apenas 5,6% afirmam ser indiferentes à cor de pele e 79,6% fizeram escolhas por faixas etárias inferiores a dois anos. Entre os estrangeiros inscritos, 72,8% querem somente uma criança, 91,1% manifestam preferência por crianças saudáveis física e mentalmente, 73,8% são indiferentes quanto ao sexo, 61,7% aceitam crianças com qualquer cor de pele e 39% afirmam ter interesse em crianças com até dois anos de idade. Muitas vezes, essas preferências declaradas no momento inicial da inscrição se alteram no decorrer das entrevistas ou até o momento em que os pretendentes são chamados para conhecer alguma criança.

Além das manifestas preferências, tudo o que os futuros pais falam e fantasiam a respeito da criança constitui um modo de libidinizá-la, de permitir que adquira existência simbólica antes mesmo de existir concretamente em suas vidas. No caso das filiações biológicas, o período gestacional oferece componentes para que os pais possam, gradualmente, fazer o reconhecimento e a legitimação do bebê enquanto filho. Há pais biológicos que não conseguem investir libidinalmente os filhos, ou algum filho, mesmo com todo o aparato gestacional. Isso reforça a idéia de que há determinações subjetivas operando na construção do papel/lugar parental. Assim, é preciso possibilitar aos adotantes outras formas de "gestar" o filho,

[2] Esse levantamento é parte da pesquisa referente à dissertação de mestrado realizada no Programa de Psicologia Clínica da Universidade de São Paulo, concluída no ano de 2003. Foram analisados 711 autos processuais relativos às inscrições de candidatos nacionais e estrangeiros no Cadastro do Banco de Adoção da Vara da Infância e da Juventude da Comarca de Osasco.

corporificando-o por meio das palavras, deixando que cresça em seus imaginários e permitindo que se sintam pais para, finalmente, conseguirem conferir à criança o lugar destinado ao filho.

A escolha do nome do filho é um dos elementos repletos de significados, pois, como salienta Eliacheff (1995, p. 68) "o nome não designa um corpo, mas a existência de um sujeito". Essa questão tem se revelado um ponto muito importante e Legendre (1999) insiste que o nome é uma categoria histórica e normativa, sendo que as suas características jurídicas de indisponibilidade e imutabilidade conferem à criança um lugar, uma existência institucional, simbolizando um limite e uma referência. O sobrenome inscreve a criança numa linhagem, enuncia um laço e ao mesmo tempo produz também interdições de laços – os laços incestuosos. Nomear é, portanto, dar a uma criança a possibilidade de se humanizar.

Alguns adotantes revelam rigidez quanto à escolha do nome e insistem na mudança do prenome mesmo quando a criança o tem como referência fundamental. A própria legislação permite, nos casos de adoção, a modificação do prenome da criança sem necessidade de qualquer justificativa, diferentemente do que determina a Lei dos Registros Públicos (Lei n. 6.015/73), que apenas possibilita a mudança de prenome em situações excepcionais e a partir de sentença judicial. Na prática, percebe-se que a modificação do nome, sem as devidas precauções e cuidados, pode ameaçar a construção psíquica do sujeito. A esse respeito, Dolto (1998) assinala:

> ...muitas vezes, o novo prenome é dado sem nenhuma referência a uma tradição familiar. A criança não deve nunca ter o prenome mudado, porque não se sabe a importância nociva que isso pode ter; mas sabe-se que, tocando-se no prenome, toca-se no essencial de uma estrutura narcísica primeira, isto é, na coesão simbólica corpo-linguagem, do ser falado na verdade (p. 233).

Ainda segundo Dolto (1990), seria interessante pesquisar as opiniões e as fantasias dos pretendentes com relação aos genitores biológicos que decidem doar ou abandonar os filhos, dados que também têm a ver com a criança e com o lugar a ela destinado, considerando-se que as formações imaginárias inconscientes e/ou conscientes dos pais adotivos influenciam a vida fantasmática dos filhos.

Alguns pretendentes mantêm sentimentos ambivalentes e hostis com relação aos pais biológicos que doam os filhos, independentemente de suas razões. Em certos casos, após a adoção os adotantes tendem a negá-la, ressaltando a qualidade dos vínculos formulados com a criança e buscando desvalorizar a importância da ascendência biológica. Outras vezes, os novos pais reagem negativamente a tudo o que possa estar relacionado à origem biológica do filho adotado, mantendo expressões veladas ou manifestas de raiva, de crítica e de revolta com relação aos progenitores da criança. De outro lado, alguns adotantes conseguem conciliar tão bem a história e as origens do filho adotado que, mesmo com a presença e/ou proximidade de elementos concretos do passado da criança, não se sentem ameaçados ou confusos e nem consideram que a adoção corra riscos.

A pesquisa das motivações (manifestas ou latentes) presentes nas solicitações de adoção revela que a decisão de adotar não é clara e unívoca em todas as circunstâncias e que as razões são bem distintas entre os candidatos. A adoção pode representar uma tentativa de evitar entrar em contato, ou de pôr fim à dor psíquica intensa causada pela esterilidade, ou um modo de compensar perdas sofridas como a morte de um filho, ou até mesmo uma forma de suprir a inexistência de projetos de vida e de trabalho. Há ainda os que objetivam "salvar o casamento", ter companhia na velhice ou ter alguém para receber a herança e cuidar do patrimônio familiar. Também não são incomuns os pedidos pautados em questões religiosas, designados "missões" ou "vocações". A decisão, entretanto, pode estar associada ao desejo dos postulantes de se tornarem pais e de constituírem ou ampliarem a família.

Lebovici e Soulè (1980) consideram que o pedido de adoção pode estar relacionado com mecanismos de sublimação[3] ou forma-

[3] Sublimação é um termo conceituado por Freud em 1905 para designar as ações humanas (criação literária, artística, produção intelectual e atividades a que uma dada sociedade confere grande valor) que não têm nenhuma relação aparente com a sexualidade, mas que encontram seu elemento propulsor na força da pulsão sexual. Diz-se que a pulsão sexual é sublimada na medida em que se desloca para um novo alvo não sexual, mas para objetos socialmente aceitos e valorizados. Entre os sucessores de Freud, esse conceito quase não sofreu modificações (Laplanche & Pontalis, 1985; Roudinesco & Plon, 1997).

ção reativa[4], ponderando que quanto mais estiver carregado de formações reativas, maior será o risco de conflitos, pois a criança dificilmente conseguirá corresponder à função a ela imputada. É possível que alguns pretendentes utilizem a própria adoção como uma formação reativa do não-desejo de terem filhos, situação que é "condenada" pelo meio social, pela família e, por vezes, pelo próprio cônjuge. Se algumas vezes os pretendentes optam por crianças com deficiência física ou mental, ou por raça ou cor de pele diferentes das suas, aparentando altruísmo ou benevolência, não se pode desconsiderar a possibilidade de, inconscientemente, estarem em conflito e com dificuldades para colocar a criança no lugar destinado ao filho biológico que nunca chegou.

Nos casos em que a demanda por uma adoção está calcada numa formação reativa, é possível que os afetos e representações contra os quais o sujeito tenta se defender (por exemplo, sentimentos aversivos por criança, ausência de desejo de ser pai e/ou mãe) consigam irromper bruscamente, devido ao caráter enrijecedor da defesa.

As diferentes motivações, vistas isoladamente, não guardam em si sentido positivo ou negativo e tampouco podem, *a priori*, ser classificadas como boas ou más. O que se busca saber é a verdade do sujeito e, ainda que a motivação manifesta seja aparentemente inadequada ou preocupante, isto somente poderá ser concluído a partir de vários outros elementos, pois o conceito de desejo para a Psicanálise relaciona-se ao inconsciente, não trata do querer consciente. Desejar um filho é muito diferente de querer um filho, de modo que, mesmo em gestações aparentemente não desejadas, pode-se supor que algo da ordem do desejo prevalece, a despeito das justificativas racionais contrárias. É possível que, dentre os pretendentes que não "conseguem" gestar uma criança e que não encontram razões médicas para tal, as solicitações de adoção revelem tão-somente um querer. Na

[4] Formação Reativa refere-se, em Psicanálise, a uma atitude de oposição à realização do desejo, é uma reação contra o desejo recalcado (por exemplo, reação de pudor opondo-se a tendências exibicionistas). Do ponto de vista econômico-dinâmico, a formação reativa é um contra-investimento de um elemento consciente, de força igual e oposta ao investimento inconsciente. Do ponto de vista clínico, assume valor sintomático devido ao seu caráter, por vezes, rígido, compulsivo e pelo fato de conduzir a um resultado oposto à realização do desejo (Laplanche e Pontalis, 1985).

perspectiva freudiana, as escolhas humanas, embora possam ser tomadas pelo ego como decisões racionais, sofrem os efeitos do inconsciente, sobre o qual o ego não tem qualquer domínio.

A postura dos pretendentes quanto à revelação para a criança das origens biológicas e da adoção é elemento importante e, no trabalho de acompanhamento com os futuros pais, constitui fator preponderante. Raramente os adotantes mostram-se favoráveis a manter segredo; contudo, isso talvez ocorra porque tal posição é repetidamente enfatizada pela mídia, pelas organizações que trabalham com adoções e pela literatura de apoio aos pais. As pessoas acabam por assimilar – não sem dificuldades – a idéia de que o não-dito é mais desestruturante do que a verdade. Entre os pretendentes brasileiros inscritos em Osasco, por exemplo, apenas 5,3% declararam ser contrários à revelação. Por outro lado, a experiência tem mostrado que a revelação constitui um dos pontos mais críticos e difíceis de serem vividos pelos pais adotivos: decorridos alguns anos, muitos pais não conseguem desempenhar a "tarefa" do modo como supunham.

Sob o pretexto de evitar um "trauma" à criança ou sob a alegação de que temem perder o amor do filho, certos pais optam pelo silêncio ou pela omissão de elementos da história. E, sem que de início percebam, esse silêncio, além de ineficaz, torna-se patogênico. A recusa dos pais de falarem à criança sobre sua história revela, às vezes, um modo de evitar a angústia que isso pode desencadear nela e neles próprios.

Dolto (1989) vê na revelação uma possibilidade de simbolizar o sofrimento reordenando a história, de modo que a criança tenha sua identidade assegurada através de sua origem, e assim possa assumir sua condição de sujeito. A autora é enfática quanto à necessidade de que todos os dados sobre a realidade da criança sejam a ela transmitidos, salientando que para que a criança possa adotar novos pai e mãe, precisa saber que seu pai e mãe biológicos ou arcaicos estão nela, integrados irreversivelmente a seu corpo. Somente os pais adotivos que conseguem restituir à criança, através das palavras, sua origem biológica, mostram a ela seu lugar simbólico. Uma criança pode estruturar-se simbolicamente em função de seu passado, interiorizando os genitores que a abandonaram ao invés de tentar destruí-los ou negá-los.

Além disso, é possível que a criança reviva sua história em atos, caso não possa ser vivida em palavras. Recentemente, um pai e uma mãe adotivos me procuraram para falar de suas preocupações com relação ao filho, que estava trocando com freqüência duas letras do alfabeto. A criança já havia sido encaminhada para tratamento fonoaudiológico e alguns meses tinham se passado sem qualquer alteração. Durante a entrevista, os pais relataram a história de vida do filho e enfatizaram, mais de uma vez, que já haviam relatado ao menino todos os acontecimentos ligados à adoção. Em determinado momento, os pais contaram que, por ocasião da adoção, haviam decidido trocar o nome da criança, pois sendo apenas um bebê, consideraram que não haveria conseqüências. Perguntei aos pais se isso também havia sido dito ao filho e eles responderam que não. Após minha observação, os pais mostraram-se surpresos e atônitos ao perceberem que as duas letras constantemente trocadas pela criança eram justamente as letras iniciais de seus dois nomes.

Para Dolto (1998), alguns adultos:

> pensam que um ser humano só "sabe" da sua história o que dela lhe contam ou aquilo de que se lembra mentalmente. O inconsciente sabe, mas se sua história verídica não for posta em palavras, a vida simbólica da criança estará em bases inseguras (p. 235).

Há pais que, ao adotarem bebês ou crianças muito pequenas, ocupam-se em relatar tudo o que ouvem acerca do filho e tudo o que acontece nos primeiros tempos dessa nova história em uma espécie de diário, para mais tarde entregarem ao filho algo que o remeta às suas origens e que possa tornar presentes algumas peças do quebra-cabeça de sua existência. Também há famílias que festejam dois aniversários para os filhos adotivos, o aniversário de seu nascimento e o da adoção, proporcionando a eles a referência a dois momentos marcantes de sua história. Por outro lado, alguns adotantes apresentam um movimento de negação inconsciente ou consciente da adoção, evitando falar no assunto e assumindo atitudes que visam anular o ocorrido. Há pais, por exemplo, que tentam obturar qualquer acesso ao passado, dizendo ao filho que os genitores biológicos morreram, ou insistem em enumerar as semelhanças físicas do filho consigo: *"é incrível, mas a cada dia ele se parece mais com a minha família, tem tudo a ver"*. Em alguns casos, a busca de semelhança física ou o reconhecimento na criança de reações (como alergias) ou distúrbios somáticos característicos dos pais pode, num primeiro momento, parec er negação, mas não há como descartar a idéia de que sejam tentativas, conscientes e inconscientes, de identificar o filho com a linhagem familiar. De fato, muitas vezes se observa intensa semelhança física entre pais e filhos adotivos. Dolto (1998) sublinha:

> Não sabemos o que faz parte da hereditariedade dos genes constitutivos do indivíduo e o que pertence aos significantes que circulam na identificação circulante estruturante inconscientemente e no amor que os seres têm uns pelos outros. Intervêm o modo de adaptação ao mundo, a saúde, a compleição, o caráter inconsciente e a linguagem inconsciente eficiente em seus efeitos de exemplo, eu ousaria dizer de ética inconsciente (p. 245).

A autora (1999) enfatiza a importância de que a verdade sempre seja dita à criança, mas ressalva:

> É a verdade que deve ser dita, mas dita como um algo que se deve a esse ser humano que, por estar vivo, demonstra bem seu desejo de assumir um corpo no momento da união fecundante. Acho que é uma grande vantagem ter sido adotado (...) o grande feito é o fato de ter sobrevivido ao abandono que teria sido fatal para outros. Isso mostra que eles passaram por uma prova extraordinária, e que têm uma grande solidez simbólica que honra seus pais genitores. Assegurá-las dessa força com palavras é também propiciá-las simbolicamente. Mas é necessário que a pessoa que diz isso tenha credibilidade. As crianças abandonadas são fortes pelo fato de terem passado por uma prova, por terem sobrevivido a ela, e por terem consolado os pais (os pais adotivos) que também vinham sofrendo, há muito tempo, a sua própria dor (p. 133-134).

Certa ocasião, um bebê foi conduzido à Vara da Infância e da Juventude de Osasco depois de ter sido encontrado no lixo, dentro de um saco plástico, graças ao olfato de um cão. Foi primeiramente hospitalizado para a realização de exames, mas logo ao receber alta hospitalar foi entregue a um casal cadastrado no banco de adoção. Após alguns meses, a criança apresentou um mal-estar súbito; os médicos diagnosticaram uma grave patologia cardíaca congênita que acarretou uma série de cirurgias e meses seguidos de hospitalização. No decorrer do tratamento, os médicos chegaram a afirmar que não poderiam salvá-la. Ela ainda permaneceu em coma, por muitos dias, na Unidade de Terapia Intensiva (UTI), mantida por aparelhos, sob o olhar atento e contínuo dos pais, que se revezavam o tempo todo para que a filha não ficasse um segundo sem sua presença. Para espanto da equipe médica, a menina reagiu, saiu do coma e se recuperou completamente em poucas semanas. Meses depois, ao relatar os acontecimentos, a mãe disse:

> minha filha quis nascer e quis viver, ela lutou muito para isso, desde o primeiro momento. Por esta razão, escolhemos para ela o nome Vitória, pois ela incorpora uma nova vitória a cada nova luta. Nunca deixamos de acreditar que ela fosse sair do coma, nem por um segundo, pois ela já tinha enfrentado outras batalhas difíceis numa época em que nem sequer contava com o nosso amor e carinho. Ao adoecer, ela já sabia que tinha outras boas razões para continuar vivendo.

O discurso dessa mãe evidencia os elos simbólicos criados para a criança a partir de seu encontro com os pais adotivos. Revela também o reconhecimento dos pais do desejo de viver da filha – desejo este colocado à prova mais de uma vez, ao sobreviver à exposição prolongada ao frio, à fome, à dor e à proximidade da morte e depois à cardiopatia com prognóstico desalentador. Os elos criados parecem contribuir para retirar a criança da condição de objeto (descartado no lixo), restituindo-lhe a condição de sujeito detentor do desejo de viver. Os pais não se recusam a falar com a filha sobre as dificuldades de seu início de vida e o fazem de modo a ressignificar o vivido por meio do desejo e da força de vida que reconhecem existir nela.

Além de Dolto (1985) insistir no falar à criança em quaisquer circunstâncias, ela alerta quanto à maneira como se fala. Para ela, as palavras são muito importantes e é preciso observar sua precisão. Assim, se os pais adotivos dizem ao filho que não são os seus "pais verdadeiros", isso pode gerar na criança a idéia de que também ela não é um ser humano de verdade; se criticam os genitores biológicos diante da criança, ela poderá associá-los, simbolicamente, a seus novos pais.

Comumente, os pais adotivos utilizam as expressões "filho do coração", "nasceu do coração e não da barriga" ou outras semelhantes para apresentar a adoção ao filho. Esses termos, muitas vezes, integram uma fala desprovida de um sentido claro. Dependendo da idade da criança, tais expressões podem gerar mais dúvidas e confusões ou promover uma falsa aparência de revelação, funcionando como um não-dito.

Alguns pais tratam a questão da revelação como uma tarefa a ser cumprida. Tocam no assunto por vezes numa única conversa ("falamos e pronto"), deixam de dar à criança a oportunidade de formular perguntas e não levam em consideração sua capacidade de compreensão. Agindo desse modo, também podem negar a si próprios e à criança a possibilidade de elaborar os afetos relacionados a essa vivência. Outras vezes, os pais relatam ao filho sua história, mas o assunto é transmitido e vivido como um tabu, ou algo sigiloso, de maneira que a criança acaba não se sentindo à vontade para expressar dúvidas ou falar livremente sobre o que ouviu. Em várias de suas obras, Dolto insiste que revelar é ir nomeando os fatos e significar o vivido. Portanto, não basta que os pais contem o que ocorreu ao filho – é importante que essa verdade faça parte do discurso da família, que possa ser veiculada sempre que houver interesse ou necessidade.

Dolto (1985) insiste ainda que além de falar com franqueza, todos os que lidam com a criança deveriam escutar o que ela quer ou pode dizer do seu ponto de vista. Quando não se sabe a razão do abandono ou detalhes sobre a concepção e nascimento da criança, é preciso que isso lhe seja dito, é preciso mostrar que existem lacunas em sua história. A autora enfatiza que usar a palavra possibilita a entrada no processo de simbolização.

Rosa (1995), em um estudo psicanalítico sobre os não-ditos, relata um caso no qual os pais não falam sobre o óbvio com o filho, no caso a cor de pele da criança. Para a autora, não dizer o óbvio pode estar calcado na falsa idéia de que o explícito o é também para o outro, mas, em algumas situações, revela-se também uma estratégia para impossibilitar a simbolização.

Se de um lado há consenso na literatura quanto à necessidade de revelar a verdade ao filho adotado, não existe claro entendimento sobre como e quando os pais devem fazê-lo. São divergentes e até contraditórias as posições de diferentes autores. Woiler (1987) relata um painel sobre adoção promovido pela American Psychoanalytic Association, em 1966, no qual psicanalistas como Helene Deutsch, Albert Solnit, Schechter, Viola Bernard e muitos outros apontam a idade entre três e seis anos como inadequada para a revelação das origens à criança adotada. Consideram que esse período coincide com o apogeu do complexo de Édipo e que a criança tenderia a apresentar dificuldades de identificação e/ou fantasias de ser novamente abandonada, o que poderia prolongar ou impedir a resolução do conflito edipiano. Wieder (1977) apresenta a mesma hipótese. Por outro lado, Ajuriaguerra (1983) relata vários estudos nos quais os resultados apontam a importância de a criança ser informada de sua condição antes de entrar na escola.

Outra questão recorrente entre os pais adotivos e tema de discussão freqüente entre os profissionais que trabalham com adoções, diz respeito aos detalhes ou elementos "traumáticos" das histórias de abandono ou dos motivos que deram origem à separação entre a criança e seus pais biológicos. Os casos aparentemente mais trágicos, como os de crianças vítimas de maus-tratos (espancamentos, queimaduras, sevícias sexuais etc.) ou encontradas em locais como latas de lixo, matagais, sanitários públicos, ou que viviam em situações precárias (desnutrição profunda, infecções graves ou feridas expostas pelo corpo em função de falta de cuidados etc.) geram inquietações e angústias nos adultos, que, movidos por esses sentimentos, indagam-se a respeito das conseqüências que o conhecimento de tais fatos poderia trazer para a criança. Sobre isso, Eliacheff (1995) comenta:

> Dentre as pessoas que admitem que a criança compreende quando lhe falamos de suas origens ou da origem das rupturas que sofreu, algumas se perguntam se é preciso "dizer tudo", uma vez que, depois de delegarmos a ela a possibilidade de compreender,

> podemos querer protegê-la, mantendo-a na ignorância monitorada, a menos que estejamos preocupados com o fato de que a criança "sem defesa" não queira saber! Mas para não saber, para esquecer, é preciso que ela saiba antes. (...) Constatamos, com adolescentes e adultos que viveram uma experiência de "revelações" sobre suas origens, seus pais e ancestrais, que uma vez superado o primeiro choque, o fato de as coisas serem *ditas* permite rememorar todo tipo de lembranças, fragmentos de conversas, atitudes registradas, mas não interpretadas, manifestações somáticas, decisões às vezes importantes tomadas sem conhecimento de causa, peças isoladas de um quebra-cabeça no qual faltava aquela essencial para compreender o conjunto (p. 143).

Muitos estudos e pesquisas concentram-se nos efeitos da não-revelação ou da manutenção do segredo com relação às crianças adotadas. Existe unanimidade entre os autores sobre os efeitos nefastos e patológicos dos não-ditos. Contudo, alguns trabalhos destacam as repercussões psicológicas e sociais, enquanto outros (Giberti, 1981; Woiler, 1987) acentuam os entraves ocasionados ao processo de aprendizagem.

No atendimento a famílias com histórias de adoção, constata-se que: quando a revelação inicia-se nos primeiros anos de vida da criança, ocorre ao longo do tempo e não em uma única conversa, quando os pais concedem espaço para que os filhos possam formular perguntas e se dispõem a tentar respondê-las e, sobretudo, quando encaram a revelação como indispensável à construção da identidade dos filhos, há boas chances de que o ato contribua para fortalecer o vínculo entre pais e filho na adoção.

A discussão das possibilidades de os pais adotivos revelarem as origens e a adoção ao filho envolve outra questão fundamental: a infertilidade e/ou esterilidade. Algumas vezes, os pretendentes mantêm certa amargura não expressa com relação a sua esterilidade. Ao se tornarem pais adotivos, podem não conseguir contar à criança sobre a adoção, atitude que implicaria em retomar a experiência de não terem podido gerar seus próprios filhos. A convivência com a criança adotada nem sempre os livra dessa condição.

Em muitos casos, os pais adotivos temem principalmente falar ao filho sobre os genitores, pois isso significa admitir que não conseguiram gerar um filho e precisaram de uma criança nascida de outros pais. Para Rosa (1995):

> O não dizer dos pais é uma confissão de culpa, um julgamento e uma condenação implícitos. Condenam-se da tentativa de encaixar uma criança em seu sonho, fazendo dela um instrumento para resolver, a qualquer custo, a questão deste casal, quanto a poder ou não ser mãe e pai (p. 118).

De acordo com Dolto (1990), alguns pais chegam mesmo a inverter a situação, repetindo ao filho o esforço que fizeram para adotá-lo, tentando culpá-lo de algo que a natureza lhes recusou, quando, de fato, poderiam reconhecer que a adoção é que serviu ao propósito de buscar alento e consolo para suas dores.

A dificuldade de alguns adotantes em elaborar os sentimentos mobilizados pela impossibilidade de gerar também pode conduzir a formações reativas. Não são raros os relatos que exaltam ou enaltecem a filiação adotiva ou o filho adotado: "Um filho adotivo é muito melhor, agora eu sei. Se tivéssemos tido um filho biológico ele não conseguiria ser tão bom quanto este, nem chegaria perto"

ou:

> acho que ter um filho adotivo é melhor, pois ele foi escolhido e sabe disto, então ele só terá a agradecer... a minha filha, por exemplo, pode estar comendo o seu último pedaço de chocolate, mas se eu ou o pai o pedirmos, ela jamais terá coragem de **nos** recusar[5].

A Organização Mundial de Saúde define **esterilidade** pela ausência de concepção depois de, pelo menos, dois anos de relações sexuais contínuas e não protegidas e a qualifica como a impossibilida-

[5] O grifo foi colocado para ressaltar o possível lapso de linguagem cometido pela mãe adotiva. Freud, com a obra Psicopatologia da Vida Cotidiana (1901/1976) afirma que os lapsos e os atos falhos estão relacionados aos motivos inconscientes de quem o comete.

de absoluta de fecundação, enquanto a **infertilidade** é entendida como a incapacidade de viabilizar um produto da concepção. A esterilidade classifica-se em primária quando nunca houve a ocorrência de concepção, ou secundária quando se instala após uma ou mais concepções. O levantamento dos candidatos à adoção inscritos na Comarca de Osasco aponta que 62,4% dos brasileiros e 84,1% dos estrangeiros nunca tiveram filhos biológicos ou os tiveram apenas em relacionamentos anteriores, e encontram dificuldades para conceber e/ou gerar no momento do requerimento (8,2% de brasileiros e 2,2% de estrangeiros). Ao apresentarem seus motivos para o pedido de adoção, 76,2% entre os pretendentes nacionais e 71,7 entre os estrangeiros alegam dificuldades e/ou impossibilidade para ter filhos biológicos. Entre estes, uma pequena parcela (9,3% brasileiros e 10,2% estrangeiros) possui o diagnóstico de esterilidade atestada e irreversível, ou seja, toda e qualquer possibilidade de concepção está, *a priori*, excluída. Dentre os que nunca conseguiram engravidar, 10,8% dos brasileiros e 13,2% dos estrangeiros desconhecem ou não sabem explicar as razões. Muitos (52,7% brasileiros e 50,2% estrangeiros) revelam diagnósticos clínicos distintos que, em geral, dificultam a gravidez, mas não descartam tal possibilidade, conhecidos por designações diversas como infecundidade, infertilidade, hipofertilidade, esterilidade psicogênica ou esterilidade inexplicada.

Com efeito, se entre os pretendentes à adoção a maioria constitui-se de casais ou indivíduos que não podem conceber ou não conseguem, por variadas razões, gerar uma prole natural, esse é, sem dúvida, um fator primordial a ser levado em conta. Muitas vezes, nas entrevistas relativas ao processo de adoção, os pretendentes falam, pela primeira vez, do percurso realizado na tentativa de ter um filho, das decepções e sofrimentos vividos, dos medos, das fantasias originadas pela infertilidade etc. O trabalho deve buscar articular o pedido de adoção com a história dos pretendentes e com a história de demanda por um filho, demarcando, se possível, os seus significados.

Nos inúmeros casos em que os exames médicos não apontam nenhuma anomalia ou distúrbio orgânico, é possível supor que a questão do desejo se impõe com intensidade. Muitas vezes, os pretendentes, inconformados com a contradição aparente entre o diagnóstico médico e a impossibilidade fática de conceber um filho, chegam às entrevistas com uma exigência ou com uma reivindicação de "justiça" à instituição, colocando-se como vítimas ou atuando como se tivessem sido injustamente punidos.

Dolto (1998) salienta que, entre os casais inférteis que adotam não é raro que a presença de uma criança em casa desencadeie a fertilidade da mulher ou do homem. Embora não haja qualquer estudo sobre essa situação, constata-se, muitas vezes, a ocorrência de gravidez durante o período dos contatos no Fórum ou logo depois de efetivada uma adoção, como exemplifica o relato de uma mãe adotiva que engravidou: "*Eu tenho uma convicção de que engravidei naquele mesmo dia em que fui na instituição buscar o nosso filho*".

Recentemente, o Tribunal de Justiça determinou que aqueles que aguardam no cadastro do banco de adoção há mais de dois anos fossem entrevistados novamente, a fim de terem seus dados e condições atualizados. Dos três casais entrevistados por mim, todos relataram que, após o término dos contatos na Vara, surpreenderam-se com o surgimento de uma gravidez. É interessante notar que os três casais não tinham em seus históricos nenhuma gestação anterior, apesar de terem se submetido por anos a exames e tratamentos diversos. Além disso, de 247 pretendentes habilitados, 91 (36,8%) desistiram antes de serem chamados para conhecer alguma criança (anexo/tabela 19). Dentre as razões apresentadas estavam, em geral, o fato de terem adotado em outra comarca ou engravidado.

Pode-se pensar com isso que, durante as entrevistas relacionadas ao pedido de adoção, o universo imaginário dos pais, veiculado pela palavra, propicia a desobstrução de alguns caminhos. Em alguns casos, o luto do filho biológico e da impossibilidade da transmissão do patrimônio genético familiar surge como elemento central durante as entrevistas. Outras vezes, a questão que se impõe é o sentimento de culpa ou de dívida de um dos parceiros com relação ao outro. A escuta que se estabelece com a disponibilidade para receber as histórias e acolher as queixas parece possibilitar, em alguns casos, a elaboração dos conflitos. Acontece também de alguns pretendentes se sentirem "aliviados" por perceberem que, a qualquer momento, poderão enfim receber uma criança.

Lebovici e Soulè (1980) associam a esterilidade a uma ferida narcísica e alegam que o sofrimento psíquico causado por esse diagnóstico não se limita à incapacidade para reproduzir, mas envolve o desmoronar de um projeto de vida e reatualiza a condição de incompletude e mortalidade. Sobre a importância dos filhos como continuidade da existência dos pais há diversas referências na obra freudiana. Para Freud (1914/1976), o filho é desejado a partir da falta nos pais, sendo gerado para garantir a realização plena a que os pais não tiveram acesso por serem regidos pela Lei. Ele considera que a origem dos sentimentos paternais está no narcisismo dos próprios pais e que um filho é visto como a possibilidade de concretizar o que os pais não puderam realizar, tornando-se narcisicamente uma extensão deles. No mesmo texto (1914, p.108) afirma que "(...) O amor dos pais, tão comovedor e no fundo tão infantil, nada mais é senão o narcisismo dos pais renascido, o qual, transformado em amor objetal, inequivocamente revela sua natureza anterior".

Entre os pretendentes que se revelam estéreis ou com história de infertilidade, observa-se que a decisão de adotar acontece, muitas vezes, após longo e doloroso percurso, que tem início com a busca de informações e a obtenção do diagnóstico de esterilidade ou infertilidade e continua em interminável sucessão de tratamentos clínicos e/ou cirúrgicos para conseguir uma gestação biológica. A adoção pode atuar como atenuante ou mesmo como possibilidade compensatória, mas algumas vezes pode intensificar as angústias referentes à impossibilidade de procriar.

Fiori (1984) salienta que é preciso haver uma elaboração da esterilidade, ou da perda do filho anterior, ou de qualquer outro motivo que impeça a vinda do filho biológico. Sá e Cunha (1996) também afirmam que se a limitação não é assumida, a condição de esterilidade possa gerar um jogo de culpas entre o casal e, aos poucos, degradar o equilíbrio da relação conjugal ou promover curiosidade mórbida, incremento das rivalidades e agressividade entre eles e deles com os outros.

No texto *Luto e melancolia,* Freud (1917/1976) afirma que "o luto, de modo geral, é a reação à perda de um ente querido, à perda de alguma abstração que ocupou o lugar de um ente querido (...) ou o ideal de alguém, e assim por diante" (p. 275). Em certo sentido, é importante que os adotantes que não conseguem gerar filhos sejam assessorados na realização do luto ao filho imaginário antes mesmo de começarem a se vincular com o filho adotivo da realidade. Para Mannoni (1985), em certo sentido, todos os pais, inclusive os biológicos, precisam elaborar um luto quando do nascimento de um filho, pois, qualquer que seja ele, nunca corresponde exatamente ao que se espera. Ela sublinha:

> Para a mãe, real ou adotiva, existe um primeiro estado, semelhante ao sonho, em que ela deseja "um filho"; esse filho é, a princípio, uma espécie de evocação alucinatória de alguma coisa de sua própria infância, que foi perdida (...). Esse filho, tão ardentemente desejado, quando nasce, isto é, quando a demanda se realiza, cria para a mãe a sua primeira decepção: ei-lo então, esse ser de carne – mas, separado dela; ora, a um nível inconsciente, era com uma espécie de fusão que a mãe sonhava (p. 42).

Com relação ao processo de luto pela infertilidade, Caselatto (1998) salienta que quando a adoção é concomitante ao período em que o casal ainda vivencia intenso sofrimento pelo diagnóstico de esterilidade/infertilidade, a busca do filho adotivo pode significar negação da perda ou reação à raiva e ao desespero, ficando a criança na posição de paliativo ou 'remédio' para a dor psíquica e para o vazio existencial dos seus novos pais. No mesmo sentido, Giberti (1994, p. 22) afirma:

> El pasage de um proyecto a outro no es inmediato ni conviene que lo sea, porque em esse caso estaría al servicio de cerrar rápidamente una situación dolorosa que necesita cierto tiempo de elaboración. Ésta es una etapa teñida de ambivalencias, dudas y temores (...) Cuando una pareja decide adoptar y se compromete con este proyecto necesita renunciar al hijo biológico. Para ser afiliado como hijo en una estructura familiar, un niño adoptado necesita inaugurar un lugar que le pertenezca como tal: un lugar propio (p. 22).

Ao que acrescenta (1999):

> Que el adoptivo sea posicionado sustitutivamente en el lugar del hijo biológico soñado por la pareja pero que no pudo ser concebido, es lo esperable; sucede de este modo hasta que el niño adquiera su propio lugar como hijo en los espacios que él logre gestar(se) (p. 36).

Muitas vezes, os pretendentes revelam a expectativa de que um filho possa trazer consolo pelos seus insucessos e fracassos, situação que em nada difere do que acontece com pais biológicos. Ao abordar questões referentes à paternidade e à maternidade de forma geral, Dolto (1998*b*) afirma que quanto mais os pais conhecem seus próprios limites e os aceitam, evitando exigir dos filhos êxitos que compensem seus fracassos, maiores serão as chances de que os últimos se dêem bem na vida. A autora, em outro artigo (1998), chama a atenção para o fato de que uma criança adotada pode ser colocada na condição de substituir um filho morto ou abortos espontâneos de filhos muito desejados, cujo luto os pais podem não ter vivido. Mas reitera que isso também pode acontecer com filhos que nascem depois da morte de um outro filho, principalmente se do mesmo sexo, reafirmando que "a adoção não é mais complexa que a acolhida de um nascimento, para certos filhos que são o consolo dos genitores, o remédio para a angústia, o vazio ou a solidão destes" (p. 240).

Na pesquisa dos elementos relacionados às dificuldades ou à impossibilidade para gerar um filho biológico, é possível observar o que esse fato introduz na interação conjugal, quais as fantasias suscitadas por ele e como os casais tentaram ou tentam lidar com a questão, no sentido de explorar se há predomínio de mecanismos defensivos, compensatórios e/ou de modos de elaboração dessa condição.

De modo geral, a literatura psicanalítica existente sobre adoção e o estudo com os candidatos a pais adotivos aponta os seguintes fatores como importantes: as motivações conscientes e inconscientes, as posturas e opiniões quanto à revelação da adoção e das origens à criança, as tentativas de elaboração ou negação da infertilidade e o lugar reservado para a criança no imaginário dos pretendentes (Fiori, 1984; Garma *et al.* 1985; Giberti, 1992; Lebovici & Soulè, 1980; Sá & Cunha, 1996). Esses fatores, contudo, parecem estar intimamente interligados e imbricados uns com os outros. Por exemplo, os casais que não conseguem elaborar o luto pela infertilidade, podem encontrar mais dificuldades para revelar ao filho sua condição de adotivo, pois isso implica na reatualização de suas incapacidades, da impossibilidade de procriar e da trajetória de tentativas frustradas.

Todos esses pontos devem, de um modo ou outro, serem aprofundados no decorrer das entrevistas. Ao final do estudo, realiza-se uma ou mais entrevistas devolutivas nas quais são feitos assinalamentos e encaminhamentos. Esses contatos que precedem a entrega de uma criança são para os requerentes apenas uma das etapas, pois o trajeto que conduz à paternidade e à filiação é, quase sempre, lento, sinuoso e repleto de ambigüidades, não somente nas adoções, mas em qualquer vínculo paterno-filial.

O trabalho com as famílias de origem e com os pais biológicos

No transcorrer de um processo de destituição de pátrio poder (ou do poder familiar, segundo o Novo Código Civil), o juiz, em geral, solicita a intervenção dos profissionais da equipe técnica. A lei é muito clara sobre as razões que devem conduzir à perda do pátrio poder. Fávero *et al.* (2000), em pesquisa sobre a perda do pátrio poder, concluem que essa medida tem sido determinada por diferentes motivos, entre os quais se destacam a existência de situações de violência doméstica (física, sexual e psicológica), a negligência, o abandono e a ausência de vínculos afetivos. Contudo, os dados da pesquisa indicam que a situação de pobreza, mesmo quando não explícita, permeia a vida daqueles que perdem o pátrio poder, apesar de o ECA, em seu artigo 23, enfatizar que "a falta ou carência de recursos materiais não constitui motivo suficiente à perda ou suspensão do pátrio poder".

A destituição do poder familiar pode constituir, precisamente, uma medida de proteção à infância; contudo, em alguns casos, na tentativa de fazer prevalecer o sentido de punição ou sanção aos pais que não cumprem os deveres parentais, os profissionais e as autoridades podem não conferir a devida importância às conseqüências desse ato jurídico com relação aos filhos. Exemplo disso são os numerosos casos que envolvem a destituição de pais de adolescentes ou crianças com mais de dez anos, ou seja, daqueles dificilmente adotáveis. Nesses casos, faz-se necessário indagar que vantagens são colocadas aos filhos cujos pais são destituídos e que, em função dessa medida, são submetidos à ruptura definitiva dos laços familiares e à perda dos sobrenomes relativos aos seus ascendentes. Resta saber como a lei, que se propõe a proteger crianças e adolescentes, atinge seu objetivo e do que, de fato, os protege. Pode-se constatar, algumas vezes, que os filhos é que são prejudicados, são os que diretamente mais sofrem com a medida. Crianças e adolescentes que vivem essa condição chegam a perguntar o que fizeram de tão mal e errado para que seus pais nunca mais possam vê-los. A questão pode permanecer presente durante toda uma vida se nada lhes é dito ou explicado a esse respeito. Por mais graves que tenham sido os delitos e/ou a negligência dos pais, conforme salienta Dolto (1989), é preciso dizer claramente isso aos filhos, para que possam se estruturar inseridos em uma lei, ou seja, numa ordem estabelecida acima e fora deles.

Quando os pais ou responsáveis doam os seus filhos a terceiros ou resolvem entregá-los à autoridade judiciária, é imprescindível criar um espaço para que possam refletir e ponderar melhor sobre essa opção. Nos contatos, o profissional apura as justificativas apresentadas, investiga os motivos ainda não revelados sobre a decisão tomada, levanta outras alternativas para que os filhos permaneçam ligados a pessoas da família, analisa a reversibilidade das dificuldades existentes e observa a qualidade dos vínculos familiares, principalmente com relação aos filhos que estão sendo doados. Porém, quando fica evidente que os pais biológicos estão seguros de suas decisões ou que não se interessam verdadeiramente pelo destino dos filhos (ainda que verbalizem o contrário), o melhor que se pode fazer é contribuir para que a situação da criança seja definida o mais rápido possível.

Fávero (2001), depois de analisar mais de duas centenas de autos processuais com sentença de destituição de pátrio poder, afirma que "a mulher/mãe é quase sempre a principal, quando não a única personagem do processo de perda de pátrio poder" (p.143). E ainda salienta que é pouco freqüente a existência de informações sobre o pai nos autos, pois algumas mães se recusam a fornecer dados sobre o genitor da criança; em outras situações, eles sequer registraram a criança, não foram informados sobre a gravidez ou estão desaparecidos. Quando há informações sobre o pai, na maioria das vezes são fornecidas pela mãe.

Com base em tais dados, durante o acompanhamento os psicólogos devem buscar entrevistar todos aqueles que estão de algum modo relacionados à criança e/ou adolescente. Não basta aceitar o depoimento da mãe com relação à inexistência do pai ou de outros familiares. Os procedimentos devem, na medida do possível, dificultar que a genitora entregue o filho sem que o pai ou demais familiares tomem conhecimento de seu ato.

O acompanhamento realizado no âmbito do Judiciário é, muitas vezes, criticado por distintos segmentos da sociedade, quer pelo alegado imediatismo e desrespeito aos pais e às famílias biológicas, ou inversamente, pela morosidade e descuido com as crianças que passam longos períodos em instituições de abrigo ou à espera de decisões jurídicas que alteram os rumos de suas vidas. Resta saber se tais críticas baseiam-se em meras suposições ou em conhecimentos, uma vez que são poucas e recentes as publicações que descrevem e discutem, por exemplo, as especificidades do trabalho do psicólogo judiciário na realidade brasileira (Brito, 1999; Cassin, 2000; Felipe,1997), bem como os procedimentos e ações desenvolvidos pelos assistentes sociais judiciários. Faz-se necessário pensar em que conceito de abandono tais críticas se apóiam, pois, juridicamente, é preciso haver uma caracterização objetiva e clara do conceito de abandono para que se interrompam as tentativas de retorno da criança à família de origem, dando início à colocação em família substituta.

Repensar as críticas não quer dizer negligenciar ou desconsiderar as falhas das instituições e da Justiça. É verdade que alguns representantes do Ministério Público demoram meses ou anos para promover ação de destituição do pátrio poder em casos considerados graves e de prognóstico difícil, e que alguns profissionais estendem excessivamente os acompanhamentos às famílias, enquanto as crianças aguardam ansiosas ou desamparadas algum sinal na instituição em que estão abrigadas. É igualmente verdadeiro o fato de alguns juízes de infância não utilizarem o tempo como uma medida importante do sofrimento psíquico das crianças e gastarem meses solicitando testemunhas ou fazendo repetidas tentativas de localização do paradeiro de pais desaparecidos. Essa questão do tempo ou dos prazos processuais deveria, certamente, ser reconsiderada, também porque para uma criança a noção de tempo não é a mesma do adulto. Pode fazer muita diferença uma criança ser adotada nos primeiros três meses de vida do que ao completar um ano e, como aponta Eliacheff (1995, p. 119) "pode ser irreversível o fato de algumas aquisições, sobretudo a linguagem, não se darem na época certa".

Leila de Dutra Paiva

O acompanhamento das crianças e adolescentes abrigados em instituições em vias ou não de serem colocados em famílias substitutas

Em geral, todos os bebês, crianças e adolescentes que necessitam ser colocados em famílias substitutas estão vivenciando situações complexas que, às vezes, implicam em riscos à sua integridade física ou psíquica. Muitos também, antes de serem inseridos em um contexto familiar, quer seja através de termo de guarda, apadrinhamento, tutela ou adoção, passam um período temporário – que se pretende breve, mas que em alguns casos pode durar meses ou até anos – em instituições de abrigo.

Durante o ano de 1999, os psicólogos da Vara da Infância e Juventude de Osasco realizaram um levantamento das características das crianças e adolescentes abrigados nas três entidades do município. Entre os 147 institucionalizados, verificou-se que 49% foram abrigados devido às solicitações dos pais ou responsáveis, por diferentes razões, mas, em geral, pela falta de recursos financeiros, enquanto 51% foram encaminhados para as entidades de abrigo por decisão judicial, em decorrência de maus-tratos, negligência, pais usuários de drogas, detenção dos genitores, mendicância, genitores com problemas mentais, situações fáticas de abandono etc. Dentre todos os casos de crianças e adolescentes abrigados, apenas 12,6% haviam perdido os vínculos com os genitores biológicos devido a sentenças judiciais de destituição do pátrio poder ou isso estava em vias de ocorrer. Nos abrigos, 70,1% recebiam visitas regulares e constantes dos pais e/ou familiares, 10,2% eram raramente visitados, 16,3% não tinham mais qualquer contato com a família natural e sobre 3,4% não havia dados claros sobre as visitas. Somente 10,7% eram juridicamente adotáveis, ou seja, já estavam com o processo de destituição de pátrio poder concluído, mas entre estes era provável que poucos conseguissem ser adotados devido à idade (do total de crianças e adolescentes, 61,2% tinham idade acima de sete anos) ou pelo fato de possuírem mais irmãos (85% tinham irmãos).

Não é de hoje que a literatura aponta, incisivamente, que as crianças que chegam a viver períodos prolongados em instituições ficam expostas a prejuízos graves e danos emocionais irreversíveis. Ainda assim, essas instituições existem desde a Idade Média (Marcílio, 1998) e cumprem, de certo modo, importante papel social.

Dolto recebeu, para sessões de psicanálise, bebês recém-nascidos e crianças de até quatro anos de idade, confiadas à Assistência Social à Infância (antiga Assistência Pública da França) e abrigadas na fundação Parent de Rosan, anexo do hospital Ambroise-Paré-Boileau, e na creche de Antony, ambos em Paris, com um intervalo de vinte anos entre o seu trabalho numa e noutra entidade. Com sua vasta experiência junto às crianças que passaram parte de suas vidas em internato, ela conclui:

> O internato não é, em si, patológico, mas pelo contrário, pode ser benéfico, se a criança compreender que a sociedade tem deveres para com ela, e que ela, em relação à sociedade, tem o dever de se proteger contra algo que a faça morrer, física ou psiquicamente, antes da hora (1987, p. 140).

Desse modo, Dolto (1987) questiona a ideologia que coloca a família como o lugar ideal para a educação dos filhos, pois a partir do atendimento de várias crianças submetidas a maus-tratos pelos pais ou responsáveis, constata que, em alguns casos, afastar a criança de sua família, mesmo que temporariamente, é medida necessária. Se a criança precisa permanecer em um abrigo, é recomendável que os profissionais que atuam no caso e os funcionários da entidade considerem essa solução temporária como benéfica para a criança, entendendo que a sociedade tem deveres para com ela, dentre os quais o de proteção integral às suas condições físicas e psíquicas. A criança precisa entender que essa solução imediata é importante na preservação de sua própria vida e que o abrigo cumpre uma função em determinado período, até que haja decisão sobre seu retorno à família ou sobre futura colocação em família adotiva. Ao contrário, se as pessoas que lidam diretamente com a criança são consideradas pela sociedade e também se consideram parte integrante de um dispositivo nocivo, isso pode acabar se refletindo no modo de agir com ela e na condução de sua situação processual.

Para a autora, mais grave que as separações e rupturas são as incertezas da criança sobre seu presente e futuro, pois muitas delas, ao serem abrigadas, não são sequer informadas sobre os motivos da transferência de moradia e nem mesmo sobre o que poderá ocorrer a partir desse momento. O caráter trágico não é introduzido apenas pelo abandono ou pelo abrigamento, que podem superar se forem ajudadas, mas por ficarem submetidas a dúvidas, incertezas e constante espera. A ressalva é primordial para os profissionais que trabalham com crianças e adolescentes abrigados. Os dados sobre o histórico de vida, as razões do abrigamento e as informações atuais sobre a situação processual de cada criança e adolescente – mesmo se houver atrasos e incoerências nos procedimentos jurídicos – devem ser remetidos à direção do abrigo e, além disso, as próprias crianças e adolescentes precisam acompanhar o que está acontecendo e saber de suas possibilidades futuras, pois as dúvidas e a espera interminável são devastadoras para elas, que já se fragilizaram com separações seguidas de abandono real ou legal. Em outro texto, a mesma autora (1984) enfatiza que a criança nunca é pequena demais para que lhe falemos a verdade; as palavras permanecem sempre na sua memória inconsciente, testemunhando o respeito por sua pessoa. Para Eliacheff (1995, p.119) "mesmo quando as condições de vida são corretas (material e afetivamente), a insegurança quanto ao amanhã torna impossível um desenvolvimento harmonioso e é fonte constante de angústia, de desespero, de raiva impotente".

Apesar de a discussão estar centrada no sofrimento e nos infortúnios das crianças e adolescentes que passam longos períodos em instituições de abrigo, toda criança tem a necessidade de ser ouvida e de receber informações sobre tudo o que lhe diz respeito. Nesse sentido, Priszkulnik (1997) salienta:

> Para o adulto, é bem mais fácil falar e escrever sobre a criança, mostrando conhecê-la e entendê-la, do que entrar em contato direto com ela, pois é neste tipo de situação que qualquer pessoa é confrontada com seus valores, juízos e pré-concepções. (...) A prioridade no tratamento de uma criança é a escuta da própria criança (...) Quando a criança é ouvida, pode rearticular sua história e sua verdade como sujeito desejante, cujo acesso

> lhe permite tornar-se responsável pelos seus atos, assumir a sua vida, fazer as coisas para si mesma e não fazer *por, com* ou *contra* os outros (pp.310-312).

Além dos fatores apontados, Marin (1988) discute alguns elementos que, propiciados pelos abrigos, podem minimizar os danos causados por institucionalizações prolongadas. A autora afirma que, em geral, a história da criança envolve muita dor e revela o fracasso de uma instituição tão valorizada pela sociedade – a família, razão pela qual a criança acaba tendo pouco ou nenhum acesso à sua história na instituição. Para que essa história possa ser transmitida, os próprios funcionários da entidade precisam conhecê-la e conseguir ouvir o que a criança quer perguntar ou falar a respeito de seu passado. É também necessário que as instituições não se esquivem a manter contato próximo e amistoso com os familiares das crianças. Apesar das dificuldades e das reações afetivas que as visitas dos pais e/ou responsáveis costumam causar nelas, é importante que a entidade permita o acesso dos pais, pois esse convívio mantém vivo o sentido de família e possibilita que a criança não se distancie de sua história, mesmo com os conflitos, angústias e dores que comporta. Essas vivências são, em si, estruturantes na medida em que é a partir do atendimento individualizado, que reconhece a história de cada um e suas singularidades, que as crianças podem se constituir como sujeitos.

Além dos abrigos, a maioria das sociedades dispõe de modalidades alternativas às famílias biológicas, que são chamadas de famílias substitutas. Na realidade brasileira, a guarda, a tutela, o apadrinhamento e a adoção são as formas mais comuns de colocações em famílias substitutas. Em geral, o psicólogo judiciário atua em todas essas formas, com exceção de alguns pedidos de guarda provisória e de apadrinhamento.

O termo de guarda regulariza a posse legal de uma criança ou adolescente, obrigando seus detentores à assistência material e educacional por um período provisório estipulado em sentença judicial ou por tempo indeterminado. Na guarda, os pais biológicos não são destituídos do pátrio poder e, em geral, os vínculos entre eles e os filhos ficam preservados. Por vezes, uma guarda prolongada acaba transformando-se em disputa para a posse jurídica da criança e evoluindo para uma solicitação de adoção. Mas, quando surgem dificuldades, os guardiões podem, a qualquer tempo, solicitar a revogação da guarda, desde que notifiquem a autoridade judiciária para que sejam tomadas as devidas providências quanto à criança. Em geral, as solicitações de guarda são feitas por familiares ou conhecidos da família quando os genitores falecem, estão com paradeiro ignorado ou consentem que o filho permaneça sob os cuidados dos solicitantes.

A tutela é concedida apenas quando fica comprovada a falta dos pais, seja por falecimento ou destituição/suspensão do pátrio poder, mas, diferentemente da adoção, não implica a perda dos vínculos com o grupo familiar. Nas situações em que a criança ou adolescente possui bens patrimoniais deixados pelos pais, estes são registrados em cartório e o tutor passa a administrá-los com permissão legal para utilizar apenas os rendimentos necessários à manutenção do tutelado. A tutela implica também nos deveres de guarda, mas é, em geral, de caráter definitivo.

O apadrinhamento é um modo informal de oferecer auxílio às crianças e aos adolescentes abrigados em instituições e que, por diversos motivos, não podem ser colocados em famílias substitutas. No Brasil, em geral, os padrinhos fazem visitas às crianças ou as retiram do abrigo nos fins de semana, férias e datas festivas. Por vezes, o apadrinhamento tem caráter meramente financeiro, como custeamento dos estudos ou tratamentos especializados. Mais recentemente, alguns segmentos da sociedade civil, como as organizações não governamentais, têm implementado programas de apadrinhamento que consistem na ajuda financeira temporária a algumas crianças e adolescentes com o acompanhamento concomitante de suas famílias, visando prevenir situações fáticas de abandono. Na França, existem famílias de acolhimento – *familles d'accueil* – famílias autorizadas e subvencionadas pelo Estado e submetidas aos serviços sociais que recebem, por determinado período, crianças abandonadas ou cujos pais não têm condições materiais e/ou psicológicas de educá-las. A finalidade é que essas famílias reproduzam a vida familiar para as crianças que não a possuem. Trata-se de uma família substituta a título precário, que acolhe a criança, hospeda-a, mas sem caráter definitivo. Tais famílias são permanentemente acompanhadas e, antes de receberem uma criança, passam por um processo de seleção e orientação (Bourgault & Harpe, 1988).

Todas as modalidades de colocação em família substituta demandam estudos que busquem investigar os motivos da medida pleiteada, as condições gerais dos requisitantes para desempenhar a função a que se propõem, as reações da criança ou adolescente à medida proposta e a qualidade dos vínculos existentes.

Está também previsto na legislação que os profissionais das Varas de Infância e Juventude devem atualizar periodicamente o cadastro de crianças e adolescentes passíveis de adoção, relacionando todos aqueles que já possuem situação processual definida. O levantamento indica quais crianças e adolescentes devem ser preparados para futura colocação em lar substituto.

Nos contatos com as crianças e os adolescentes, busca-se observar a compreensão que possuem sobre os fatos, a qualidade dos vínculos que mantêm e a disponibilidade para consolidar outros novos, o modo como tentam elaborar o rompimento com sua família de origem e como os genitores biológicos estão representados em seus psiquismos, entre outros aspectos da vida afetiva.

Assessoria à recém-formada família no "estágio de convivência"

Ao entregar qualquer criança ou adolescente, o juiz concede primeiramente aos adotantes um termo de guarda e responsabilidade provisório e determina a realização de estudo psicossocial para verificar as vicissitudes do período de adaptação e a conveniência da constituição do vínculo. Porém, em primeira instância, é o próprio juiz que, respaldado pela legislação, estipula a duração do estágio de convivência e até mesmo dispensa o acompanhamento se o adotado tiver menos de um ano de idade ou se estiver há muito tempo na companhia dos adotantes.

O propósito da lei ao impor um período de convivência, regulamentado por termo de guarda provisório, é permitir não só a adaptação da criança ao novo contexto familiar, como possibilitar que os adotantes vivenciem os novos papéis parentais. Em função do estudo realizado previamente com os pretendentes, têm sido raros os casos de devolução de crianças, mas é certo que isso ainda ocorre e, em geral, pelas dificuldades de adaptação entre a criança e os adotantes ou por conflitos que se revelam na formulação do novo vínculo.

O acompanhamento realizado durante o estágio de convivência busca saber como está se dando a adaptação entre a criança e seus novos pais, que dificuldades ou dúvidas emergem, como a situação vivida se coaduna com as expectativas anteriormente formuladas, como os adotantes conseguem integrar aquela criança desconhecida à condição de filho e até mesmo pesquisar a ocorrência de algum fato grave que implique sérios riscos ao bom prognóstico da adoção, casos em que seria recomendável concluir pela inadequação da medida antes que seja legalmente deferida.

Há discordâncias sobre a necessidade e até sobre a existência do período de convivência. Os argumentos geralmente apresentados são de que os adotantes sentem muita insegurança enquanto a adoção não se concretiza, nutrindo mesmo fantasias de que os pais biológicos possam conseguir a criança de volta; temem até sair às ruas com a criança sem que sua situação jurídica esteja plenamente definida ou ainda receiam perder o novo filho por não serem considerados "aptos" pelos profissionais que realizam o acompanhamento.

Entretanto, a pouca compreensão sobre a validade e a importância desse período explica, em parte, o modo negativo com que tem sido conotado. Não seria razoável e justificável equiparar o trabalho realizado durante o estágio de convivência a uma forma de avaliação das competências e potencialidades dos adotantes, mesmo porque se supõe que, caso exista algum impedimento para que possam acolher uma criança, isso já tenha sido verificado anteriormente. Se em lugar de se sentirem fiscalizados e avaliados, os adotantes puderem entender o acompanhamento como suporte ou respaldo, como uma escuta que possa ajudá-los a rever sentimentos, fantasias, dúvidas e dificuldades surgidas com a chegada do filho e nas etapas iniciais da interação com ele, é provável que o trabalho seja mais facilmente aceito e, em alguns casos, até mesmo requisitado, como também é possível que a vivência da adoção transcorra com maior tranqüilidade.

Alguns adotantes mostram-se assustados com a chegada da criança, mesmo porque em alguns casos o processo transcorre de forma rápida, em menos de nove meses, que é o tempo de uma gestação natural. Na gravidez, o período de espera para o nascimento do bebê não se traduz somente em mudanças corporais e hormonais da gestante, mas também num tempo para que os pais possam elaborar a nova condição, planejar detalhes, gestar imaginariamente a criança e se adaptar às mudanças decorrentes de sua vinda. Mesmo assim, nas filiações biológicas, sabe-se que, freqüentemente, os pais não reagem como pensavam diante do nascimento da criança. Segundo Soifer (1986), isso se dá porque o período pós-parto se caracteriza por uma grande alteração, com a perda de um estado e passagem a outro.

Nas adoções, o início da convivência com o bebê, a criança e/ou o adolescente também é carregado de afetos intensos e, por vezes, ambivalentes. Além disso, nessa etapa, os pais são colocados entre a imagem do filho esperado/idealizado e a do filho real. Na prática, esse confronto parece ainda mais evidente nos casos de adoção de crianças maiores, em que o acompanhamento de profissionais durante o estágio de convivência se revela, por vezes, tão necessário quanto indispensável.

Na realização de adoções de adolescentes ou de crianças maiores podem existir componentes que demandam acompanhamento intensivo por parte dos profissionais. As crianças de mais idade, em geral, chegam ansiosas, revelam necessidade de serem acolhidas afetivamente, mas, ao mesmo tempo, podem expressar o temor de não serem aceitas. Algumas chegam a atuar seus sentimentos e necessidades por meio de condutas regressivas, que requisitam compensar as lacunas e falhas ocorridas em épocas anteriores (voltar a fazer xixi na cama, querer leite apenas na mamadeira etc.). Outras vezes, podem assumir uma postura desafiadora e agressiva como forma de testar se os sentimentos dos pais com relação a ela são verdadeiros e consistentes e se não estará à mercê de novo abandono. Assim, deixam para não serem deixadas e destroem para não terem o que perder. Alguns adotantes revelam dificuldades para compreender e aceitar tais sentimentos e manifestações, chegando a interpretar a recusa de envolvimento afetivo da criança ou adolescente – reação natural a seus medos – como expressão de seu não-desejo de ser adotado. Ao sentirem-se impotentes diante da intensa demanda afetiva da criança, os novos pais podem cogitar a alternativa de sua devolução à autoridade judiciária, o que certamente viria perpetuar e repetir o ciclo do abandono.

Não se pode esquecer que, na adolescência, com a emergência de conflitos relacionados à identidade, pode haver tendência a procurar os pais e a família biológica, numa tentativa de melhor compreender o que ocorreu e de resgatar elementos da história de origem. A atitude dos filhos pode mobilizar intensa ansiedade nos adotantes e deixá-los confusos quanto às suas capacidades e quanto a natureza dos afetos existentes na família.

Por essas e outras razões, o trabalho realizado por ocasião do estágio de convivência tem se revelado muito importante. Em algumas conferências, Dolto (1998*b*) chegou a afirmar que somente depois da chegada da criança é que se pode dizer verdadeiramente sobre o desejo dos pais, pois nesse momento é possível analisar o surgimento das emoções que essa vinda ocasiona e como se sentem eles diante do fato de estarem ocupando as posições de pai e mãe. A autora alerta que esse processo não deve acontecer de forma brusca para a criança e que o deferimento da adoção nunca deve ocorrer antes de se saber se está conseguindo se adaptar à nova família e antes que faça um desligamento gradual do meio no qual vivia:

> Essa separação de seu meio, de seus amiguinhos é uma violação, um rapto, uma violência abominável. Deve-se proceder introduzindo mediações e etapas (...) É preciso que a relação se mantenha por um certo tempo; não convém separar-se de tudo e fazer como se estivesse acabado. A adoção não é um nascimento, nem o meio de acolhimento, uma placenta. A placenta só existe uma vez, ao passo que a vida depois do nascimento é feita incessantemente de mediações na linguagem (p. 98).

Os novos pais podem não estar preparados para compreender e lidar com as angústias, fantasias, medos e hesitações manifestadas por seus filhos, assim como acontece a qualquer pai e mãe. A diferença é que terão ainda de enfrentar suas imperfeições e o sentimento de incompletude e, na medida do possível, elaborar perdas, lutos, dúvidas quanto às suas capacidades, temores relacionados ao passado desconhecido da criança e empreender um longo percurso para serem também adotados pelos novos filhos.

Referências bibliográficas

AJURIAGUERRA, J. de. *Manual de Psiquiatria Infantil.* São Paulo: Masson, 1983.

BOURGAULT, D.; HARPE, F. *L'Enfant en Famille d'Accueil.* Paris: Centurion, 1988.

BRITO, L. M. T. (org.). *Temas em Psicologia Jurídica.* Rio de Janeiro: Relume Dumará, 1999.

CASELATTO, G. *Motivos relacionados ao luto que levam um casal à adoção: uma possibilidade psicoprofilática.* São Paulo: 1998. Dissertação (Mestrado) – Pontifícia Universidade Católica de São Paulo.

CASSIN, W. C. *O psicólogo judiciário e a cultura da adoção: limites, contradições e perspectivas.* Ribeirão Preto: 2000. 264p. Dissertação (Mestrado) – Universidade de São Paulo.

CERVENY, C. M. *A família como modelo – desconstruindo a patologia.* Campinas: Editorial Psy, 1994.

CHATEL, M. M. *O mal-estar na procriação.* Rio de Janeiro: Campo Matêmico, 1995.

DOLTO, F. *Dialogando sobre crianças e adolescentes.* Campinas: Papirus, 1989.

________. *Dialogues Québécois.* Paris: Seuil, 1987.

________. *No jogo do desejo.* Rio de Janeiro: Zahar, 1984.

________. *Os caminhos da educação.* São Paulo: Martins Fontes, 1998.

________. "Prefácio" In: MANNONI, M. *A primeira entrevista em psicanálise.* Rio de Janeiro: Campus, 1981.

________. *Seminário de psicanálise de crianças.* Rio de Janeiro: Zahar, 1985.

________. *Seminário de psicanálise de crianças 2.* Rio de Janeiro: Guanabara Koogan, 1990.

________. *Tudo é linguagem.* São Paulo: Martins Fontes, 1999.

DOLTO, F; HAMAD, N. *Destinos de crianças: adoção, famílias de acolhimento e trabalho social.* São Paulo: Martins Fontes, 1998*b*.

ELIACHEFF, C. *Corpos que gritam – a psicanálise com bebês.* São Paulo: Ática, 1995.

FAURE, S.; PRAGIER, G. Les Enjeux d'une Recherche Psychanalitique sur la Stérélité Féminine. *Revue Française de Psychanalyse.* n.6, p.1543-1567, 1987.

FÁVERO, E. *Rompimentos dos vínculos do pátrio poder.* São Paulo: Veras, 2001.

_______. (coord.). *Perda do pátrio poder – aproximações a um estudo socioeconômico.* São Paulo: Veras, 2000.

FELIPE, S. S. R. *A contribuição do Teste de Apercepção Infantil e do Procedimento de Desenhos de Família com Estórias na avaliação de crianças envolvidas em disputas judiciais.* São Paulo: 1997. 327 p. Dissertação (Mestrado) – Instituto de Psicologia, Universidade de São Paulo.

FÉRES-CARNEIRO, T. *Família: diagnóstico e terapia.* Rio de Janeiro, Zahar, 1983.

FIORI, W. R. *Aspectos críticos da adoção.* São Paulo: 1984. 81 p. Dissertação (Mestrado) – Instituto de Psicologia, Universidade de São Paulo.

FREUD, S. A psicopatologia da vida cotidiana. (1901) In: FREUD, S. *Ed. Standart Brasileira das Obras Psicológicas Completas de Sigmund Freud.* Rio de Janeiro: Imago, v. 6, 1976.

_______. Feminilidade – novas conferências introdutórias sobre psicanálise (Conferência XXXIII) (1933 {1932}) In: FREUD, S. *Ed. Standart Brasileira das Obras Psicológicas Completas de Sigmund Freud.* Rio de Janeiro: Imago, v. 22, p. 139-165, 1976.

_______. Luto e Melancolia. (1917 {1915}) In: FREUD, S. *Ed. Standart Brasileira das Obras Psicológicas Completas de Sigmund Freud.* Rio de Janeiro: Imago, v. 14, p. 270-291, 1976.

_______. Sexualidade Feminina. (1931) In: FREUD, S. *Ed. Standart Brasileira das Obras Psicológicas Completas de Sigmund Freud.* Rio de Janeiro: Imago, v. 21, p. 253-279, 1976.

_______. Sobre o narcisismo: uma introdução. (1914) In: FREUD, S. *Ed. Standart Brasileira das Obras Psicológicas Completas de Sigmund Freud.* Rio de Janeiro: Imago, v. 14, p. 83-119, 1976.

_______. Um estudo autobiográfico. (1925 {1924}) In: FREUD, S. *Ed. Standart Brasileira das Obras Psicológicas Completas de Sigmund Freud.* Rio de Janeiro: Imago, v. 20, p. 11-92, 1976.

GARMA, E. G.; GARMA, C.; GRECO, N.; LÓPEZ MORENO, C. M. *Mas Allá de la Adopción.* Buenos Aires: Epsilon, 1985.

GIBERTI, E. *La Adopción*. Buenos Aires: Sudamericana, 1992.

GIBERTI, E.; GORE, S. C. de.; BLUMBERG, S.; RENZI, C.; GELMAN, B.; LIPSKI, G. *Adoptar Hoy*. Buenos Aires: Paidos, 1994.

GIBERTI, E; VUL, M. *La Adopción: Nuevos Enigmas en la Clínica*. Buenos Aires: Sudamericana, 1999.

GOLDSTEIN, R. A. *Vivências Psicológicas de Mulheres em um Programa de Esterilidade Conjugal de um Hospital Municipal*. São Paulo: 1996. 209 p. Dissertação (Mestrado) – Pontifícia Universidade Católica de São Paulo.

LAPLANCHE, J.; PONTALIS, J.-B. *Vocabulário da psicanálise*. São Paulo: Martins Fontes, 1985.

LEBOVICI, S.; SOULÈ, M. *O conhecimento da criança pela psicanálise*. Rio de Janeiro: Zahar, 1980.

LEGENDRE, P. Poder genealógico do Estado – seriam os fundamentos da ordem jurídica razoáveis? In: ALTOÉ, S. *Sujeito do direito, sujeito do desejo: direito e psicanálise*. Rio de Janeiro: Revinter, 1999.

MANNONI, M. *A criança retardada e a mãe*. São Paulo: Martins Fontes, 1985.

MARCÍLIO, M. L. *História social da criança abandonada*. São Paulo: Hucitec, 1998.

MARIN, I. K. *Febem, família e identidade. O lugar do outro*. São Paulo: Babel Cultural, 1988.

PRISZKULNIK, L. Contribuições da Psicanálise à Clínica Pediátrica. *Pediatria moderna*. São Paulo: v. XXXIII, n.5, p.309-314, 1997.

ROSA, M. D. *O não-dito e a psicanálise com crianças*. São Paulo: 1995. 182 p. Dissertação (Doutorado) – Pontifícia Universidade Católica.

ROUDINESCO, E.; PLON, M. *Dicionário de psicanálise*. Rio de Janeiro: Zahar, 1997.

SÁ, E.; CUNHA, M. J. *Abandono e adopção: o nascimento da família*. Coimbra: Almedina, 1996.

SOIFER, R. *Psicologia da gravidez, parto e puerpério*. Porto Alegre: Artes Médicas, 1986.

TRINCA, W. (org.) *Formas de investigação clínica em psicologia*. São Paulo: Vetor, 1997.

VAN KOLCK, O. L. *Testes projetivos gráficos no diagnóstico psicológico.* São Paulo: E.P.U., 1984.

WIEDER, H. On Being Told of Adoption. *The Psychoanalityc Quarterly*, n.46, p.1-21, 1977.

WOILER, E. *A condição afetivo-emocional da criança adotada: repercussões na aprendizagem, em especial na aprendizagem escolar.* São Paulo: 1987. 270 p. Dissertação (Mestrado) – Pontifícia Universidade Católica de São Paulo.

A meninice e a institucionalização da situação de rua: práticas institucionais, discurso e subjetividade

Patrícia Regina da Matta Silva

Apresentação: afinal, o que vem a ser *situação de rua*?

Na década de 1990, no *período de experiência* do Estatuto da Criança e do Adolescente (1990), trabalhei como psicóloga judiciária da Vara da Infância e da Juventude[1], tratando de questões relativas à menor-idade: com a infância/adolescência abandonada-vitimizada, infratora e... em *situação de rua*.

Naquela época, esta *situação de rua* era foco de atenção de movimentos sociais[2], de projetos governamentais e não governamentais de atendimento à infância e adolescência[3]. Ocupava, também, um lugar e um tempo de destaque na mídia, quando as crianças e os adolescentes assim caracterizados – como em *situação de rua* – eram personagens que assumiam uma duplicidade e o trânsito entre duas posições. Ora uma posição de vítima da família, da sociedade e do Estado, como na divulgação de estatísticas e de casos de abandono, violência doméstica e violência urbana, quando a família, os projetos de atendimento governamentais e não governamentais e os agentes de segurança pública eram colocados no lugar de agentes da vio-

[1] Do Tribunal de Justiça do Estado de São Paulo, no período de 1991-2001.

[2] Destaco o Movimento Nacional de Meninos e Meninas de Rua que foi instituído em 1985 – e de atuação importante naquele momento político. Pode ser assim definido: "MNMMR é uma organização que *luta pelos direitos de crianças e adolescentes das camadas populares*, com o propósito de transformá-los em sujeitos políticos e agentes da defesa de seus próprios direitos e da cidadania. (MNMMR *apud* Macedo, 1998, p. 4)

[3] Fausto e Cervini (1996), Impelizieri (1995), Danziato (1998).

lência[4]. Ora uma posição em que a própria criança/adolescente era o agente da violência contra esta mesma família, sociedade e Estado (com a prática de agressões, furtos, roubos, violação ao patrimônio público, etc.).

Mas, quando e como a *situação de rua* surgia no cotidiano *judiciário da infância* - nos feitos judiciais da Vara da Infância e da Juventude? Justamente, nas circunstâncias em que a família, a escola e as práticas institucionais de assistência à infância haviam perdido o "controle" sobre sua conduta; embora esta ainda não tivesse sido inscrita no dispositivo judiciário pela autoria de uma infração penal (como um adolescente autor de ato infracional).

Ainda *dentro* da Vara da Infância e Juventude, tais casos, na maioria das vezes, eram encaminhados ao Setor Técnico Judiciário para a realização de uma Avaliação Psicológica, com o propósito de subsidiar tecnicamente uma decisão judicial. Por meio de procedimentos técnicos, esta Avaliação Psicológica poderia fornecer uma descrição psicológica, mencionando vários aspectos: "precariedade econômica", "desestruturação familiar", "carência afetiva", "carência subjetiva", impossibilidade de formar vínculos, baixa resistência à frustração, falta de controle dos impulsos/agressividade e, quase sempre, um "desvio e conduta"[5]. Algumas vezes, não muito comum nos laudos/relatórios psicológicos, seria possível constar de outras ausências: dos programas sociais de atendimento à infância e adolescência; apontando, algumas vezes, as precariedades e omissões do Estado. Desta forma, afirmava-se a *situação de rua* por uma ausência generalizada, produzindo, então, uma subjetividade pelas "carências" no discurso psicológico (no judiciário).

Neste contexto, reafirmar, tecnicamente, uma condição de ausência/precariedade não seria reafirmar o óbvio? E, podemos questionar,

---

[4] A "Chacina da Candelária", em 1993, foi um acontecimento de destaque neste sentido. Segundo Impelizieri (1995): "Principalmente após o vergonhoso episódio da Candelária, em que sete crianças e adolescentes (dois dos quais entrevistados nesta pesquisa) foram impiedosamente chacinados, as ONGs cariocas foram postas na berlinda e acusadas de forma incisiva e sem direito de resposta, de serem responsáveis pela permanência da miserável situação da infância de rua no Rio. Supostamente beneficiárias de milionárias verbas internacionais, as ONGs teriam criado uma verdadeira "indústria do menor", na qual a continuidade da miséria infantil seria a garantia da manutenção de suas atividades "pilantrópicas". (Impelizieri,1995, p. 11)

[5] Tudo isto, encontrado e justificado pela "biografia", como Foucault (1991) destaca na prática do exame.

não iria justamente ao encontro do que já era do conhecimento do senso comum? De que valeria, ao psicólogo, constatar uma condição de exclusão se, neste ato, reeditava – e neste sentido, produzia – tal exclusão? Perguntava-me o que era possível afirmar para além das ausências...?

Tais indagações, aliadas à inquietação frente à imprecisão[6] com que era nomeada *situação de rua* da infância, fundamentaram o interesse em estudar a relação entre as noções de "infância" e "rua"; a especificidade (possível) desta *situação de rua*, bem como, de compreender um pouco dos modos como tais experiências (tão diversas de *situação de rua*) eram subjetivadas pelas crianças e adolescentes (assim nomeados).

Tal interesse virou, no entanto, um trabalho de pesquisa de doutoramento, (Silva, 2002)[7], e possibilitou uma re-leitura – que pretendo apresentar neste artigo – da inserção da prática profissional do *psicólogo* na *justiça da infância e da juventude* e de "sua clientela" caracterizada, algumas vezes, pela *situação de rua.*

O ECA, a situação de rua e o psicólogo judiciário

A institucionalização da situação de rua no Brasil

Se a primeira década do ECA (1990) foi mencionada – e incluo aqui os idos 1980 – como contexto sócio-jurídico de tal inserção profissional, foi porque este período foi marcado por mudanças nas práticas institucionais relativas à população infanto-juvenil[8].

---

[6] Sobre a circulação de dados de pesquisas da *situação de rua* da infância nos meios de comunicação de massa, principalmente na década de 1980, Rosemberg (1993) afirmou ser marcada por uma imprecisão estatística e conceitual. A autora referiu-se ao fato da quantificação deste "segmento" da população variar de acordo com cada pesquisa realizada e divulgada; e, à diversidade de condições que caracterizavam a chamada *situação de rua*, tendo a situação de pobreza como a única condição comum à "categoria".

[7] Realizado no Instituto de Psicologia da Universidade de São Paulo, sob orientação da Profa. Dra. Marlene Guirado.

[8] Vale lembrar que saíamos de um contexto político nacional autoritário e repressivo, iniciado em 1964, e vivíamos um momento histórico nacional de mobilização e democratização das instituições em geral.

Nesse período, foi *gestada* e *regulamentada* a passagem de uma legislação de princípios autoritários e repressivos a uma legislação de princípios democráticos. Da doutrina da *situação irregular*, do antigo Código de Menores (1979), que pressupunha os "menores em abandono material e moral" (ou seja, a infância pobre, e "potencialmente" em infração) como "objeto de intervenção"; à doutrina de *proteção integral* do Estatuto da Criança e do Adolescente (1990), que instituiu uma concepção universal de infância, pressupondo a noção de "sujeito de direito" infanto-juvenil. Tal legislação, neste ato, delimitou – e, neste sentido, restringiu – o poder da família, da sociedade e do Estado, bem como das (demais) instituições de atendimento.

Em tempos de "situação irregular", o "prudente arbítrio do juiz de menores" regulava (soberanamente)[9] as intervenções judiciais, tendo a internação de "menores" em instituições fechadas (como nos orfanatos e internatos), em regime de privação de liberdade, como uma prática legitimada e usada de modo indiscriminado.

Já em tempos de "proteção integral", o "movimento pelo ECA" e "pela abertura das instituições" – tais práticas de internações em instituições fechadas, em tese e em lei – passavam a ser reguladas e restritas a condições especiais[10]. À lógica assistencial repressiva (pri-

[9] Como comenta Marrey (1980), em sua apresentação ao Novo Código de Menores (1979), quando destina a publicação aos magistrados que "acumulam as árduas funções de Juízes de Menores, cumprindo-lhes realizar na área de atuação (...) *atividade de ordem não apenas jurisdicional, mas igualmente, de sentido social, através de medidas de 'ordem geral', que, ao seu prudente arbítrio, se demonstrassem necessárias à assistência, proteção e vigilância ao menor*" (p. 10).

[10] Por exemplo, o abrigo como uma prática institucional que substitui os antigos orfanatos, é uma das medidas de proteção (art.101) prevista no ECA (1990), aplicável às crianças/adolescentes que têm seus direitos ameaçados e/ou violados pela família, sociedade e/ou Estado, ou em razão de sua conduta (art. 98), definida como medida excepcional e provisória que, no texto da lei, não constitui medida de privação de liberdade (art.101, parágrafo único). Já a internação de adolescentes autores de ato infracional é prevista no ECA (1990) como uma medida sócio-educativa (art. 112) em regime fechado, privativa de liberdade (dentre outras em regime/meio aberto e semi-aberto), e concebida, no texto da lei, como medida "sujeita aos princípios de brevidade, excepcionalidade e respeito à condição peculiar de pessoa em desenvolvimento" (art.121); aplicável somente em condições especiais, em caso de grave ameaça e/ou violência à pessoa, reincidência e reiterado descumprimento de medidas já aplicadas (art.122).

vativa de liberdade) acrescentou-se, então, a lógica humanitária com ênfase no atendimento em "meio aberto"[11].

Se as "instituições fechadas" caracterizavam-se por relações totalitárias, pautadas em mecanismos disciplinares que se estendiam para além dos "muros", quando falamos da *gestão* e *regulamentação* de um cenário institucional aberto, falamos de uma dispersão desta extensão.

A *situação de rua* passava, então, a dizer algo além da designação de um lugar associado a uma socialização "perigosa" e, por isso, um lugar inadequado para a permanência de crianças. Esta expressão deixava de caracterizar somente uma situação inadequada, no sentido negativo. Não caracterizava somente um lugar em que as crianças não podiam permanecer, mas sim, onde permaneciam – afirmava-se tal permanência pela *situação de rua*.

Nesse contexto, a *situação de rua* passava a constituir um cenário institucional de práticas de atendimento à infância. Os seus agentes institucionais seriam os educadores de rua e sua clientela, as crianças e adolescentes que permaneciam nas ruas, por mais transitória ou perene que fosse essa permanência.

Naquele mesmo período, acompanhando e, ao mesmo tempo, instituindo, um movimento de criação e demarcação de (novas) práticas de atendimento à infância, o discurso acadêmico – as ciências humanas em geral e, em especial, a psicologia – passou a discriminar a duração da permanência da *infância* nesta *situação de rua*, como um cenário institucional aberto, delimitando os ritmos da circulação e os diferentes níveis de relação estabelecidos com este lugar de trânsito[12].

Foram os *meninos e meninas de rua,* os *meninos e meninas na rua,* os *meninos da rua* da *casa*, do *bairro*, da *cidade*, até mesmo do *Brasil*, da *América Latina*, do *terceiro mundo* ou da *sociedade globalizada*, um problema de nossos tempos, do século XX, de

---

[11] Este processo de humanização dos atendimentos foi analisado por Albuquerque (1978) em relação às práticas relativas à saúde mental em *Metáforas da desordem*, quando foi utilizada a noção proposta, por M. Foucault (1991), de "disciplina bloco", referida a um espaço físico delimitado, à "disciplina mecanismo", que se estende para "além muros" das "instituições fechadas".

[12] Os parágrafos seguintes tratam de um recorte do mapeamento da produção acadêmica sobre *infância* e *rua*, nas décadas de 1980-1990, que pode ser encontrado na primeira parte da tese (Silva, 2002).

todos os séculos. Sem dúvida, uma direção que apontava para uma *situação de rua* concebida como um fenômeno universal.

Em outro momento, tal dispersão se acentuava, justamente, quando foi criada a noção de *infância em situação de rua*, pois esta expressava a circunstancialidade (da rua) na própria definição e expandia a multiplicidade de condições contidas em uma mesma categoria: moradia, infração, trabalho e... lazer (brincar). Os limites foram alargados, estendidos a tal ponto que a condição de pobreza era a única característica comum entre as crianças e adolescentes incluídos nesta categoria.

Enfim, em um último e pulverizado momento, a *situação de rua* da criança passou a ser pressuposta na noção de *infância em situação de risco*, que incluía a histórica relação pobreza-periculosidade (portanto, risco) na caracterização das crianças de famílias pobres.

Neste percurso, algo aproximava a *situação de rua* da *situação irregular* do período histórico anterior (Código de Menores, 1979). Uma persistência histórica deixava marcas: a infância pobre permanecia no trânsito entre o *abandono* e a *infração*; e, conseqüentemente, marcada pela noção de carência no *abandono* – e hoje, também, *vitimização* – associada diretamente, ou como potencialidade, à *periculosidade* na infração. Mas, por outro lado, algo a distanciava, pois ela vinha inserida em um contexto de dispersão das práticas institucionais relativas à infância, caracterizadas pela ênfase aos projetos de atendimento em "meio aberto".

É possível observar, então, que o processo de universalização da concepção de infância (como uma marca destas duas décadas) veio acompanhada de um processo de institucionalização da *infância de rua* e, ao mesmo tempo, de uma discriminação dos *níveis de pertencimento* institucional: de, da, na, em situação de rua... em situação de risco[13].

O mesmo movimento que instituiu as "liberações" do uso indiscriminado das "instituições fechadas" instituiu também a dispersão e a (re)criação de novas (e antigas) estratégias de disciplina e de controle

13 Se, como afirma Mendez (1998), o ECA pode ser considerado uma "revolução francesa" com 200 anos de atraso, a "cidadania da criança", acompanhada do paradoxo da "cidadania do indivíduo": iguais, porém desiguais. Uma "invenção" da igualdade sem a sua realização.

que se dissolvem no e com o espaço da rua, como uma "instituição aberta", espaço este reservado à infância e à adolescência pobre. Já não bastava o controle sobre o território (demarcado, fechado), pois era incluído o controle sobre (e n)a circulação e no movimento[14].

Da prática profissional a uma prática de pesquisa

Nesses tempos de "proteção integral", o poder judiciário passou a dispor dos "serviços auxiliares da justiça": uma equipe interprofissional com a função de instrumentalizar (e disciplinar) a regulação da intervenção judicial, inclusive, tendo "assegurada a livre manifestação do ponto de vista técnico"[15].

Neste cenário institucional (judiciário), o psicólogo, em conjunto com o assistente social, passava a ocupar um lugar importante nesta

[14] Remeto-me às considerações de G. Deleuze (1992) sobre as "liberações" e "sujeições": "Foucault analisou muito bem o projeto ideal dos meios de confinamento, visível especialmente na fábrica: concentrar; distribuir no espaço; ordenar no tempo; compor no espaço-tempo uma força produtiva cujo efeito deve ser superior à soma das forças elementares. Mas o que Foucault também sabia era a brevidade deste modelo: ele sucedia às sociedades de soberania cujo objetivo e funções eram completamente diferentes. (...) Mas as disciplinas, por sua vez, também conheceriam uma crise, em favor de novas forças que se instalavam lentamente e que se precipitariam depois da Segunda Guerra Mundial: sociedades disciplinares é o que já não éramos mais, o que deixávamos de ser. Encontramo-nos numa crise generalizada de todos os meios de confinamento: prisão, hospital, fábrica, escola, família. A família é um 'interior', em crise como qualquer outro interior, escolar, profissional, etc. (...) *Não se deve perguntar qual o regime mais duro, ou mais tolerável, pois é em cada um deles que se enfrentam as liberações e as sujeições*. Por exemplo, na crise do hospital como meio de confinamento, a setorização, os hospitais dias e o atendimento em domicílio puderam marcar de início novas liberdades, mas também passaram a integrar mecanismos de controle que rivalizam com os mais duros confinamentos. *Não cabe temer ou esperar, mas buscar novas armas.*" (Deleuze, 1992, p. 219-220)

[15] A exposição dos artigos mencionados ilustra a extensão das "funções" desses serviços auxiliares: Art. 150. Cabe ao Poder Judiciário, na elaboração de sua proposta orçamentária, prever recurso para manutenção de equipe interprofissional destinada a assessorar a Justiça da Infância e da Juventude. Art. 151. Compete à equipe interprofissional, dentre outras atribuições que lhe forem reservadas pela legislação local, *fornecer subsídios por escrito, mediante laudos, ou verbalmente, na audiência, e bem assim desenvolver trabalhos de aconselhamento, orientação, encaminhamento, prevenção e outros, tudo sob imediata subordinação à autoridade judiciária, assegurada a livre manifestação do ponto de vista técnico.* (ECA, 1990) [destaques nossos]

equipe interprofissional. Lugar da técnica, "da produção de uma verdade", por constituir e ser constituído por saberes (científicos) que auxiliam e subsidiam a decisão da *justiça.*

Foi possível pensar o seguinte: como *psicólogo judiciário da infância* podíamos "avaliar" o indivíduo-criança/adolescente pelo que deixavam de apresentar, ou seja, pela inadequação das condições econômicas, das condições sócio-familiares, da escolarização, dos "projetos de atendimento" e... "de subjetivação" – conservando as "crianças/adolescentes" na precariedade... Ou podíamos perguntar sobre as estratégias subjetivas que tais crianças e adolescentes acionavam lidar com tais condições.

Diante de tais indagações, encontrei o trabalho de pesquisa de Guirado (1986)[16] e, posteriormente, um método concebido como uma "estratégia de pensamento" (Guirado, 1987, 1995, 2000), que auxiliou nas reflexões e "inquietações" epistemológicas, justamente pela concepção de "sujeito psíquico" da psicanálise, de "instituição" da sociologia e de "discurso" da lingüística, trabalhada pela autora, de modo articulado.

A proposta de trabalho desta autora, possibilitava conceber o sujeito psíquico, não como um indivíduo (o indivíduo da perícia e da

[16] Ainda à época da *situação irregular* das estratégias de atendimento em internato – "instituições fechadas" – para os considerados "abandonados" e "infratores", Guirado (1986) pesquisou e discutiu a questão da "carência afetiva" e da "infração", a partir tanto das teorias psicológicas – em especial, a psicanálise – como de seu estudo de campo, realizado com a clientela (crianças/adolescentes internos) e os agentes institucionais (monitores, assistente social, psicólogo) da FEBEM (Fundação Estadual do Bem Estar do Menor). Nesta pesquisa, a autora questionou a afirmação da "carência afetiva" e da "infração" (como ausência de lei) como atributos e identificação das crianças e adolescentes internos, mas as afirma (a carência e a infração) como presente na qualidade das relações estabelecidas entre agentes e clientela da instituição concreta "FEBEM". Este questionamento, ao nosso ver, contribuiu de forma significativa para a relativização e contextualização dos conceitos legitimados de carência e periculosidade, pelos quais esta clientela era concebida (e nomeada) na condição de internos de uma instituição fechada – como abandonados/carentes e infratores/sem lei. Nesse sentido, este trabalho colocou em análise os posicionamentos dos agentes-profissionais – incluindo os psicólogos – e não somente da clientela. Análise da implicação tomada como oportunidade de afirmar um certo movimento da instituição (ou institucionalização): na direção de uma "conservação" da criança no abandono e na infração. De nossa parte, se a aproximação com o trabalho de Guirado (1987) deveu-se, primeiramente, à semelhança do objeto de estudo, por tratar da clientela histórica do Poder Judiciário (infância/adolescência abandonada e/ou infratora), logo em seguida, distanciamo-nos, (somente) de certa forma, do objeto de estudo e aproximamo-nos das concepções de objeto e método, em psicologia, tal como desenvolvidas pela autora (Guirado, 1995).

descrição do perfil psicológico pelas ausências marcadas nas "biografias"), mas como um sujeito descentrado e heterogêneo, marcado pelas relações e posições que "assume" nos mais diversos contextos (da pesquisa acadêmica, do *psicólogo judiciário da infância e juventude*, entre outros), reconhecendo-se e desconhecendo-se das mais diversas práticas (e seus agentes) institucionais.

Sobre a noção de instituição, como uma prática social, tal como apropriada[17] por Guirado (1986, 1987, 1995), esta possibilitou pensar na "institucionalização" da *situação de rua*, mesmo que não em instituições-estabelecimentos fechados e fez-nos perguntar sobre como a relação abandono-infração seria representada/vivida, atribuída-assumida "em circulação", em *situação de rua*. Perguntávamos, então: que tipos e modos de práticas institucionais surgiam neste novo cenário de "abertura das instituições"?

E, ainda, sobre a noção de discurso, podemos afirmar, com D. Maingueneau (2000), autor trabalhado por Guirado:

> (...) o *discurso não é um objeto, mas uma abordagem*. E essa abordagem da linguagem pode ser assumida por várias disciplinas. O que há de comum entre elas é o pressuposto de que quando falamos, quando escrevemos, entramos num campo de realidade específico, que o discurso é uma realidade que pertence a outra ordem, diferente da ordem sintática ou morfológica. Além disso, partilham do pressuposto que *falar não é "expressão" do pensamento de um sujeito que utiliza a linguagem como instrumento, mas entrar numa instituição que domina o sujeito. Falar é entrar nessa "ordem do discurso", para retomar a fórmula de Foucault.* (2000, p.22) [grifos nossos]

Para Maingueneau (2000), analisar discurso é pensar a relação entre lugar social e uma certa organização textual (p.23). O autor vai fornecer um tratamento específico à noção de instituição e gênero de discurso:

---

[17] A noção de instituição, proposta por Albuquerque (1978), como "um conjunto de práticas ou de relações sociais concretas (que se reproduzem e, nesta reprodução, se legitimam)" (Guirado, 1987, p.72).

> (...) não devemos pensar essa articulação por meio da problemática tradicional, da linguagem como representação. Um gênero de discurso, por exemplo, é um dispositivo que regula a produção de discurso. E estudar esse gênero de discurso é estudar o discurso como atividade. (Maingueneau, 2000, p. 26)

Um método, então, concebido como uma "estratégia de pensamento" e utilizado para entender não mais os "abandonados e infratores internos", mas um novo tipo de clientela que com eles mantinham relação de proximidade, mas, também, de distanciamento: as crianças e adolescentes que permaneciam nas ruas, considerados muitas vezes em "abandono" e/ou "infração" e localizados em um espaço (instituição) aberto(a).

Em um movimento afirmativo (pela presença) sobre a relação entre a infância e a rua, buscava, como uma psicóloga pesquisadora (uma outra prática institucional-acadêmica) e não mais como "psicóloga judiciária da infância", afirmar algo para além da "conservação" da criança/adolescente em *situação de rua* e a sua "condição" de carência e/ou de infração, precariedade, ausências, etc.

A meninice nas cenografias urbanas

Foi na *rua*, então, um espaço/cenário institucional concreto de circulação e permanência da *infância* (pobre) - como uma "instituição aberta" -, que realizei meu estudo de campo, no período entre janeiro/2000 e dezembro/2001. Durante esse período, transitei pelas ruas da cidade de São Paulo por diversos horários e dias. Circulando pela região central da cidade, defini, inicialmente, dois lugares: o Vale do Anhangabaú, localizado no chamado centro antigo, e a Avenida Paulista, considerada o segundo centro da metrópole ou o "centro novo"[18].

[18] Mesmo a Avenida Paulista, como aponta Frúgoli Jr. (2000), é um "centro novo" que está perdendo este caráter de "novidade" para a formação de outros desdobramentos da centralidade metropolitana – "tresdobramentos" – como, por exemplo, a formação de uma "subcentralidade" em torno da Avenida Berrini.

Observava as cenas urbanas e conversava, às vezes com registro em áudio, com crianças, adolescentes e (alguns) adultos sobre as relações que mantinham, as atividades que desenvolviam e sobre a vida que levavam na e "com" a rua, destacando os modos como subjetivavam tais condições – ou seja, em um cenário "institucional aberto" e "descentrado".

De tais observações e conversas, destaquei alguns encontros e "personagens" que, por sua vez, viraram cenas e sujeitos da pesquisa, cujo discurso produzido foi foco de atenção, de análise e de reconstrução das cenas – recriadas na escrita da tese e resumidas neste artigo[19].

Desta forma, na análise do material produzido nos encontros (anotados) e entrevistas (transcritas), procurei afirmar algo mais do que as carências... Procurei e focalizei a atenção nos personagens (inclusive, a pesquisadora) que surgiam no discurso e, nas cenas produzidas, os lugares de reconhecimento e/ou desconhecimento que estes ocupavam e no modo (subjetivo) em que tais referências (heterogêneas) eram organizadas, ou seja, a arrumação das tramas enunciadas nas cenografias urbanas (de pesquisa).

Os modos de reconhecimento e de desconhecimento com o espaço da rua

O "filho Fred" e os "irmãos da Paulista": a família

O filho Fred[20] (2 anos) com sua família na rua

William (22 anos), Roberta (21 anos) e Fred (2 anos) constituíam uma família - respectivamente, pai, mãe e filho - que "moravam na rua". Dormiam na marquise de um cinema; no período na manhã, permaneciam no Vale do Anhangabaú; e, no período da tarde, iam para a "comunidade", como chamavam o local onde permaneciam, recebiam alimentação e tinham acesso a serviços de higiene pessoal

[19] Os procedimentos de análise dos encontros e das entrevistas foram descritos na 2ª parte da tese em questão (Silva, 2002).

[20] Os nomes das pessoas que participaram da pesquisa são fictícios e serão apresentados pelas iniciais nos recortes das entrevistas.

e de seus pertences (tomavam banho e lavavam roupas). No total, foram quatro encontros.

Apesar de William e Roberta não serem crianças ou adolescentes e o filho Fred ser muito novo, tais encontros foram incluídos na pesquisa em dois momentos. No primeiro, destaquei a presença de Fred – uma criança – com os pais na situação empírica dos encontros (na rua) e, principalmente, pelo modo como ele surgia no discurso dos pais.

No outro momento (que será apresentado adiante), destaquei a história passada e presente de William que, com seus 22 anos (quando ocorreram os encontros, no ano de 2000), disse ter "morado na rua" desde os nove anos de idade, com intervalos em que esteve na FEBEM, durante a adolescência, e na prisão, na maioridade. Se fizermos as contas, a partir dos dados fornecidos por William, ele teria ido para rua por volta de 1987, "contando", assim, um pouco da história da *infância de rua* no Brasil.

Nos encontros com eles, tive a oportunidade de presenciar situações familiares do tipo: Roberta estendia roupas no banco; William, sem camisa, se espreguiçava, deitava e se levantava do banco, reclamando de sua rinite, do calor ou do frio; ambos dividiam a comida com Fred, bem como a atenção.

No último encontro, cheguei a presenciar um conflito entre o casal: uma discussão, uma cena de ciúme. Ainda no momento da briga, William se dirigiu à Roberta, incluindo-me em sua fala: "vai conversar com a mulher pra ver se melhora as idéias", com quem Roberta posteriormente confidenciou os segredos – e a trama – da briga. Uma certa familiaridade instituía uma cena doméstica em pleno ambiente da rua.

Já em relação ao Fred, William atribuía à pesquisadora um lugar de "tia". Fred fazia experimentações táteis e vocais com o gravador, sob a minha supervisão e a dos pais. Dessa forma, surgia um espaço lúdico reservado ao Fred na situação dos encontros no espaço da rua.

(W) Fala. [referindo-se ao Fred]
(P) O Fred que vai falar?
(F) (...).
(W) Não, não. Fala. Não, você tem que falá aqui [aponta para o gravador].

(P) Fala aqui.

(W) Deixa a tia fazê outra coisa então. Vem cá, vem. Depois você fala um pouquinho ali.

Fred com sua família que morava nas ruas, além da presença marcada por momentos lúdicos, foi incluído, na produção discursiva dos pais, no contorno familiar e como foco de atenção especial. Ocupava um lugar, ao lado da mãe, a quem era delegado o cuidado com a saúde e desenvolvimento do filho; e ambos sob proteção do pai que, por sua vez, mostrava sua "autoridade" no universo da rua.

Fred, ainda no discurso da mãe, tinha acesso também à creche, entendida aqui como uma prática institucional reservada à infância. Mas foi interessante observar que enquanto Roberta fazia esse comentário, dizendo que havia conseguido uma vaga para o filho na creche, víamos, a certa distância, William andando com Fred, abordando pessoas na rua e "pedindo dinheiro".

Fred surgiu, também no contorno familiar, para apontar a necessidade de providenciar a alimentação: "acordar para conseguir o leite" e, mais tarde, "conseguir o almoço". Sobre este "conseguir", William afirmou, em determinado momento: "Eu peço mesmo, não vou mentir pra senhora não, a senhora viu a gente pedindo"; e complementava: "eu tenho que levar ele [Fred], pois se pedir sozinho, ninguém dá [dinheiro]".

Sobre a rotina familiar na rua, William e Roberta falaram também sobre uma "circulação" entre instituições de assistência e de um cotidiano marcado pela vontade e dependência direta de terceiros (da compaixão à hostilidade presente "no preconceito das pessoas")[21]; da regulação e da arbitrariedade de agentes de segurança pública; e da ameaça e intolerância dos "justiceiros", com suas práticas de extermínio[22].

O lugar que Fred ocupava no discurso dos pais apareceu associado, portanto, a situações em que regulava a atenção e o ritmo cotidiano da família. Marcava uma estratégia de sobrevivência quando ele (Fred) surgia como companhia/ferramenta do "trabalho de

[21] Como disse Rose, uma pessoa que encontrei no início do estudo de campo: "as pessoas acham que a gente [que mora na rua] não é humano".

[22] Esse cotidiano será detalhado mais adiante, no item referente a "uma vida na rua" de William.

pedir" com o pai.passava suas experiências infantis no espaço da rua, em uma condição de exposição, e dependência da vontade (e arbitrariedade) do outro, embora tais experiências fossem mediadas pelos pais, como descritas por eles, e ocupassem um foco de atenção superdimensionado: era uma "proteção em exposição".

Os irmãos Renato (10 anos) e Juninho (11 anos) na Paulista: a família e a rua

Renato e Juninho vendiam bala no sinal de trânsito de uma rua transversal à Avenida Paulista. Eles moravam com a família – pais e irmãos na cidade de Diadema, região metropolitana de São Paulo. Foram cinco encontros: o primeiro, com Renato que finalizou com as apresentações à sua mãe e ao Juninho; o segundo, com os dois irmãos; e os outros três foram com Juninho, sendo que a mãe apareceu ao final de um deles.

Nos encontros, ao apresentar o gravador e durante as entrevistas, "os irmãos" faziam experimentações vocais (assobios, etc.) e pediam para escutar a própria voz gravada. O lúdico estava presente no contorno das cenas. Esta marca foi, inclusive, atribuída e autorizada pela mãe dos meninos, quando, ao final do primeiro encontro, disse:

> (M) É, eu tô indo embora, filha.
> *[23]
> (M) Aí, ela vai trazê [a fita], a tia vai trazer pra vocês ouvirem, tá?

No discurso da mãe, eu ocupava um lugar de "filha" quando aparecia a ela relacionada e de "tia" quando referida ao Renato – um genérico familiar. No ordenamento que forneceu neste final, a mãe dos meninos deu um contorno recreativo ao uso do gravador (que já havia sido anunciado por Renato, mas, nesse momento, era instituído por ela), pois meu retorno era motivado pela escuta da gravação e não necessariamente pela continuidade da pesquisa.

Nestas cenas "familiares" e recreativas, os irmãos viveram e mostraram pequenos conflitos, rivalidades e – mesmo em uma condi-

[23] Os asteriscos indicam que foram feitos recortes na seqüência das falas.

ção de exposição no espaço da rua – cumplicidades entre eles. Preservavam alguns segredos familiares.

A mãe estava presente nas diversas referências ao espaço e às atividades que os irmãos (Renato e Juninho) desenvolviam na rua: motivo da permanência (trabalhar, acompanhar), organização no tempo (chegada, saída, descansos) e no espaço (ela em um ponto e eles em outro). Já o pai aparecia de modo irregular: ora secundário e/ou sem potência ("doente", "no hospital", "em casa"); ora como aquele a quem tentavam preservar a imagem de trabalhador ("o pai trabalha, né mãe?").

Além da tentativa de preservar a imagem do pai, podemos apontar um outro momento em que a imagem da mãe foi foco de revelação, segredo e cumplicidade.

Quando Juninho comentava sobre o destino e distribuição do ganho com a venda de bala, eu não entendi direito o que falava e, por isso, indaguei:

(P) Como é? Dos dez, você fica com um?

(R) (...)

(J) É assim, ó, eu faço assim: eu ganho dez reais duma moça. Aí, eu vô lá: mãe, aqui, eu ganhei dez reais, a mulher comprou a bala. Ela vai lá, tira um real só e ela me dá pá mim e os dez reais ela dá pá ela. Eu dô pá ela, quer dizer...

(R) O mais engraçado foi ontem, ele tava jogando bola, né? Ele nem bateu no moleque...

(J) Aqui, ó, eu tava jogando bolinha de gude, aí, lá no meu quintal. Aí, depois, aí, eu joguei a bola errada, aí, coloquei, peguei a outra bolinha dele e coloquei em cima (tapão?), aí depois, aí depois, eu peguei e eu matei com a bolinha assim. Eu matei. Aqui, paguei [risos]. Ele é legal, né? Renato ficou dando risada.

Com um modo de perguntar ambíguo (um "como é?" que queria entender ou tirar satisfação?), Juninho explicava e se confundia. Logo depois, Renato entrou em cena e fez um corte abrupto na seqüência, redirecionando o assunto. Fez um comentário sem acusações para o Juninho – o que não era muito comum ("Ele nem bateu no moleque"). Juninho o acompanhou, em sintonia, e contaram histórias em que foram parceiros. Revelava-se, mas também, interditava-se.

Com os *irmãos*, o universo da rua não surgia de forma antagônica ao universo da família (da casa). Mesmo compartilhando da mesma referência familiar, Renato e Juninho apresentavam matizes quando enunciavam tal referência.

Para *Renato*, a rotina da rua se confundia com a rotina da casa. Referia-se às pessoas da "rua" que também eram as "pessoas" da família (o "japonês da banca" que era "amigo da mãe" e sabia "o apelido do pai").

Apesar de uma aparente fusão entre a "família" e a "rua", foi possível verificar marcas de diferenciação. O contexto urbano em que nos encontrávamos – a avenida Paulista – aparecia como lugar de trabalho, onde Renato ficava sob a supervisão próxima e distante da mãe e, às vezes, do pai. Em outros momentos, havia referências à "rua" perto da casa – a "ruinha" como disse Renato –, que aparecia como um lugar permitido ao brincar, mas que também era regulado por figuras familiares ("Na rua o meu irmão não deixa não. Só quando ele tá em casa").

Renato chegava a dar-nos impressão de que a mãe/família não mediava somente a sua relação com a rua, mas mediava a sua relação com o mundo (quando perguntei se ele gostaria de estar em outro lugar – que não a rua –, ele respondeu: "Eu gosto de ficar com a minha mãe").

Todavia, com uma análise mais depurada, foi possível diferenciar algumas das relações que destacamos no discurso de Renato: o brincar – um conhecimento sobre algo em que assumia autoridade. Em um brincar irradiado, Renato marcava sua subjetividade (infantil). Marcava seu reconhecimento com a rua (quando perguntei o que ele fazia, ele respondeu que "fazia bala"); sua relação com a escola (quando falou de sua preferência pela hora do recreio); e os momentos dos encontros em que mostrava perspicácia e esperteza em relação ao irmão e à pesquisadora. Descrevia facilmente preferências e objetivos lúdicos: *bike, videogame, mini-game, skate,* etc.

Se foi mostrado até agora um brincar irradiado no discurso de Renato, este também terá as suas delimitações, o que ele exclui desse tipo de atividade, como mostrado a seguir:

(P) Aí, depois que você volta da escola e brinca, o que você faz?

(R) Brinca.

(P) Brinca de novo
(R) Não, brinca não. É, é, é, televisão.

Se para *Renato* a relação com o trabalho na rua aparece muitas vezes de forma indiscriminada com a mãe, para *Juninho*, esta relação será delimitada e sempre referida. Ela – a mãe – aparecia, no discurso, como quem regulava o cotidiano do trabalho na rua e a rotina doméstica, demarcando o tempo e as atividades.

Juninho ora mencionava a companhia da mãe; ora, com o uso do discurso direto, dialogava com ela: "Hum, ah! Aqui... é legal aqui... eu venho com minha mãe todo dia. Às vezes eu ganho, às vezes, não vendo"; "minha mãe fala: 'vai toma banho filho', aí, eu vô lá, eu tomo banho, depois eu, ... eu visto minha roupa pá ir pá escola.").

A mãe apareceu como figura de autoridade e também como recurso para legitimar a sua própria autoridade ("a mãe falou"). A figura do pai é quase inexistente em sua entrevista, aparecendo somente uma vez para mencionar a sua ida ao médico:

(J) Ele tá ... ele [um irmão] tá vindo pá vê meu pai lá no médico.

Esta discriminação da figura da mãe veio acompanhada de outras discriminações, quando surgiram outros personagens e cenas (da rua) na fala de Juninho.

Ao perguntar sobre a positividade de permanecer no espaço da rua, ele disse:

(J) Uma coisa ..., coisa legal, nós ganhamo brinquedo, tá quase chegando o Natal [estávamos no mês de novembro].

E sobre a negatividade de permanecer naquele espaço, ele disse:

(J) A mais ruim, é que, é... é... o, os moleques que fica aqui, nós juntos.
(P) Han?
(J) Sabe aqueles moleque[24] aí, tá aí? O mais ruim é eles ficá aqui, por causa que o policial... né... manda nós saí...

[24] Os "moleque(s)" mencionados por Juninho eram dois meninos que estavam mais ou menos próximos de nós, com "jeitos e trejeitos da rua": roupas acinzentadas e fora do tamanho, descalços, andando entre os carros e com uma abordagem ostensiva aos motoristas.

Juninho identificou a positividade da rua como a possibilidade de "ganhar brinquedos", como aquisição de bens de consumo lúdicos (brinquedos e uma bicicleta no Natal), aos quais não teria acesso se na rua não estivesse.

Como negatividade, surgiu justamente a presença dos "moleques" que foram incluídos no discurso em um lugar de exclusão, distanciamento. Inclusive, sendo o único momento em que a "polícia" apareceu no discurso de Juninho, pois, segundo ele, quando os "moleques" estavam por perto "a polícia tirava eles de lá".

A negatividade da rua apareceu justamente quando existia a possibilidade de ser confundido com os "moleques", aqueles considerados "crianças de rua", que atrapalhavam a tranqüilidade de sua permanência naquele lugar.

Marcava-se aí, a aparição da *infância de rua* no discurso produzido nos encontros com os irmãos Renato e Juninho, mas em um lugar de desconhecimento (com esta *infância de rua*) - e mencionado somente por Juninho.

Os "amigos da Paulista": a atividade que exerciam

Luis (11 anos), Maria Clara (13 anos), Francisco (14 anos), Fábio (12 anos), Daniel (11 anos), Ednaldo (10 anos), Débora (14 anos), Vânia (6 anos), Ivo (10 anos)[25] eram amigos que trabalhavam na "Paulista", como eles se apresentaram e definiram a atividade que exerciam: limpavam pára-brisas e retrovisores dos carros no sinal de trânsito de uma rua transversal à Avenida Paulista. Todos moravam no mesmo bairro, na região periférica da cidade de São Paulo. Foram quatro encontros, quando registramos "entrevistas" com o gravador.

Nos encontros, ao apresentar o gravador, "os amigos" instituíram uma cantoria, criando ludicamente um (gênero de) programa de variedades, com multiplicidades de intervenções faladas e musicadas.

[25] O contato e entrevista com as meninas Débora, Maria Clara e Vânia mostraram aspectos interessantes a serem analisados. Todavia, considerando o conjunto dos atores das cenografias criadas neste trabalho de pesquisa, preferimos não destacá-las como protagonistas porque iriam ampliar ainda mais a diversidade das situações em análise.

Tudo isso acontecia em pleno "horário de serviço", o que mostrava que a diversão podia atravessar a rotina trabalhista dos mesmos. O lúdico e a mídia eram colocados em cena no trabalho nas ruas.

O momento de "entrada" na gravação era marcado por uma auto-apresentação.

(L) Meu nome é Luis, tenho onze ano e fico aqui na rua trabalhando, pra ajudá minha mãe construí a minha casa. A minha mãe trabalha, o meu pai tá doente. E minha mãe trabalha de faxineira na escola, eu fico aqui na rua pra ajudá minha mãe. Só. E dia de semana eu vô pa escola e sábado e domingo eu fico aqui.

*

(F) Meu nome é Francisco.

[risadas]

(F) Meu nome é Francisco, minha mãe trabalha no prédio de faxineira. Eu venho aqui todo sábado, todo domingo pra ajudá minha mãe e..., e vou pra escola final de semana e... [risos]

[risadas]

(F) E, e, ajudo e... meu pai, meu pai tá internado. E só. Deixa eu falá mais uma coisa [risos].

*

(D) Meu nome é Daniel. Tenho onze anos, eu estudo.

[risadas]

(D) É... e o apelido eu não vô falá. (...) Eu estou aqui pra, pra ajudá minha mãe.

Luis, *Francisco* e *Daniel* descreviam histórias semelhantes de maneiras diferentes, com um estilo peculiar. Luis colocava tudo em seu lugar: idade, atividade, motivo, dia de escola e dia de trabalho. Francisco apresentava-se com um lapso ao associar a escola ("vou pra escola final de semana") ao período em que havia acabado de descrever como estando na rua ("Eu venho aqui todo sábado, todo domingo"), provocando risos nos amigos. Daniel, bem determinado em sua apresentação: falou seu nome, idade, atividade e de um apelido que ele não ia revelar (como não revelou), explicitando, com isto, uma aproximação, mas ao mesmo tempo, uma certa distância que preservava segredos frente à pesquisadora.

Esta estratégia de interdição, utilizada por Daniel (no início e no final da "entrevista"), esteve presente em outros momentos dos encontros. Por exemplo, na "guerra" que travavam contra as meninas (Débora e Vânia), atribuindo-lhes um modo próprio e gozador na expressão "Piolho Seco", eu, como "elas", também não tinha acesso.

Já no que dizia respeito às referências de seus personagens "musicais" e "televisivos" (algumas músicas e programas de televisão), algumas vezes, eu compartilhava ou apenas conseguia identificar. Em outras, desconhecia tais referências. Nessas ocasiões, eles, algumas vezes, contavam as histórias (da música e da televisão), e em outras, eu permanecia no desconhecimento.

Além desses lugares de proximidade e distanciamento, foi atribuído à pesquisadora um lugar de "tia" em diversas condições e sentidos, dos quais destaco três. Uma "tia" a quem Luis, ainda no momento das apresentações iniciais, "pediu um trocado". Constituía, então, uma "tia-clientela" (em potencial) dos "trabalhadores na rua".

Uma "tia" que organizava e, com isto, controlava/ordenava (com certos limites) o uso do gravador na hora da cantoria e no contorno da "entrevista entre eles".

E, também, uma "tia" que protegia de situações exteriores ao grupo, de terceiros, como mostrada na seguinte cena. Luis, de repente, pediu para que eu permanecesse ao seu lado ("fica aqui, tia"). Não entendendo o motivo, indaguei. Ele respondeu: "é que os polícia tava passando". Nesta cena, não tinha dúvida, ocupava o lugar de uma pessoa (um adulto) sem aparência de "ser da rua" que era companhia e, ainda, para Luis, era proteção dos policiais (agentes de segurança pública), inscritos no lugar de responsáveis por impedir a permanência deles no local (de trabalho). Desta forma, Luis delegava um lugar de proteção, como estratégia de sobrevivência "na rua", a uma "tia" que acabara de conhecer.

Além do registro em áudio das apresentações e da cantoria, tinha também, o registro das entrevistas individuais – que foram realizadas em outro dia. Nestas, em geral, todos mudavam de postura ao dar início e era assumido um ar de formalidade, no meio de tanta informalidade. Mas, mesmo assim, tais entrevistas individuais contavam sempre com participação dos demais, de maneiras distintas, e com um modo de posicionamento do "entrevistado" que fornecia um maior ou menor enquadre à entrevista. Dessa forma, comecei a traçar uma singularidade possível no modo que se conduziu e foi conduzida cada entrevista nas cenas empíricas da rua.

Se o reconhecimento com o espaço da rua era mediado pela atividade de trabalho, procurei mapear as formas de organização e os modos pelos quais falavam conduzir tal atividade, destacando os modos de cada um dos meninos subjetivar tais condições (de trabalho na rua).

Os *amigos da Paulista*, de modo geral, marcavam uma referência espacial e temporal regular quando falavam do local de trabalho (a esquina, o sinal) e o dia certo (mesmo que final de semana). Mostravam, também, seguir o calendário anual: aceleravam o ritmo de trabalho no período natalino e tinham as "férias" que coincidiam com as férias escolares[26].

Em especial, o período natalino foi descrito como um acontecimento, no passado e em um futuro próximo ("no ano passado", "nos outros anos", "nesse ano"). Evidenciava-se a criação de estratégias especiais de trabalho associadas à percepção do mês de dezembro como um período de maior "faturamento" ("fazer dinheiro"[27]) que, por sua vez, vinha acompanhada de uma outra estratégia e "oportunidade": de dormir na rua, "passar a noite" na rua.

Todavia, esta mesma atividade regular (prestação de serviço de limpeza dos carros no sinal de trânsito), e alguns acontecimentos a ela relacionada, foi marcada, no discurso dos meninos, por uma multiplicidade: o trabalhar, o pedir e o pegar.

Ednaldo mostrou uma relação com sua atividade de modo bem delimitado: uma *prestação de serviço*. *Ivo* inseriu a atividade de "pedir" (sugerida por intervenção do Daniel) com uma certa rejeição e consentida somente em situações especiais ("só peço quando não tenho rodinho e flanelinha", ou seja, na ausência de material de traba-

[26] O último encontro foi em pleno clima natalino (23 de dezembro). Cheguei no final da tarde e perguntei como tinha sido o dia. Comentaram que o dia tinha sido "legal" e que estavam indo para casa. Perguntei se eles estariam por lá no mês de janeiro e eles responderam que estariam de férias, retornando somente em fevereiro.

[27] Foi possível observar que a relação tradicional entre o *meio-trabalho* e o *produto-dinheiro* era marcado pela atividade de "fazer dinheiro" com uma lógica – pelo avesso – que não é estranha ao contexto da região em que se situavam: os "trabalhadores" da Paulista, como um centro financeiro, também, "fazem dinheiro".

lho). *Luis* assumiu esta atividade do "pedir" com regularidade. *Francisco*, ora se apropriava da atividade de trabalho, ora não. E *Fabrício* assumia tais atividades – trabalho e pedir – com marcas de indeterminação.

Já a atividade do "pegar" foi introduzida quando os meninos contavam um episódio ocorrido no Carrefour que foi mencionado por quase todos com uma certa ambigüidade: ganhavam e/ou pegavam as mercadorias de uma loja do Carrefour daquela região?

Tal episódio foi introduzido por *Ivo* como uma conduta inadequada; concebido por *Fábio* como uma ocasião em que "pegavam as coisas"; como uma história engraçada por *Francisco*; como algo conflitante por *Luis* (ora tratado com diversão, ora com seriedade), e como uma atividade regular e uma história "boa" da rua por *Daniel*.

Na multiplicidade do modo de falar da atividade que exerciam, transitavam entre o "pedir dinheiro" para ajudar na renda familiar, o trabalho/prestação de serviço e o "pegar" com ou sem autorização (neste caso, um furto) do proprietário ou vigilante de um estabelecimento comercial.

A condição de pobreza da família surgiu sempre como motivo principal para o exercício do trabalho na rua. Algumas vezes, tal motivo chegou a aparecer relacionado ao rompimento da convivência parental, sendo o pai apontado como o agente da separação que, também, seria responsável por intensificar a carência econômica da família ("não tinha, é..., coisa assim, né, de comê lá em casa") e introduzir a criança no universo do trabalho na rua ("Aí, aí a minha mãe trabalhou aqui, aí me levô, aí eu tive que arruma dinheiro").

A família também se relacionava ao processo de iniciação ao "trabalho na rua". Este, quando mencionado, era atribuído na maioria das vezes à mãe e aos irmãos mais velhos na maioria das vezes e, em outras, por "amigos de escola", como no caso de *Francisco*.

A família aparece, ainda, na distribuição do produto do trabalho, sendo normalmente uma maior parte para a "mãe" e uma menor para eles – variando a porcentagem. A parte da "mãe" constituía a "ajuda" – contribuição na renda familiar – e a parte deles era destinada à aquisição de objetos de consumo que, poderíamos dizer, não eram considerados de necessidade para sobrevivência, mas sim, eram por eles colocados como necessidade (subjetiva), inscrevendo-se assim um desejo de consumo – que chegou a ser definido por *Ednaldo* como comprar "besteiras". Referiam-se a esse tipo de consumo relativo à alimentação (doce, salgadinho, biscoito, "danone") e ao jogo eletrônico – uma "ficha de fliperama".

A condição da família, então, aparecia relacionada ao trabalho na rua pelo motivo, iniciação e a quem se destinaria o ganho com a atividade. Dessa forma, percebe-se que o "trabalho na rua" e a "família" apresentavam-se separados, mas com uma relação constante e de dependência mútua.

A escola, como instituição historicamente complementar à família, surgiu como referência constante, apesar de aparecer de modo irregular. Destaco o lugar que ocupou no discurso de *Ivo*, como uma referência atraente pela alimentação ("comida gostosa") e aversiva pela violência ("os outros bate na gente").

No discurso dos meninos, os agentes institucionais de proteção à infância e de segurança pública apareceram ora convivendo pacificamente ("o conselho tutelar acabou de passar"), ora de modo conflitante ("os polícia tira nós daqui").

À polícia eram atribuídos diferentes sentidos: o aspecto negativo da Paulista (*Ednaldo*), na composição da orientação e localização na própria Paulista (*Ivo*), o aspecto negativo do lugar onde moravam que era apresentado de modo mesclado com a sua "clientela" (quando *Fábio* falava dos "carros de polícia e ladrão").

Até aí, a polícia assumia, no discurso dos meninos, a responsabilidade pelo impedimento da permanência no local de "trabalho". Mas, para Luis e Daniel, além de marcar tais referências, a polícia, em conjunto com as instituições de atendimento à infância em "meio aberto", impulsionavam ações e a criação de estratégias de fuga. (*Luis* e *Daniel* que diziam correr e fugir da polícia e do S.O.S.[28]). A circulação era instituída, então, no discurso, na relação com tais práticas institucionais.

Como marca, então, da cenografia montada com os "amigos da Paulista", destacava-se o movimento de crianças e adolescentes que, para lidarem com as exigências de trabalhar para ajudar em casa –

[28] Programa de atendimento à criança, ao adolescentes e famílias em "meio aberto" do município de São Paulo.

por necessidade econômica – e de consumo infanto-juvenil, aproximaram-se das/nas ruas. *A rua, portanto, aparecia ao mesmo tempo como possibilidade de sobrevivência – em uma sociedade de consumo – e, nesta aproximação, de exclusão. Estavam no trânsito entre o "estar na rua" desenvolvendo alguma atividade, no caso trabalhista, e o desconhecimento com o "ser de rua".*

Os "amigos de vista": a vida cotidiana

João César (11 anos), Jonas (11 anos), Ronivaldo, Ronaldo e Diego formavam um "grupo de amigos que se conheciam de vista", como caracterizou João César, que moravam/circulavam nas ruas. Foram dois encontros que ocorreram em uma praça, próxima ao Vale do Anhangabaú, quando gravamos alguns "depoimentos".

Tais encontros foram marcados por momentos breves, com interrupções contínuas e a incerteza de um próximo encontro. Conheci João César em um dia, marcamos para nos encontrar no dia seguinte, ao meio-dia. Consegui encontrá-lo às quatro horas da tarde. Conversávamos e, de vez em quando, ele cheirava cola (mesmo com a minha tentativa de negociar a interrupção naquele momento). Até que começamos fazer o que seria a entrevista com o gravador. Logo depois chegou Jonas, que se mostrou curioso com o que estávamos fazendo. João César, de repente, saiu de cena e foi dar uma volta. Enquanto isso, Jonas permaneceu ao meu lado, quando Ronivaldo, Ronaldo e Diego chegaram. Ronivaldo se aproximou, conversou conosco e cantou ao gravador. Ronaldo, extremamente entorpecido pela cola, mantinha distância e, quando se aproximava, assumia uma relação de oposição ao que estava sendo feito. Diego chegou perto de nós somente no final e manteve-se, na maior parte do tempo, sem falar muito (os demais diziam que Diego tinha oito anos e acabara de "fugir de casa"). João César voltou, conversamos mais um pouco e terminou a "entrevista".

Neste encontro, também foi criada uma cena discursiva (televisiva) de "cantoria" – apesar de mais entrecortada. Mas, além desse gênero discursivo, foi instituído, por João César, novamente ao estilo lúdico, um outro gênero televisivo, semelhante a um *talk-show*, quando ele falava, cantava, fazia enquetes, entrevistas, apresentações do cenário e dos personagens da rua. A marca lúdica estava presente e, nestes encontros, veio acrescida de uma "brincadeira entorpecida".

Ronivaldo, no momento da despedida, distante de mim e falando alto, dizia (denunciava) que João César "pedia e tirava as coisas dos outros", mas que com "a tia era sacanagem, porque ela era legal". Ronaldo dizia que não iria fazer ("tirar as coisas"), mas, se quisesse, "podia" fazer. Acrescentava-se à "clientela" para quem se pede (dos "amigos da paulista") a clientela de quem se "tira" (novamente uma "tia-clientela" aparecia).

Também no momento da despedida, distante e falando alto, Ronaldo ameaçava Luis, dizendo que "ele não podia começar a falar as coisas". Ronaldo, então, assumia a autoria de uma fala que não somente negava acesso (das "coisas" à "tia"), mas ameaçava quem ousasse revelar. As interdições, que antes surgiam com autoria dispersa no discurso, naquele momento, apareciam centralizadas na figura de Ronaldo.

Dos "amigos de vista", destaquei *Jonas* e *João César* por ter conseguido alguma proximidade com eles e, com isto, poder apontar o estilo de reconhecimento e desconhecimento que eles mostraram com o espaço da rua, mesmo nos "breves encontros", evidenciando um modo de reconhecimento mediado pela vida cotidiana que ainda se diferenciava.

Enquanto os meninos cantavam e "cheiravam cola", também falavam sobre (e sob) seus efeitos. Jonas teorizava sobre o efeito da droga, definindo-o como um processo e falando sobre a potência da imaginação, em um dos poucos momentos em que assumia autoridade para falar do universo da rua.

João César não teorizou sobre o efeito da "cola", mas parecia viver a "potência da imaginação", comentada por Jonas. Em especial, depois de um "bafo" – como eles chamavam –, João César quis mostrar a mágica que fazia com a árvore, que somente ele via. Em seguida tentou mostrar para mim uma outra mágica: colocou um canudo – desses de plástico – no banco na praça e, com uma fala carregada de potência, dizia: "deixa eu te mostrar como faço mágica; eu vou adivinhar para onde está caindo" (informo aqui que o canudo estava sobre um banco, na horizontal). Falava do que via "se mexendo" sob efeito do "bafo".

A "cola" além desse modo como foi mostrado, apareceu, em outro momento, para João César, justamente quando eu pedia para ele destacar a positividade de sua permanência na rua:

(P) Fala aí pra mim, o que que você mais gosta aqui da... do pedaço, da rua?

(JC) Ah eu gosto mais daqui é de ficar cheirando cola.

Na relação com situações de violência, surgiu uma outra diferença entre os "amigos de vista". Jonas não falou de violência, ele a vivenciou durante os encontros. Em determinado momento, na disputa por um "bafo", Ronaldo torcia o braço de Jonas e este solicitava ajuda à "tia", para que conseguisse se livrar da agressão sofrida pelo (próprio) "amigo de vista".

Para João César, a violência ocupou outros lugares. Estava presente, no discurso como motivo disparador da sua ida "para rua", quando mencionou que sofria agressão por parte do pai. Quando "chegou na rua", período de iniciação à "moradia", mencionou também que "apanhava" dos moleques. Se havia fugido da violência, acabava por "encontrá-la".

Em outro momento, a violência dos "moleques" aparecia com um outro aspecto: como a negatividade da rua. Todavia, esta mesma "violência" João César chegou a assumir, no discurso, em situações especiais, de modo reativo: "eu bato quando alguém vem batê".

Os agentes de segurança privada (os "guarda do MacDonald" que coloca nós tudo pra corrê") e os agentes de segurança pública (os policiais que "tira nós daqui") surgiram como responsáveis por colocá-los em circulação.

Dessa forma, pode-se afirmar que Jonas "vivia" a violência na posição de vítima; e João César, ora na posição de vítima, ora de agente da violência, mesmo que de um modo "reativo".

Sobre a rotina, podemos apontar novamente uma diferença. *Jonas* chegou a mencionar como lugar de referência, um "abrigo noturno" (moradia provisória?) e não a pura circulação (na rua)[29]. Ele não assumia o lugar de pedinte, mas dizia que "as tia dava suco de goiaba"; também dizia que não "pegava as coisas", a não ser em condições especiais. Mostrava uma circulação por lugares (subjetivos) na rua.

[29] Não chegou a mencionar o motivo de sua ida para rua, sobre os momentos iniciais, o motivo de sua permanência, mesmo quando perguntado por mim.

João César, por outro lado, sobre sua permanência na rua, na atualidade, mostrava um outro tipo de circulação, como veremos a seguir:

(P) E você tem... conhece muita gente aqui ou não?
(JC) Conheço só uns muleque aí, mas eu não sei o nome não.
(P) Não?
(JC) Conheço assim de vista né?
*
(P) Você conhece eles?[refiro-me a Jonas, Ronivaldo e Ronaldo]
(JC) Não, eu vi eles agora, né?
(P) Ah é?
*
(P) ... e você dorme aonde?
(JC) Ah... eu dorme em qualquer lugar.
*
(JC) Ah, eu dorme num lugar diferente, não dorme sempre num lugar só.
(P) E normalmente aonde você... você dorme... eeé...
(JC) Às vez eu dorme aí de frente aos bar... às vez nas loja... nas porta das lojas... qualquer lugar eu durmo... às vez no bancos da praça...
*
(P) Humm... e você acorda que horas?
(JC) Eu acordo qualquer hora, às vez de manhazina... às vez eu acordo seis hora que nem tem uma... bonita menina passando aí hem... fiu fiu aaaaa loucuraaa. [risos]
*
(JC) Quando eu peço às vez as pessoas fala assim: não, não vou dar, você vai usar droga, não vou dá porque você vai gastar com besteira. Quando eu falo que não vou gastar com droga, aí eles fala que é mentira, às vez me xinga, manda tomá no cu...
(P) E é mentira mesmo ou não?
(JC) Não. Às vez eu uso pra droga né? Mas tem às vez que não.
(P) Você usa droga todo dia?
(JC) Não, só de vez enquanto.

Foi possível destacar marcas institucionais do (e durante) o cotidiano falado por João César. Quando ele mencionava as pessoas que conhecia (amigo que não sabia o nome e que "só conhecia de vista" – a expressão que virou o nome deste *grupo de amigos*). Referia um dormir, um acordar, um pedir, um drogar-se, enfim, uma rotina marcada, no discurso, por um "qualquer". Sua referência espacial de "moradia" e sua referência temporal no/do ritmo cotidiano apresentava-se a partir de uma circulação de lugares de modo contingente. Uma rotina dispersiva, mesmo assim, uma rotina.

Pode-se afirmar que *Jonas*, em seu discurso, fez referências ao universo da rua por contrastes, por jogos de oposição, a não ser quando teorizava sobre o "efeito da cola". Ele não assumia um lugar de quem falava com autoridade sobre as cenas das ruas. Jonas falava como se estivesse em processo de aproximação, com um modo de subjetivar "colado e descolado" do universo da rua. Mas não chegava a (e/ou não conseguia) assumir autoridade neste universo de referência (de vida, discursivo) da rua, evidenciado pela exposição dos contrastes e por oposições enunciadas por ele.

João César, nos encontros, já assumiu um discurso integrado com a circulação e o universo da rua. Ele forneceu um contorno subjetivo às cenas criadas, marcado por uma constante multiplicidade de assunção de posições que parecia chegar a um limite da dispersão, mas cujo encadeamento foi traçado, apesar de exigir certo esforço.

William, "pai de Fred": uma vida na rua

William, já apresentado como "pai de Fred", com sua história passada e presente na rua, nos encontros, falava dos modos de subjetivar (integralmente) a experiência de uma vida na rua, dos quais destacarei alguns aspectos.

William, como João César, mencionou a agressão do pai como motivo disparador para sua "ida para a rua". Ele chegou a fazer referências ao vínculo com a mãe (que o buscou na rua algumas vezes), mas esta aparecia como "impossibilitada" de continuar a oferecer proteção pela debilidade de suas condições físicas e, posteriormente, pelo seu falecimento.

Também, como João César, William referiu-se ao período de iniciação à moradia no espaço da rua como uma experiência em que ocupava um lugar-alvo da violência.

Como motivo da permanência (inicial) na rua, William marcou a liberdade do "ficar a vontade", sem "pai e mãe" para regular o cotidiano. E, como motivo da permanência sedimentada na rua, ou seja, não voltar para casa, ou não aproveitar as oportunidades que disse ter tido, William referiu-se a um outro tipo de "liberdade": as "drogas" e "seus efeitos".

Sobre tais "efeitos", William contava histórias:

(W) Então eu começava cherá cola lá do Parque D.Pedro eu vinha pará aqui, não sei como eu vinha pará aqui.

(P) Não sabe?

(W) Quando acabava a brisa da, da cola, eu tava aqui no Vale do Anhangabaú.

William "brincava" com a transposição do corpo, com a "extinção do espaço" e com poderes de instantaneidade (o modo como falava, me fazia lembrar das "mágicas" de João César).

Se a "droga" foi associada à "liberdade", foi representada também como uma necessidade que precisava ser insistentemente saciada que, por sua vez, ao ser saciada, criava uma nova necessidade "em dobro" ("matava a fome que depois vinha em dobro"). Realimentava a necessidade e, neste sentido, aprisionava-se a ela.

(W) Antigamente eu só vivia drogado. Drogado, magro, eu sou magro, né? Mas, eu tinha que tá andando com uma corrente na canela da perna [risos].

(P) [risos]

(W) Na canela porque se desse um vento... era capaz de eu voá. De tanta droga que eu tava usando.

Neste movimento de liberdade, curiosamente, William incluía também marcas institucionais de contenção. A liberdade do "ficar à vontade" foi estendida até o perder-se "no vento" e... ser contida pela "corrente". Em seu discurso, tal contenção foi conseguida, em seguida, na e pela "prisão" que virou, segundo ele, "coisa de Deus".

Na circulação de uma vida nas "ruas", William mostrou referências com marcas de um regulador de tempo e de relações atravessadas por práticas institucionais repressivas misturadas com as práticas disciplinares: o "pai violento", os "moleques que batiam"; os "justiceiros" (responsáveis pelas práticas de extermínios de "menores", segundo William), as "*68 vezes Febem*" (quantidade de vezes que disse ter ficado na "Febem" em regime de "internato" e de "semi-internato") e, posteriormente, a "prisão".

Quanto à prisão, já na maioridade, vale ressaltar que o cenário penitenciário e seu regime progressivo de pena[30], cumprido por William, marcaram o romance e a história familiar com Roberta, com quem teve o filho Fred.

Na rede de relações amorosas estabelecidas e na composição familiar constituída, destacam-se três momentos: (1) o encontro e o namoro na "penitenciária" em regime fechado, quando tiveram o amigo/pessoa intermediário e as cartas que viabilizaram o primeiro encontro (visita de Roberta) e o relacionamento por correspondência; (2) o período da "colônia" em regime semi-aberto, em que Roberta e Fred moravam na casa de parentes na cidade de São Paulo, faziam contato com William via telefone e este os visitava nas "saídas temporárias"; (3) o período do "albergue domiciliar" em regime aberto, quando William passou a ter sua liberdade controlada pelo compromisso de "assinar a carteirinha do Fórum" mensalmente – foi então que passou (voltou) a viver nas ruas do centro de São Paulo, com Roberta e Fred. O relacionamento familiar foi, então, se consolidando a partir da "abertura" do regime prisional em que se encontrava.

Este terceiro momento, do "albergue domiciliar", era marcado pelo paradoxo da proibição da permanência do espaço da rua (como limite da medida de restrição de direito do regime aberto) e as condições de moradia (na rua) de William. Afinal, como ele só podia ficar até uma determinada hora na rua, como previsto pela justiça, se ele morava na rua?

---

[30] Tal regime progressivo foi tratado por M. Foucault como "mecanismo regulador das penas" em *Vigiar e punir* (1991) e, no contexto brasileiro, encontramos sua regulamentação na Lei de Execuções Penais – Lei nº 7.210/1984.

A partir dessa pergunta, e pelas marcas discursivas mostradas por William, foi possível discriminar uma orientação (residencial), uma espécie de mapeamento subjetivo, sobre e no espaço da rua.

Quando falei do *filho Fred*, cheguei a apontar um contorno familiar e uma exposição à vontade do outro (terceiros) no cotidiano, presente no discurso dos pais. Neste momento, destacarei algumas diferenciações demarcadas por William.

Ao falar da existência de "atividades na comunidade", e de sua ajuda, William transitava por afirmações e simultâneas negações do que dizia.

(W) Nós procura fazê alguma coisa pra não ficá parado, entendeu? Que nem dia de sexta-feira vai umas tia lá que fica encapando uns livro. As pessoa fica conversando com ela, ela ajuda a encapá os livro. Eu não faço nada, né?

(P) [risos]

(W) Eu fico o dia todo deitado. Essa é a realidade, eu não faço nada.

(P) Porque não gosta ou não tem?

(W) Não, não tem nada o que fazê. Vô fazê o quê? Então, em vez de eu tá jogando conversa fora, ficá conversando besteira, eu sô mais ficá deitado o dia todo que assim não fico escutando nada que os outro fala e eu não fico falando besteira, bobeira. Não fico com muita besteira na mente também.

Se, em tese, a "comunidade" teria a função de auxílio e assistência, com a fala de William sobre isto ("Ah, nós dá uma força lá dentro, né meu?) não sabemos quem ajuda quem.

Além da "comunidade", o bar apareceu como um outro lugar discriminado. Em primeiro lugar, o bar foi considerado um lugar não permitido, demarcado pelas ações de "encher a cara" e "perturbar", em contraposição a quietude dos lugares permitidos ("lugar quieto"). Todavia, em um segundo momento, o bar aparecerá como um lugar permitido com a condição de fazer deste um lugar de uso moderado de cerveja ("beber uma, duas, três") em contraposição ao "tomar pinga". O caráter circunstancial desta autorização apareceu quando William mencionou o modo pelo qual conseguia o dinheiro e colocava-o como excedente ("eu arrumo um dinheiro legal, que eu peço, entendeu?"; "Então, tem hora que sobra um dinheiro a mais pra nós, aí eu vô no bar, peço a cerveja, nós bebe, entendeu?).

Apesar da moradia e permanência em um espaço físico agitado, próprio para circulação, William utiliza o critério do sossego para escolha do seu lugar de "moradia": "mais calmo", "mais tranqüilo" em contraposição a outros que têm "muita agitação e muita droga".

Este mesmo lugar de circulação e sossego tem um cotidiano (familiar) marcado também, no discurso de William, pela "polícia", como um agente de segurança pública que apareceu em vários lugares e de modo discriminado.

William, em determinado momento, comentou sobre uma abordagem policial:

(W) ... Outro dia, eu fiquei até tarde na rua, fiquei até umas três horas da madrugada na rua. Aí a Rocan, aqueles cara que... aqueles polícia que... trabalha na moto, né? Que anda de moto, me pararam lá em cima.

(P) Ah, é?

(W) É. Só que não bateram nimim, não fizeram nada comigo, nem geral nimim deram. Só me pararam, pediram para colocá a mão pra trás, mandaram eu levantar a blusa, eu levantei e perguntaram pra mim, né meu? Eu comecei a conversá com eles, né? Eu comecei a ser muito esperto, não sei o que...

*

(W) Tem muitos que mandam embora, tem outros que já não, entendeu? Devido que já passou do horário meu na rua.

(P) Hum, hum.

(W) Eles pode até querê me complicá, entendeu?

A "polícia" apareceu – a única vez neste estudo de campo – destacada por um de seus diferentes "departamentos". William descreveu a "Rocan" – que é um departamento da Polícia Militar de São Paulo, responsável por rondas ostensivas com o apoio de motocicletas.

Nesta abordagem, referiu-se ao que a "polícia" podia fazer: "bater", "dar geral" e "complicá", mas que não fizeram ("não fizeram nada comigo"). A interrupção do percurso de William ("pararam" e "mandam embora"), bem como o manuseio de seu corpo ("Só me pararam, pediram para colocá a mão pra trás, mandaram eu levantar a blusa"), foram identificados como "não fazer nada".

À polícia também foi atribuído um poder de decisão de aplicação ou não da lei ("Eles pode até querê me complicá"), pois reconhecia a irregularidade de sua permanência na rua ("já passou do horário meu na rua"). William mostrava, então, suas estratégias de negociação ("Eu comecei a conversá com eles, né? Eu comecei a ser muito esperto, não sei o que...").

Em um outro momento, a polícia surgia como responsável por colocá-los em circulação ("tira nos do lugar"); ocasionalmente como aquela que os levava para o distrito policial; e, até mesmo, paradoxalmente, como aquela que fornecia segurança ("E, e a polícia fica mais aqui do que lá... agora?", quando falava do "sossego" do "seu lugar").

Em conjunto com tais referências, William falava também de uma lei pelo avesso, imposta pela força, das práticas de extermínio dos "justiceiros" (que "mata ladrão e moleques"), da qual, por sinal, ele disse ter escapado.

Se o cotidiano familiar era demasiadamente regulado pelo outro, William também se autorizou a arbitrar, no discurso, além dos lugares permitidos e os não permitidos, um modo de relação com as "pessoas da rua": "todo mundo me respeita, porque sabe que eu sou nervoso."

O lúdico, a mídia e o consumo nas cenas urbanas infantis: carência econômica = carência subjetiva?

Mesmo apresentando-me como pesquisadora (acadêmica), com um gravador para registrar as "entrevistas", alguns dos "sujeitos-personagens" da pesquisa indagaram sobre o destino e a divulgação da "entrevista" no rádio ou no jornal (como fizeram, Juninho, Luis e William). Nestas indagações, era-me atribuído um suposto lugar de profissional da mídia.

Às vezes, o próprio gravador virara um "microfone-brinquedo", utilizado para produzir cenas (discursivas) lúdicas de experimentações táteis, vocais e auditivas (na escuta da própria voz) e de gêneros televisivos como um "programa de variedades/auditório" e um *talk-show*.

Se o lúdico e a mídia estiveram presentes no modo como os encontros foram conduzidos pelos "sujeitos-personagens" da pesquisa, nas associações e contornos das cenas estiveram presentes também no que era dito durante os mesmos.

Quanto ao modo que tais personagens e cenas da mídia apareceram, ou não, para os "sujeito-personagens" da pesquisa, mostrava um tipo de socialização "midiática", que se materializava em uma referência subjetiva, obedecendo a uma seqüência que mesclou as passagens, por continuidades e por rupturas.

Por exemplo, com o *filho Fred* foi possível destacar o lúdico nas experimentações táteis e vocais ao gravador. Com os "irmãos da Paulista", destacaram-se tais experimentações e acrescentaram-se as experimentações auditivas, quando pediam e escutavam a própria voz.

Com os "irmãos" e os "amigos da Paulista", além do lúdico "experimental" ao gravador, destacou-se a construção de cenas com referências ao universo da mídia e do consumo.

> **Os irmãos e amigos da Paulista: das brincadeiras aos jogos eletrônicos**
> Do jogar bola, pega-pega, esconde-esconde ao "duro ou mole". Da bicicleta, *bike*, patins ao *skate*. Do ganhar brinquedo e ver o cinema ao vivo na paulista. Da ficha de fliperama, de fliperama noturno. Do vídeo game do irmão do Rafael ao desejo de seu *minigame*.
>
> **Dos amigos da Paulista: dos personagens da televisão**
> De Tom e Jerry, Pica-Pau, Pokèmon, aventuras do Pajé e o Van Dame na novela da Globo; Seu Barriga do Chaves. Da "palhaçada" do Ratinho contada como aventura. Do desejo de Ednaldo "ser do" exército, como passa nos filmes. Da televisão no bar ao desejo de ter uma em casa.

As brincadeiras de rua mesclavam-se com as referências "globais" da *bike,* do *skate,* do *game* e do *minigame*. Os jogos eletrônicos apareciam como possibilidade de acesso delimitado pela "ficha" e de uso em um local público ("fliperama"). Surgiu, também, com acesso delimitado por propriedade familiar ("o *vídeo-game* do meu irmão").

O universo da ficção televisiva foi mencionado de diferentes modos: os personagens destacados dos "desenhos infantis", das aventuras dos personagens da "novela da Globo" e da "palhaçada do Ratinho"; até o desejo profissional, de Ednaldo, de seguir a carreira militar, tendo no argumento "como passa nos filmes" uma referência socioafetiva, o que mostra uma passagem de um personagem de ficção, objetivado em realidade subjetiva, espelhando suas estratégias de identificação/reconhecimento.

Apesar da menção ao uso coletivo dos jogos eletrônicos e da televisão, apareceram marcas de uma preferência, uma inscrição no desejo de apropriação individual e/ou doméstica de tais aparelhos eletrônicos: o "*minigame*" do Rafael e a televisão "pra assistí dentro de casa" do Ivo.

Além dos "amigos da Paulista" e dos "amigos de vista", foram destacados alguns "personagens musicais", bem como alguns "templos de consumo".

> **Os amigos da Paulista e amigos de vista: dos estilos**
> Da música do Pokèmon. Do "meu amor não fique triste" e "sua boca tem um mel, infinito até o prazer" romântico-brega. Da "barata da vizinha que tá na minha cama" no "pagode interativo". Do gostosão Luis Pavarotti. Da "ilha do sol" de um axé infantil reinventado. Do "amar é belo", cantado como um *rap* suave, ao *rap* do "menor abandonado na rua da cidade" que "chega(ndo) no banco, porta automática, detector de metal, circuito interno... é mal. Aqui ninguém atira em ninguém, mas por enquanto todo mundo é refém.

> **Os amigos da Paulista e os amigos de vista: do consumo**
> Do fazer dinheiro e dormir na rua no Natal. O França Café como lugar de trabalho. Do "danone". Do pegar as coisas "escondido", as "coisas que jogam fora" no Carrefour: biscoito, televisão, tábua de passa ferro, tambor, sabão em pó e em pedra, detergente, peixe, frango, boneca, brinquedo, ferro, radinho, antena de televisão VHS e "um monte de coisa"... até parar porque "colocaram grades". Do cara com a camisa da Nike. Do McDonald's que os "guarda bota tudo pra correr".

Tais encontros foram mediados por cenários, cenas e personagens protagonizados pelos meios de comunicação e pela indústria cultural em geral, tendo, inclusive, o meu conhecimento e, algumas vezes, desconhecimento como algo que ora foi posto em análise ou passara despercebido.

Com estes fragmentos, foi possível afirmar que a indústria cultural apareceu como um espaço de reconhecimento para a infância em *situação de rua*: dos personagens e das músicas que "saltavam" de programas de desenho animado da televisão, de um estilo musical "romântico-brega", de um "pagode interativo", do "erudito popularizado" (do "Luis/Luciano Pavarotti") até mesmo um espaço como porta-vozes combativos que denunciavam as condições de vida da infância pobre e marginalizada do *rap*.

Destaco aqui, o modo como *Jonas* e *João César* cantavam. O primeiro mostrava uma circulação entre oposições: tentava assumir um enunciador *rapper*, com um estilo ofensivo ("é três hora da manhã [voz grave]") e não prosseguia, alternando com sua "cantoria", com uma voz baixa, suave, infantil e entorpecida de um "amor na Ilha do Sol", apontando, às vezes, um estado de felicidade associado ao "bafo" e ao "gravador" ("Aiiiiií eu tô feliiiiiz hoje... ahahah... esse gravador aqui ih,ih,ih...").

João César, quando cantava, assumia integralmente um enunciador *rapper*. Ao estilo próprio do *rap*, cantava, apresentava os personagens e alguns pontos do cenário da rua. Fazia uma certa apropriação do *rap*[31], dentre a multiplicidade de apropriações possíveis.

> (JC) Aí, quem tá falando aqui o João César do espaço *rap* aí, eu queria falar o seguinte aí: os polícia são tudo arrombado, aqueles filho da puta do caralho lá só fica batendo na gente. Aqueles cuzão do caralho tinham que tomá doze no meio da cabeça, aí. Seu catava um polícia da garra, mané eu do de pipoco no meio da cabeça. Esses polícia são tudo filho da puta, não pode vê ninguém andando assim que já começa segui, já chega batendo, encostando na parede, são tudo cuzão esses cara aí meu. Aí não vira (...) com esses cara aí. Aí eu pensava antes quando eu

[31] O estilo musical do *rap*, a dança do *break* e o grafite nas artes plásticas podem ser concebidos como parte do *hip-hop* como movimento cultural.

> era pequeno em ser polícia, mas agora eu já vi que não dá pa ser não. Aí... esses polícia são tudo um cuzão.

João César assume o estilo *rapper* que é reconhecido pela crítica social e denúncia da condição de marginalidade do jovem pobre da periferia, que tem a violência policial como alvo de ataque (Kehl, 2000). Sua apropriação da "atitude *rapper*" como é chamada freqüentemente, além de expor a posição de vítima de agressões de tais agentes ("os polícia são tudo arrombado, aqueles filho da puta do caralho lá só fica batendo na gente"), estende a hostilidade e agressividade com promessas de "virada no jogo", com um extermínio genérico ("Aqueles cuzão do caralho tinham que tomá doze no meio da cabeça, aí.") ou assumindo, em hipótese, a autoria da ação ("Se eu catava um polícia da garra, mané eu do de pipoco no meio da cabeça.").

Já as passagens seguintes, dos "templos de consumo", mostraram a inscrição dos ícones de nossos tempos, falados e vividos de diferentes maneiras. Marcavam níveis diferentes de aproximação com o universo da rua e a acessibilidade ao consumo: uma proximidade com a rua como possibilidade de sobrevivência e inscrição na sociedade de consumo pelas "bordas" (o "França Café" como lugar de trabalho, do lado de fora); as negociações de acesso aos bens de consumo justificadas pelo "jogar fora" ou assumidas como "pegar escondido", que foi interrompido pelas "grades no Carrefour"; e, finalmente a interdição ao uso e consumo pela limitação ao "assistir" o que é visto no outro (como quando João César fala do "cara da camisa da Nike") e ser expulso e posto em circulção (o guarda do McDonald's que "bota tudo pra correr").

Quanto ao *William, pai de Fred,* destaco, em separado, uma tele-realidade-urbana, mesclada com a experiência (de vida) na rua.

> **A tele-realidade-urbana: William, pai de Fred**
> Da Bandeirantes, Rádio Cidade, os "tetracampeões" no palco da Globo no Anhangabaú, e a sua a "proximidade" como "apoio". Da manifestação de camelô e o rapa. Das 68 vezes FEBEM e o regime progressivo de pena na atualidade.Do Sadam/Satã de Israel: humano (morreu), midiático (apareceu no jornal) e divino (demoníaco) inventor do "*crack*" e da "bomba atômica".

William tornou-se o centro absoluto das (suas) referências. Seu relato de vida contava a história da institucionalização da *situação de rua* da infância no Brasil, por lembranças remotas e atuais. Neste movimento, William contava, também, da passagem subjetiva de uma vida circulando entre instituições "fechadas" e instituições "em meio aberto".

William narrava sua experiência de proximidade do "palco na cidade" na adolescência, contada com entusiasmo. Nesta fala foi possível destacar a circularidade entre o universo da mídia e do urbano: a "Radio Cidade", a "Bandeirantes" e a "Globo", no espaço urbano da cidade. As referências à mídia pareciam tornar o cenário urbano mais extenso.

Neste movimento, mencionava o esvaziamento das manifestações políticas nos espaços públicos urbanos, sendo estas reduzidas às guerras fiscais entre os agentes municipais ("rapa") e os comerciantes autônomos e informais ("camelôs").

Falava sobre a(s) história(s) de um sobrevivente, no passado e no presente. Referia-se aos "justiceiros" da sua menoridade e mencionava uma prática de extermínio contemporânea, também veiculada nos meios de comunicação.

Em determinado momento, William apresentou um "personagem", a quem atribuía a responsabilidade, em princípio, da "invenção do *crack*" e, posteriormente, da "bomba atômica: o "Satã/Sadam".

A proximidade na sonoridade da palavra "Satã/Sadam", nas primeiras vezes em que foi enunciada, provocou uma confusão no meu entendimento. Tal dúvida foi expressa por mim por meio de uma pergunta direta: se era o nome de uma pessoa ou se era uma referência divina como o demoníaco (Satã como uma forma abreviada de Satanás). William, em sua resposta, não escolheu, afirmou ambas as possibilidades. Tal personagem, então, assumia uma vertente demoníaca, ora com referência divina de um "Satã", ora com referência humana: o Sadam de "Israel" que "saiu no jornal" e "morreu". William não falava do efeito da droga/*crack* no presente, mas de uma certa "magia" quando mencionava seu inventor e lhe atribuia diferentes naturezas: humana, midiática e divina (demoníaca).

Quando William associou Sadam ao Satã – demoníaco e divino –, ele não chegou a romper com uma associação que existe na materialidade do discurso midiático. Pois, quando nos referirmos ao discurso governamental norte-americano e grande parte da mídia, Sadam era (e é) representado como o inimigo a "encarnação do mal". William colocava em cena as polaridades do conflito geopolítico internacional, ao qual temos acesso pelos meios de comunicação de massa.

Este mal/inimigo foi apropriado, no discurso de William, de modo singular, tomado como verdade, com uma materialidade subjetiva. Neste processo foram acrescentadas e tiradas, por ele, algumas características que, em princípio, eram convencionadas pela própria mídia. Em primeiro lugar, quando William falava de um Sadam "de Israel" (e não o Sadam Hussein do Iraque), rompia com a referência entre os representantes políticos e seus países, cujas relações são antagônicas no conflito geopolítico atual[32]. Em um segundo momento, destacava a capacidade inventiva ao lado de seu potencial destrutivo: o "inventor do *crack*" da liberdade, da "transposição do corpo", da "extinção do espaço" e da "necessidade de correntes"; e da "bomba atômica" uma alta tecnologia de destruição.

Diante do que acabei de apresentar, vimos o quanto a sociabilidade mediada globalmente pelos meios de comunicação de massa, e algumas das referências locais, é um processo também verificado com e pela "infância" que permanece, ou permaneceu, nas ruas, marcando necessidades e desejos, portanto, a subjetividade.

Considerações finais (possíveis)

Depois de uma diversidade de situações apresentadas, retomo à questão inicial sobre o desejo de afirmação para além das ausências da e na *situação de rua* da infância.

Se o universo da rua parece estranho e, muitas vezes, o pensamos como uma periculosidade homogênea, os "sujeitos-personagens" desta pesquisa, a todo o momento, iam enriquecendo de detalhes esse

[32] Lembrar que os encontros ocorreram em 2000, no período pré-11 de setembro de 2001, mas, no discurso, William já trazia o cenário e os "lados dessa trama".

universo urbano; era um "mundo" diferente que eles me apresentavam e, com o acesso que eles me deram, construímos as cenas de pesquisa.

Com o propósito que tinha, encontrei uma multiplicidade de situações (que poderiam aumentar em progressão geométrica, pois é preciso admitir que mesmo a diversidade retratada aqui é simplesmente um "recorte") que foram organizadas pelo modo como transcorreram os encontros: "recreativos" com os "irmãos da Paulista"; "divertidos" com os "amigos da Paulista"; de "diversão tensa" com os "amigos de vista"; e, "familiares" com *William, Roberta e Fred.*

Eles mostraram um lúdico curioso e "familiar" (*do filho Fred, William e Roberta*); um lúdico recreativo, rival e cúmplice (dos "irmãos da Paulista"), um lúdico divertido e gozador (dos "amigos da Paulista"), um lúdico, divertido, tenso e entorpecido. Enfim, com todos foi possível destacar uma meninice mostrada, evidenciada e saltada nas e das cenas-encontros (de pesquisa).

Mesmo com "proximidade" instaurada nos encontros, foi possível identificar a imposição de limites a tal proximidade. A pesquisadora aparecia como aquela para quem se falava de um apelido, sem dizer qual; para quem era reservado um lugar junto ao "grupo feminino" que, por sua vez, era excluído de um segredo; e, também, como aquela para quem cantavam músicas e falavam de personagens, ora conhecidos, ora desconhecidos; e, nestes casos, ora revelados, ora interditados

A diversidade de lugares atribuídos à pesquisadora também mereceu destaque. A "mulher", a "tia" e a "senhora" com *William, Roberta e Fred*; a "filha" e a "tia" que organizava e ao mesmo tempo reservava um contorno lúdico à cena de pesquisa para os "irmãos da Paulista"; a "tia" a quem se pedia dinheiro e proteção dos "amigos da Paulista"; a "tia" de quem podiam tirar as as "coisa" como com os "amigos de vista" (segundo Ronivaldo, João César "pedia e tirara as coisas dos outros", mas "com a tia era sacanagem, porque ela é legal". Mesmo negando, Ronaldo dizia que, se quisesse, "podia" fazer). Acrescentava-se à "clientela" para quem se pede (dos "amigos da Paulista"), a clientela de quem se "tira" (novamente uma "tia-clientela" aparecia), bem como aquela para quem se negava o acesso (das "coisas" à "tia") e ameaçava quem ousasse revelar.

Para além da "desestruturação familiar"[33], foi possível fazer demarcações de referências sociofamiliares. Desde a estruturação familiar triangular (da casa), ao estilo de uma família patricarcal-burguesa: o pai como figura de autoridade e proteção; a mãe como responsável pelos cuidados com os filhos, e o filho como foco de atenção especial (mesmo que superdimensionado) como com *William, Roberta e Fred.* Um contorno familiar com a figura da mãe ocupando uma lugar predominante e a figura do pai ocupando um lugar secundário na referência familiar. Com os "amigos da Paulista", na composição familiar, a mãe também esteve sempre presente como figura central. O pai foi apresentado, na maioria das vezes, como ausente ou com certo distanciamento. Como presença significativa, encontramos os irmãos mais velhos (como "cuidadores") e/ou mais novos (como sendo cuidados), bem como parentes como avós e sobrinhos, mostrando uma configuração de um núcleo familiar estendido. Destaca-se aqui a configuração familiar mencionada por *Fábio* e *Francisco*, que falavam de um certo trânsito entre referências de núcleos familiares separados. O primeiro que falava de uma mudança para a casa do pai com um motivo (estudo) e tempo delimitado (dentro de dois meses) e o segundo que falava de um trânsito permanente e semanal entre a casa da mãe e a casa da cunhada (onde preferia ficar porque ela dava "comida", "dinheiro" e era a rua onde ele brincava). Para os "amigos de vista" e para o *William*, a família não ocupava um lugar significativo nas entrevistas, quando surgia, como no caso de *João César* e *William*, aparecia com a figura do pai como um agente da violência (e, no caso, de William, a figura da mãe como protetora, mas impotente).

Por continuidades e rupturas, podemos verificar que na medida em que a família "desaparece" no discurso, outras práticas institucionais aparecem.

Para o *filho Fred*, a "rua" aparece em sua situação de exposição e proteção dos pais. Para *Renato*, a "ruinha"; para *Juninho*, os "moleques" (com distanciamento e desconhecimento) e a polícia que

[33] Uso esta expressão para me referir ao modo como a "desestruturação familiar" é tratada, muitas vezes, pelos saberes e práticas psicológicas: como um modo de desqualificação a qualquer configuração familiar que não corresponda ao modelo de família nuclear burguês, concebido como um modelo universal (Travieso, 1996).

"os confunde". Para os "amigos da Paulista", as práticas institucionais em "meio aberto" (conselho tutelar, SOS) e os agentes de segurança (polícia) aparecem em diferentes momentos. Com os "amigos de vista" também surgiram diferentes modos de reconhecimento com as instituições da "rua", os agentes de segurança e a "cola", marcado por um reconhecimento por contrastes (com *Jonas*) e por um reconhecimento por dispersão (com *João César*). Já com *William*, surgiu, com riqueza de detalhes, as instituições de segurança pública e de repressão/contenção (o mecanismo regulador de pena), bem como as práticas de extermínio.

Na relação com a "cola" e seus "efeitos", Jonas teorizava sobre a imaginação, falava com autoridade e algum distanciamento. João César "vivia" e assumia a "potência da imaginação". William teorizava sobre seu "inventor" (do *crack*) e da sua "natureza" humana, midiática e divina.

Enfim, das precariedades freqüentemente assinaladas, verificamos que a única característica comum seria a condição de pobreza, mais uma vez, como já afirmara Rosemberg (1993). Mas mesmo esta precariedade econômica apareceu com uma maneira específica. Se a economia material limita a aquisição e o acesso a bens de consumo, não cerceia a economia do desejo, somente a delimita. Há a sedução, fascinação, co-respondência com públicos consumidores diferenciados, subjetividades marcadas pelo conhecimento e desconhecimento, interesse e desinteresse, aproximação e distanciamento dos quadros discursivos constituídos pelo universo atravessado pelas novas tecnologias e meios de comunicação. Podemos considerar, então, o lúdico, a mídia, o consumo – a produção de subjetividade – nas generalizações possíveis dos encontros.

Podemos, portanto, dar um destaque ao William, quando ele conta a história da institucionalização da infância de rua no Brasil e como as práticas institucionais relativas à infância são apropriadas, incluindo, hoje, as estratégias da mídia e do consumo.

Passando do lugar de pesquisadora para o de "psicóloga judiciária" falando de um passado e presente, coloco em questão se podemos continuar afirmando esta multiplicidade de possibilidades da *situação de rua* da infância; não somente a partir do que se supõe carente, ausente.

Estendo e, ainda, elejo, os interlocutores da discussão deste trabalho: os profissionais de organizações governamentais ou não governamentais, das Varas da Infância e da Juventude, de Abrigos, Oficinas sociopedagógicas e Medidas socioeducativas (em regime aberto, de semi-liberdade e de internação) e, em especial, os profissionais "psi", que cada vez mais estão inseridos nestes programas de atendimento.

Propõe-se, então, um diálogo com tais profissionais por considerar necessária uma reflexão sobre o modo como concebemos a (nossa) clientela (público alvo). Enfim, um questionamento sobre os pressupostos da carência e periculosidade como atributos do sujeito-clientela "infância de rua" (e suas variantes, até chegar à infância em situação de risco), pois é possível afirmar que este modo de (pre)conceber acabaria por criar – e não somente reproduzir – um problema, em vez de, supostamente, trabalhar para a sua superação da condição em que se encontram: no trânsito entre a pobreza e a infração.

Nesse sentido, voltamos às próprias considerações de Guirado (1987) sobre a qualidade das relações que "conservavam" a criança/adolescente no abandono e na infração nas FEBEMs, acrescida, agora, da conservação e manutenção em circulação na rua... uma instituição aberta.

E termino aqui, com um trecho da tese referida neste artigo:

> Em um primeiro momento, é possível perceber que uma tonalidade acinzentada tomava corpo no percurso dessa escrita [da tese], nos recortes das análises dos encontros e entrevistas, que foi proporcional à exposição e visibilidade dos atores que entravam em cena, apontando, por sua vez, diferentes níveis de reconhecimento e desconhecimento com o espaço urbano em sua extensão – sem que possamos supor uma relação de continuidade entre uma tonalidade ou outra, pois foi produzida no processo de escrita.
>
> Todavia, se ainda aproveitamos esta metáfora cromática, é impossível não atribuir uma tonalidade acinzentada mesmo aos primeiros relatos dos encontros – mesmo que lúdicos e divertidos. Afinal de contas, em princípio, gostaríamos que as crianças não

precisassem estar na rua para conseguir brinquedos, ajudar na geração de renda familiar ou coisa parecida [como os *irmãos* e *amigos da Paulista*], mas lá estão e assim constroem suas vidas. Ou, por outro lado, consideramos impossível também não atribuir uma tonalidade colorida aos relatos posteriores dos encontros – mesmo que desconcertantes e trágicos [como *os amigos que se conheciam de vista* e a *família da rua*]. Afinal de contas, apesar das condições de vida deteriorada, os atores das cenas tratadas sobrevivem (no caso de William, sobreviveu), vivem e tecem seus dramas e suas histórias. (Silva, 2002, p. 284)

Referências bibliográficas

ALBUQUERQUE, J. A. G. *Metáforas da desordem.* Rio de Janeiro: Paz e Terra, 1978.

BRASIL. Lei nº 6.697 10 out. 1979. *Código de Menores*. São Paulo: Atlas, 1988.

BRASIL. Lei nº 8.069 13 jul. 1990. *Estatuto da Criança e do Adolescente.* Belo Horizonte: Sec. de Estado do Trabalho e Ação Social/Febem/FCC, s/d.

DANZIATO, O. C. M. *Ong's e a prática social com adolescentes.* Ijuí: Ed.UNIJUI, 1998.

DELEUZE, G. *Post-scriptum sobre a sociedade de controle.* In: ______. *Conversações.* Rio de Janeiro, Ed. 34, 1992.

FAUSTO, A., CERVINI, R. (orgs.) *O trabalho e a rua: crianças e adolescentes no Brasil urbano dos anos 80*. São Paulo: Cortez, 1996.

FOUCAULT, M. *Vigiar e punir.* 9. ed. Petrópolis: Vozes, 1991.

FRÚGOLI JR, H. *Centralidade em São Paulo: trajetórias, conflitos e negociações na metrópole*. São Paulo: Cortez/EDUSP, 2000.

GUIRADO, M. *A clínica psicanalítica na sombra do discurso.* São Paulo: Casa do Psicólogo, 2000.

________. *Psicanálise e análise do discurso: matrizes institucionais do sujeito psíquico.* São Paulo: Summus, 1995.

________. *Psicologia Institucional.* São Paulo: EPU, 1987.

________. *Instituições e relações afetivas: o vínculo com o abandono.* São Paulo: Summus, 1986.

IMPELIZIERI, F. *Crianças de rua e ongs no Rio: um estudo do atendimento não governamental.* Rio de Janeiro: AMAIS/IUPERJ, 1995.

KEHL, M.R. A fratria órfã. In: ______.(org.) *Função fraterna.* Rio de Janeiro, Relume Dumará, 2000.

KOLLER, S. e HUTZ, C. Meninos e meninas em situação de rua: dinâmica, diversidade e definição. *Coletâneas da ANPEPP. Aplicações da Psicologia na melhoria da qualidade de vida.* Porto Alegre, 1(12), 1996, p.11-34.

MACEDO, M. J.; BRITO, S. M. O. A luta pela cidadania dos meninos do Movimento Nacional de Meninos e Meninas de Rua: uma ideologia reconstrutora. In: *Psicologia reflexão e crítica.* Porto Alegre, v. 11, n. 3.

MENDEZ, E. G. *Infância e cidadania na América Latina.* São Paulo: HUCITEC, 1998.

ROSEMBERG, F. O discurso sobre a criança de rua na década de 80. In: *Cadernos de Pesquisa.* São Paulo, n. 87, p.71-81, nov.1993.

SILVA, P. R. da M. *A meninice (em casa) na rua: no limite da intimidade e da exposição da subjetividade no discurso.* São Paulo, 2002. 291 p. Dissertação (Doutorado) – Instituto de Psicologia, Universidade de São Paulo.

Psicanálise e avaliação psicológica no âmbito jurídico

Hélio Cardoso de Miranda Jr.[1]

A motivação para escrever este texto originou-se das difíceis relações epistemológicas e práticas observadas cotidianamente entre a psicanálise e o campo da avaliação psicológica baseada nos testes, campo este considerado, tradicionalmente, um campo pragmático e objetivo, em contraposição ao aspecto considerado, muitas vezes, "subjetivo" das conclusões e interpretações psicológicas próprias da prática clínica.

Os leigos em Psicologia, principalmente médicos, juízes e administradores de empresa, apreciam os resultados de exames psicológicos das funções mentais e da personalidade. É na instrumentalidade do discurso moderno, em que tempo é dinheiro, que o campo da avaliação psicológica e seus testes floresceram e se estabeleceram, não sem colecionar também muitos opositores. Entre estes, podemos encontrar os defensores da ciência natural, que reduzem o psíquico ao seu correlato fisiológico; os comportamentalistas radicais, que negam propriedades não diretamente observáveis; e também muitos psicanalistas (e entenderemos na seqüência por quê).

O objetivo deste texto é refletir teoricamente sobre a possibilidade de um trabalho interdisciplinar entre a psicanálise e a avaliação psicológica no âmbito jurídico. Interdisciplinaridade não implica eliminar os pressupostos epistemológicos básicos de cada campo de conhecimento. Ao contrário, implica a busca de um diálogo que considere as diferenças e os limites das construções teóricas e das práticas correlativas. Para isto, localizaremos os problemas que envolvem a avaliação psicológica, desde o ponto de vista psicanalítico, para depois considerarmos se o conhecimento produzido nestas duas téc-

[1] Psicanalista, Psicólogo Judicial, Professor da PUC/Minas Gerais.

nicas distintas, portadoras de concepções diferentes sobre o fenômeno humano, pode se aproximar e em que ponto elas se distanciam e miram paisagens diferentes.

Avaliação psicológica

A avaliação psicológica surgiu num momento histórico em que a sociedade disciplinar[2] encontrou na Psicologia Aplicada uma aliada na classificação dos indivíduos a partir do estudo das diferenças individuais. Sua expansão coincide, historicamente, com a expansão do *behaviorismo* norte-americano e nos revela a necessidade e a importância da aplicação da Psicologia à sociedade em oposição aos estudos experimentais em laboratório iniciados oficialmente com Wundt. O espírito científico pragmático das primeiras décadas do século XX, aliado à crescente intervenção do Estado na regulação social, rapidamente absorveu esta aplicação e a ajustou aos critérios estatísticos necessários. Era preciso obter resultados mais rápidos e confiáveis. Nessa mesma época, Freud ainda acreditava na aplicação profilática da psicanálise na educação das crianças e H. Rorschach, com sua postura heterodoxa, vinculava os conhecimentos psicanalíticos a um método (teste) de avaliação da personalidade que, tempos depois, expandiu-se de forma particularmente interessante.

Tereza Mito (1998) chama de "formal" a avaliação psicológica baseada nos instrumentos padronizados e nos testes[3] e afirma que ela "surgiu da necessidade do profissional apegar-se a instrumentos 'mais confiáveis' do que a própria percepção pessoal" (p. 39). O uso de um procedimento padrão que supostamente se distancia das inferências pessoais (consideradas "subjetivas"), com uma linguagem padronizada e já testado por outros pesquisadores tranqüiliza o psicólogo e também aquele que lhe demanda o serviço. O discurso científico parece estar, então, garantido. Em termos ideais, a

[2] Utilizo este termo a partir da obra de Foucault e do texto de Luís Cláudio Figueiredo (1992).

[3] Utilizaremos esta denominação para nos referirmos neste texto à avaliação psicológica baseada, ou pelo menos que se utiliza, dos testes padronizados.

mensuração em Psicologia, como em outras ciências, seria mais um importante auxiliar no processo de conhecimento do objeto de estudo e também no aperfeiçoamento da qualidade dos próprios instrumentos para obtenção das medidas (Calejon & Beatón, 2002 p.16).

Entretanto, os técnicos em Psicologia passaram a utilizar os recursos da avaliação psicológica distanciando-se das implicações de seu uso, sejam elas coletivas ou individuais.

É curioso observar que a expansão da psicotécnica não correspondeu à expansão ou ao incremento das teorias psicológicas já existentes, como seria de se esperar, já que os testes permitiam acesso a dados quantitativos (e qualitativos em alguns casos) que poderiam, de alguma forma, acrescentar e ampliar os conhecimentos clínicos ou experimentais.

Por outro lado, a psicotécnica cresceu utilizando-se das mais variadas teorias psicológicas e, paradoxalmente (pois seus pesquisadores são, em geral, criteriosos), sem que houvesse a preocupação de explicitar epistemologicamente o solo teórico no qual se sustenta[4]. Outros problemas, citados por Calejon & Beatón (2002), foram a leitura biologizante dos resultados dos testes, que deixou de levar em consideração os fatores culturais e sociais na interpretação de seus resultados, e a vulgarização da aplicação dos instrumentos, com o uso inadequado de testes e a expectativa incorreta de quem demanda a sua aplicação. Isto levou a interpretações naturalizantes, criticadas por autores importantes do próprio campo da avaliação psicológica formal.

O empirismo relacionado a esta expansão da psicotécnica trouxe, como resultado que merece ser questionado, uma prática que não sabe responder à pergunta sobre *quem* está sendo avaliado, sendo possível encontrar apenas *o quê* se avalia.

Além do mais, permanece também uma questão relativa à previsibilidade dos testes. Eles são utilizados para verificar e/ou revelar determinadas características, mas quando passam a prever atitudes, comportamentos, condutas, etc., resvalam num campo de causalidade eficiente no qual as ciências *psi* têm grande dificuldade de se locomoverem.

[4] É interessante observar, por exemplo, os livros atuais sobre o método de Rorschach. Eles possuem de 5 a 10 páginas destinadas à teoria e o restante, em geral um número elevado de páginas, destinadas à cotação e interpretação dos resultados (como os livros de Cícero Vaz e também o de Isabel Adrados incluídos nas referências bibliográficas).

Outra pergunta que também encontra dificuldades para uma resposta adequada é: para quem se está avaliando? Ou, no sentido político-social, a quem a avaliação psicológica está servindo? E a resposta mais imediata e mais simplória, mesmo que contenha uma parcela de verdade, é: ao sistema de dominação vigente, que no início do século XX era mais evidente (por exemplo, ao classificar alunos para a escola) e hoje é menos explícito, mas claramente presente nos locais onde o controle sobre os indivíduos é ainda bastante evidente (escolas, empresas, penitenciárias, etc.). Sabemos que qualquer teoria e qualquer técnica podem servir aos mais diversos discursos políticos quando são por eles absorvidas e reelaboradas. A questão com a avaliação psicológica baseada na psicotécnica é que, como prática de fácil acesso e distante dos questionamentos teóricos, o seu uso para fins disciplinares, no sentido citado anteriormente, é mais explícito.

Vulgarizada pelos meios midiáticos e pelas aplicações irresponsáveis, sem poder responder quem se avalia e para quem se avalia, a psicotécnica, mesmo que regulada oficialmente pelo discurso científico, é, muitas vezes, aproximada, pelo leigo, das práticas que não tem fundamento científico e que hoje estão cada vez mais em voga, com o título de "místicas", que bem lhe convém, ou com o título de "alternativas", que tende a facilitar a vida do profissional que as utiliza ao eliminar a necessidade de sua justificação epistemológica em nome de um retorno à verdadeira natureza humana eclipsada pela ciência.

Por que a psicotécnica, nesta perspectiva, se aproximaria destas práticas? Porque promove os "ecos que precedem a voz"[5], respondem para o sujeito o que ele não perguntou. De um ponto de vista que chamaríamos grosseiramente de positivista, poderia-se responder: ora, afinal, são coisas que ele não sabe sobre si mesmo e a avaliação psicológica pode informá-lo. Este não-saber do indivíduo sobre características ou traços imanentes a ele mesmo é um pressuposto da psicotécnica e se baseia no fato de que o indivíduo, por si mesmo, via senso comum, não consegue perceber e captar tais aspectos por falha de método, ou porque são aspectos dos quais o indivíduo se defende ou prefere negar. Nesta vertente de trabalho, ou o indivíduo

[5] Expressão utilizada por Luis Cláudio Figueiredo e citada por Vorcaro (1998).

deve saber sobre estes aspectos que desconhecia, a fim de melhorar sua adaptação ao ambiente e à realidade, ou o outro deve saber, para atingir os mais diversos fins, como tratá-lo, não contratá-lo, não soltá-lo, não instruí-lo ou não se relacionar com ele.

Seguindo o raciocínio de Vorcaro (1998), um problema da psicotécnica é o de que não há, nela, uma teoria do sujeito[6]. É claro, podemos encontrá-la em uma técnica ou outra se procurarmos, mas para os especialistas desta área esta não parece ser uma questão importante.

Se podemos afirmar, ainda que sem boa margem de segurança, que há objetos de trabalho específicos na avaliação psicológica (inteligência, atenção, concentração, raciocínio espacial, etc.), eles não se integram numa teoria sobre o sujeito psíquico, o suporte destes fenômenos.

Mesmo o método de Rorschach, utilizado e validado em diversos países, e que possui estreitas vinculações históricas com a Psicanálise, também sofre do defeito fundamental já citado acima: não possui uma teoria de sujeito que suporte a sua prática (ou, se possui, não é preocupação da maioria dos seus pesquisadores e especialistas).

Entre os especialistas em Rorschach, podemos encontrar uma variedade interessante de opiniões sobre o que o método avalia. Vaz (1997), por exemplo, afirma que este método pode avaliar traços de personalidade, funcionamento das condições intelectuais, nível de ansiedade situacional, condições afetivas e emocionais vinculadas à depressão, controle geral, capacidade para suportar frustrações e conflitos, ajustamento e integração humanos, impulsos, instintos, reações emocionais, nível de aspiração, entre outros. Já Adrados (2000) afirma que o principal neste método se refere à exploração do "mundo privado", já que o indivíduo projeta sentimentos e não tem consciência do que está expressando. Doron e Parot (1998), por outro lado, são coerentes no verbete destinado a este método em seu *Dicionário de Psicologia,* quando o aproximam novamente da Psicanálise, à qual o próprio criador do método também se vinculava, afirmando que o método de Rorschach avalia "as modalidades de funcionamento que o sujeito possui nos registros conflituosos e na organização defensiva", além de

[6] Aliás, tal palavra, após Lacan, tomou cunho ideológico no movimento psicanalítico e serviu para afastar ainda mais os campos de conhecimento, como abordaremos a seguir.

explorar "as representações de relações significativas das modalidades de investimento objetal de cada sujeito" (p. 686).

Antes de abordarmos o tópico seguinte, é preciso deixar claro que não se trata, neste texto, de questionar a validade dos testes psicológicos e dos procedimentos da avaliação psicológica formal, mas de levantar as questões que podem permitir abordar o diálogo com a psicanálise no âmbito jurídico.

O psicodiagnóstico como intervenção

As críticas sobre o controle social implícito na avaliação psicológica, estendido ao psicodiagnóstico, hoje podem ser contestadas por diversos autores que entendem o processo diagnóstico em Psicologia dentro de um quadro em que o aspecto relacional deve ser considerado e até enfatizado. Silvia Ancona-Lopez (1998), por exemplo, ao deslocar o eixo do processo psicodiagnóstico do modelo tradicional, pautado numa prática investigativa reduzida a uma "coleta de dados sobre a qual se organiza um raciocínio clínico", para a ênfase na "relação profissional-cliente", consegue produzir um enquadramento em que a intervenção faz parte do processo psicodiagnóstico. Para ela, quando o indivíduo busca um diagnóstico psicológico pode ser sinal do início de um "movimento no sentido da mudança" e, por conseqüência, de uma expectativa de encontrar no profissional que o atende um auxiliar neste movimento.

No âmbito jurídico, encontramos algumas dificuldades com esta visão, pois as pessoas que estão lá para serem avaliadas psicologicamente não buscaram tal avaliação espontaneamente, muitas vezes nem se dispõem a estarem com o psicólogo.

Mas o ponto interessante desta proposição de Ancona-Lopez, pautada na fenomenologia humanista, é a inserção do profissional na avaliação, não necessariamente como introdutor de elementos subjetivos que dificultem a objetividade, mas como elemento incluído na subjetividade de quem está sendo avaliado.

Contudo, mesmo produzindo uma modificação em relação à visão tradicional do psicodiagnóstico, quando, por exemplo, introduz a "estranheza" no relacionamento, "fazendo aparecer a ruptura", a "desestruturação momentânea", Ancona-Lopez ainda se sustenta no solo epistemológico do "sujeito a ser conhecido", e somente muda o fato de que o profissional deve ser considerado o veículo para este sujeito conhecer-se a si mesmo, pois ele deve "mostrar ao cliente o que aparece". Assim, do nosso ponto de vista, ainda se corre o risco dos "ecos sem voz".

Apesar disto, a avaliação psicológica deixa o âmbito da suposta neutralidade e se aproxima dos procedimentos da clínica psicológica. A distância entre elas ainda se mantém no fato de que o profissional que executa o psicodiagnóstico utiliza instrumentos de mediação estandartizados e que fornecem elementos objetivados que induzem a conclusões diagnósticas. O clínico, em geral, não se utiliza desses procedimentos, permanecendo no âmbito das práticas clínicas de sua escolha teórica, baseadas, quase sempre, em entrevistas e sugestões técnicas.

Mas a questão que permanece é a de que a avaliação psicológica é também requerida em muitas situações que não implicam um processo psicoterápico ou psicanalítico *strictu sensu.* O âmbito jurídico é o nosso exemplo principal no presente texto e, nestes casos, o indivíduo que se apresenta para a avaliação está inserido num discurso em que ele tem de se defender, intencionalmente, de qualquer especulação sobre sua normalidade, seu ajustamento à realidade ou à sociedade (o que é o mesmo), sobre suas "condutas desviantes", etc. Ele tem que provar que é normal e que está com a razão em sua demanda. Não se encontra, de início, aberto a intervenções ou a devoluções técnicas sobre suas produções. Freud (1987) já demarcou isto desde seu artigo do ano de 1906 sobre a possibilidade da utilização da psicanálise na determinação dos fatos jurídicos.

A grande questão, do ponto de vista jurídico, é a produção de uma verdade. No caso da avaliação psicológica, uma verdade sobre o indivíduo ou o grupo ali avaliado.

A testagem na avaliação psicológica formal seria uma solução para esta posição defensiva do sujeito submetido à avaliação ao revelar o que se encontra oculto até do próprio indivíduo?

Talvez sim, até certo ponto. Se os testes psicológicos no processo de avaliação buscam encontrar os traços ou características atuais do indivíduo em sua relação com o ambiente e com os objetos exteriores (e interiores, talvez), além de capturar em medidas mensuráveis as repetições subjetivas (tendências, etc.), o que eles podem dizer a respeito da "verdade" daquele sujeito ?

A Psicologia é chamada a trabalhar para concretizar o ideal de justiça, materializado nas instituições judiciárias, e que implica a produção de uma verdade (ou de várias) a respeito do fato ou fenômeno. Esta verdade demandada pelo judiciário muda conforme a história, tanto quanto os procedimentos para obtê-la (Foucault, 1996). Na contemporaneidade, um dos pilares para a produção da verdade jurídica é o discurso científico. Por isto, a verdade buscada se funda numa pretensa universalidade, mesmo que aplicada ao caso a caso.

A pergunta seria: a avaliação psicológica em seu aspecto formal pode captar (ou traduzir, explicitar, produzir) a verdade da realidade subjetiva ? Tal realidade é fato, fenômeno ou produção do sujeito ?

A psicanálise é avessa à avaliação psicológica "formal"?

Não há como reunir todas as correntes psicanalíticas e afirmar que "a psicanálise é avessa aos testes psicológicos". Muitas instituições psicanalíticas, e isto até certo tempo atrás mais intensamente, ofereciam cursos de testes de personalidade ou de sua utilização como auxiliar da técnica analítica. A ruptura epistemológica mais radical com a psicologia e suas técnicas, mesmo não podendo ser localizada plenamente na figura de um teórico apenas, pode ser pensada a partir das elaborações de Jacques Lacan.

Lacan foi enfático em afirmar que "resgatava" a psicanálise freudiana ao insistir sobre o conceito de inconsciente e a noção de clivagem do eu (divisão subjetiva) correlata. Para firmar sua posição, combateu veementemente, principalmente no início de seu ensino, a "psicologia do eu" norte-americana.

A linha de trabalho e interpretação da teoria psicanalítica conhecida como *Ego Psychology* nasceu no interior da IPA e, da mesma forma que outros movimentos psicanalíticos, não pode ser resumida a alguns conceitos e nem seus autores podem ser facilmente reunidos sob a mesma rubrica. Contudo, pode-se estabelecer de forma genérica seus pressupostos: ênfase na autonomia do eu frente à realidade externa em busca de solucionar uma dupla pressão: do ambiente e das pulsões. Esta busca se pauta pela idéia de ajustamento, de adaptação, tão cara aos norte-americanos, e que anuncia a possível integração do homem na sociedade e na sexualidade, dentro do movimento paradoxal próprio às democracias: adaptar-se às regras genéricas sem desconsiderar as diferenças pessoais e as singularidades. O pragmatismo inerente a este pensamento é evidente nas teorias psicológicas norte-americanas, que consideram possível a profilaxia humana e viável a higiene mental. Nesta forma de interpretação psicanalítica da realidade, o terapeuta ocupa o lugar de "eu forte", de ideal de identificação (no sentido mais próximo de "imitação") do analisando.

Para Lacan, esta forma de entender e utilizar a psicanálise a transformou num apêndice da Psicologia, sem outra especificidade que os nomes de seus conceitos, pois retirou a ênfase freudiana na divisão subjetiva relacionada ao inconsciente e que se funda na constatação da diferença sexual e na vivência edípica, bases de um conflito não solucionável.

Ora, o inconsciente é o lugar da inscrição da relação impossível, porque inexistente, de um ser com outro (no registro da complementaridade). O enigma do desejo do Outro, traduzido nas perguntas *o que o Outro quer, o que ele deseja*, restará recalcado, no caso da estrutura neurótica, e será por meio da linguagem que o ser falante buscará reencontrar o sentido de sua relação com o outro, vislumbrando em seus objetos de amor, a imagem parcial do primeiro objeto causa de seu desejo (cuja imagem já era, de fato, parcial e, por isto mesmo, inscrito como desejante). Este objeto primeiro é pressuposto na experiência analítica a partir de seus "restos" ou "estilhaços", chamados de *objeto a* por Lacan. O desejo não se liberta das pulsões parciais, que em sua relação com o significante, orientam o sujeito. A imagem egóica permite a ilusão de uma identidade regular que se coloca frente a outra identidade e constrói aí a face imaginária do amor. As pulsões buscam satisfação, o eu ama e não sabe por quê.

Para Lacan (1985), em seu seminário de 1954-55 sobre o eu na teoria e na técnica analítica, não se trata de que essa construção subjetiva que chamamos "eu" deva aprender a lidar com as pulsões, com *isso*. Ao contrário, a psicanálise, em sua prática, para construir uma outra noção de sujeito, implica um distanciamento da noção de eu baseada, fundamentalmente, numa "intuição cativante". Na verdade, "o sujeito é precipitado num enfrentamento com algo que não pode, de modo algum, ser confundido com a experiência cotidiana da percepção, algo a que poderíamos dar o nome de *id*" (p. 225).

Assim, é *isso* que fala nele, sua verdade está ali. Uma verdade que não está acessível e que comporta duas dimensões: a) a de um saber *a priori*, que determina a vida do sujeito; e b) a de uma constante reinvenção (dos sentidos, das significações, das relações de objeto, sintomas) a partir do núcleo vazio que estrutura a subjetividade, conceituado como *real*[7] e cujo conceito operador é o já citado *objeto* ***a***.

O sujeito é falado por uma verdade que o determina, mas que não o reduz ao efeito de uma causalidade eficiente porque há o incalculável do objeto que não se simboliza e que insiste como o que não se deixa alienar pela operação significante, instituindo o sujeito como falta-a-ser. Neste sentido, o inconsciente está relacionado a um futuro a realizar, a um querer ser. Quer dizer, há uma história da verdade do sujeito, mas ela é reeditada a cada colocação em fala. Por isto, se afirma que o homem não cessa de falar do que lhe escapa e, assim também, que a verdade (do desejo) só pode ser dita de forma incompleta.

A *Ego Psychology*, por seu lado, entende o "eu" como uma mônada pensante que necessita aprender a se adaptar ao ambiente e às pressões pulsionais para obter mais prazer em seu cotidiano. O sujeito presente neste discurso é o da unidade e identidade do eu (histórica, ambiental, fisiológica, etc.) que, se não estão presentes no indivíduo, como acontece nas patologias mentais, podem ser recuperadas pela intervenção externa de um conhecimento supostamente universal apoiado nas variáveis do ambiente, do organismo, das diferenças culturais, dos traços de personalidade, etc.

[7] Referência aos três registros construídos por Lacan como operadores da clínica: Imaginário, Simbólico e Real.

O discurso que domina este raciocínio, e também o de grande parte da psicologia[8], é um discurso funcional cuja teleologia pauta-se pela idéia de evolução nas suas mais diferentes acepções.

A avaliação psicológica influenciada por este discurso serve como mais uma técnica, derivada da interdisciplinaridade entre o estudo das funções mentais (e características de personalidade) e a estatística, para integrar o ser humano ao ambiente, diminuindo seus desvios, suas precariedades e aumentando sua eficiência.

Tal objetivo não é ruim por si, mas, do ponto de vista psicanalítico comporta o mal-entendido fundamental de que o cientista que o representa o impõe ao outro como seu próprio gozo, orientado por um ideal que ele não questiona.

Não são poucas as críticas a esta aplicação da Psicologia e a mais veemente delas pertence ao campo político. Refere-se ao seu uso tecnocrático já citado, crítica que Lacan (1998) também deixou registrada em seu texto de 1965 sobre a relação entre ciência e verdade. De forma bastante genérica, estas críticas fundamentam-se na idéia de que esta aplicação, em sua vertente funcionalista, serviu a práticas segregativas ao definir o normal e o patológico pelas diferenças estatísticas e ao indicar as características necessárias ao desempenho de certas funções sociais.

É verdade que ao tomar as funções mentais e a personalidade como objetos de estudo, tendo como orientador o discurso científico, a Psicologia separou-se da Filosofia como campo de conhecimento, mas manteve a concepção do fenômeno humano vinculado à consciência de si. O sujeito psicológico é um conjunto de fenômenos articulados em torno de uma identidade que, apesar das contradições, mantém a unidade. As variáveis desta identidade são estudadas como causa (seja em raciocínios lineares ou complexos) das reações, do comportamento, da conduta, das atitudes destas unidades, chamadas de indivíduo, grupo, comunidade, etc.

[8] Podemos fazer alguma exceção neste ponto às teorias chamadas "vivenciais" (existencialismos, humanismo e correlatos), pois tais teorias enfatizam a vivência compreensiva intra-psíquica e inter-subjetiva contra as explicações científicas externas. Mas o que também as diferencia da psicanálise, além da ausência de busca de explicações conceituais, é a desconsideração pela questão do inconsciente. De qualquer forma, o *uso funcionalista* das teorias vivenciais também é possível.

É contra a idéia de uma substância psicológica unitária, descritível e padronizada que Lacan se insurge e vem propor uma outra prática clínica, mas devemos estar cientes de que a própria psicanálise corre este risco quando utilizada de forma pouco criteriosa. Como exemplo, podemos considerar a assertiva de que a noção lacaniana de estrutura também tende a enrijecer a idéia de sujeito, "psicologizando-o", como diria o próprio Lacan. Por isto, é preciso recuperar a idéia de movimento relacionado ao fato de que o sujeito do inconsciente (ou o inconsciente-sujeito) não é descritível em termos de características, pois é evanescente. Ele se apresenta no que se chama de significante, ou seja, na diferença entre os elementos pelos quais ele procura se representar (ou apresentar) na linguagem. A linguagem é o lugar do equívoco entre o som e o sentido, entre o que se disse e o que isso quer dizer.

Mas é preciso afirmar: há avaliação psicológica na psicanálise. Com isto queremos dizer que o psicanalista está atento aos aspectos e dimensões psicológicas de quem o procura. A hipótese diagnóstica é importante e ela é construída a partir dos dados colhidos desde a primeira entrevista. Mesmo do ponto de vista estrutural, baseado em Lacan, é fundamental conseguir clareza quanto ao diagnóstico diferencial, pois a condução do caso (intervenções e interpretações, etc.) se pautarão também por este diagnóstico.

Em comparação com os instrumentos da avaliação psicológica formal, o psicanalista utiliza a escuta e a observação. Ele estará atento aos significantes que orientam o sujeito e que se repetem, inscrevendo um circuito de gozo cuja materialidade se apresenta na sua posição diante do Outro. O fenômeno da transferência nas suas vertentes da repetição e reatualização é ponto crucial. Em torno da relação transferencial, na qual é dado ao inconsciente falar, circularão outros conceitos e fenômenos importantes. Não se trata de acreditar nas intenções ou nas versões de quem é atendido, nem se trata de desacreditar. A questão está em ater-se aos significantes, ao valor de significante que podem ter o discurso e os atos do sujeito. A pergunta que o psicanalista se faz é "o que isso quer dizer", sendo o sujeito desta frase o *isso*.

Na clínica psicanalítica, o manejo do tratamento passa pelas mais diversas táticas e estratégias, sendo a posição do analista o ponto do qual não se pode abrir mão. Posição que se traduz, com Lacan, por colocar-se como objeto causa de desejo, provocando as rupturas e as reelaborações que constituirão o percurso do analisando. Mas e no âmbito jurídico ? O que o psicanalista pode fazer ?

O âmbito jurídico

Considerando que as especializações são importantes no campo das práticas *psi*, a questão seria: é possível um diálogo profissionalmente produtivo no âmbito jurídico entre o psicólogo que trabalha com a avaliação psicológica formal e o psicanalista?

Tendemos a responder afirmativamente, mas há algumas condições que necessitariam ser pensadas para isto:

1) Tratar as situações judiciais do ponto de vista clínico, ou seja, como casos. Se nosso cliente, ou quem nos demanda o trabalho é o Estado, via sistema judiciário, nossa visada fundamental, não necessariamente a única, deve se dirigir ao sujeito que nos fala ou que foi colocado sob exame.
2) Que se mantenham as diferenças epistemológicas que sustentam os distintos campos de trabalho avaliativo e de interpretação.

Imaginando um caso em que ambos os profissionais, psicanalista e psicólogo avaliador, estivessem sendo exigidos, poderíamos dizer que a avaliação psicológica poderia oferecer dados interessantes que auxiliassem a compor o quadro do caso trabalhado. No âmbito jurídico, não podemos nos pautar somente pelo que nos fala o indivíduo que se coloca diante dos técnicos. Em muitos casos, dados de variadas fontes podem servir para auxiliar na compreensão do quadro situacional ou individual e mesmo para questionar os relatos apresentados[9].

[9] A especificidade do trabalho no âmbito jurídico não pode ser extensamente trabalhada aqui. É bom ressaltar que o enquadramento tradicional fornece espaço para a avaliação psicológica formal, muito mais que para o psicanalista. Contudo, as modificações no trabalho dos psicólogos jurídicos nos últimos anos têm construído, cada vez mais, o *locus* para a intervenção nos casos, o que abre espaço maior para o psicanalista e para os psicólogos que entendem a avaliação psicológica, formal ou não, como processo de intervenção.

Evidentemente, tal questionamento ou compreensão só tem sentido para a psicanálise se servir como ponto de apoio no manejo do caso, permitindo aos sujeitos envolvidos a construção discursiva sobre tais dados. Neste sentido, os dados não falam por si, precisam fazer parte do discurso do sujeito em questão.

Nem sempre o resultado é interessante, mas ocorre, em alguns casos, que o questionamento de pontos específicos do discurso do indivíduo ou mesmo a verificação do fundamento de alguns de seus argumentos, serve para desconstruir sua versão imaginária da situação e de suas motivações, movimentando o sujeito em busca de um novo significado. Há situações em que o recebimento das informações obtidas por meio de uma avaliação psicológica formal desestabiliza as imagens que o indivíduo sustentava sobre si e o reinsere num movimento de recontar sua história sem a defesa que alguns discursos sociais permitem (como o discurso da vítima ou do cínico) e que os textos legais, por vezes, ajudam a implementar. Do ponto de vista psicanalítico, pode ser um momento fecundo para a implicação do sujeito naquilo do que ele se queixa.

O que falta à avaliação psicológica, uma teoria do sujeito que a sustente, pode ser encontrada na prática psicanalítica, o que pode permitir sair do lugar tradicional da perícia, baseado no *visum et repertum*[10], e passar para a intervenção nos casos, prática mais condizente com as contemporâneas discussões sobre a atuação do psicólogo. Não nos esqueçamos de que não buscamos complementaridade, mas possibilidade de diálogo prático/teórico.

Do seu lado, o psicanalista pode oferecer ao psicólogo avaliador, dados relativos ao diagnóstico psicanalítico, às relações entre as questões evocadas pelo sujeito e suas próprias inquietações, à lei-

---

[10] Para muitos operadores do Direito, esta é a máxima que define a ação do perito e que poderia ser grosseiramente traduzida por "ver e repetir", ou seja, o perito é aquele designado para, a partir de um saber reconhecido, encontrar a verdade e descrevê-la ao juiz. De acordo com o Maria Helena Diniz, em seu Dicionário Jurídico (1998), tal expressão significa a "descrição completa do objeto da prova pericial, após inspeção ocular" (p.749). Para nós, da psicologia e da psicanálise, é interessante perceber a ênfase no *olhar para o objeto*, típica das ciências naturais, em detrimento da *escuta do sujeito*. Escuta que, apesar das dificuldades em relação ao método e os problemas acerca do singular e do universal, procura conferir a estes saberes o *status* de saber científico.

tura que o sujeito faz de sua própria história, à relação do sujeito com o Outro e com seu sintoma. Além disso, o psicanalista pode oferecer o manejo do caso. Há que se convir, tal manejo no âmbito jurídico tem muitas especificidades e a maioria delas surge como entrave (justificáveis, de certo modo) ao manejo clínico. Mas em muitas situações, tal manejo pode ser bastante frutífero para os envolvidos nos processos judiciais.

Do que está dito acima, podemos derivar que nem todo caso será indicado para o trabalho do psicanalista e do psicólogo avaliador. Somente os trabalhos em que a intervenção (com o indivíduo, grupo, família, instituição) possa ser uma prática visada ou possível serão de interesse neste trabalho. Contudo, arriscamo-nos a dizer que há muito mais trabalho de intervenção possível do que hoje se realiza. Isto em função de que ainda estamos atrelados à tradicional demanda judiciária pela perícia, pelo *expert* que enunciará a verdade científica para deixar nas mãos do juiz a decisão. Ora, a decisão continua e continuará sendo do juiz, mas a intervenção sobre o caso, do ponto de vista psíquico, cabe a outros profissionais. Não devemos nos abster disso.

Referências bibliográficas

ADRADOS, Isabel. *Teoria e Prática do teste de Rorschach* – 12ª ed. Petrópolis (RJ): Vozes, 2000. 464p.

ANCONA-LOPEZ, M. (org.) *Psicodiagnóstico: processo de intervenção* – 2ª ed. São Paulo: Cortez, 1998. 239p.

ANCONA-LOPEZ, S. Psicodiagnóstico: processo de intervenção? In: ANCONA-LOPEZ, M. (org.) *Psicodiagnóstico: processo de intervenção* – 2ª ed. São Paulo: Cortez, 1998. p. 26-36.

CALEJON, Laura M.C. e BEATÓN, Guilhermo A. *Avaliação Psicológica. Os testes e o diagnóstico explicativo*. Piracicaba (SP): Degaspari, 2002, 243 p.

DINIZ, Maria H. *Dicionário Jurídico*. São Paulo: Saraiva, 1998. 4v.

DORON, Roland & PAROT, Françoise (orgs.) *Dicionário de Psicologia*. São Paulo: Ática, 1998. 863p.

FIGUEIREDO, Luís C. *A invenção do psicológico. Quatro séculos de subjetivação 1500-1900*. São Paulo: Educ/Escuta, 1992. 178p.

FOUCAULT, M. *A Verdade e as Formas Jurídicas*. Rio de Janeiro: Nau, 1996. 158p.

FREUD, S. A psicanálise e a determinação dos fatos nos processos jurídicos (1906). *Edição Standard Brasileira das Obras Psicológicas Completas de Sigmund Freud* – 2ª ed. Rio de Janeiro: Imago, 1987. Vol IX.

LACAN, J. *O Seminário Livro 2: O eu na teoria de Freud e na técnica da psicanálise (1954-55)* – 2ª ed. Rio de Janeiro: Zahar, 1985. 423p.

LACAN, J. *Escritos*. Rio de Janeiro: Jorge Zahar, 1998. 937p.

MITO, Tereza I. H. Psicodiagnóstico formal e avaliação informal. In: ANCONA-LOPEZ, M. (org.) *Psicodiagnóstico: processo de intervenção* – 2ª ed. São Paulo: Cortez, 1998. p.37-50.

VAZ, Cícero E. *O Rorschach. Teoria e Desempenho* – 3ª ed. São Paulo: Manole, 2000. 317p.

VORCARO, A.M.R. Compreender ou estranhar: incidências no psicodiagnóstico. In: ANCONA-LOPEZ, M. (org.) *Psicodiagnóstico: processo de intervenção* – 2ª ed. São Paulo: Cortez, 1998. p.51-64.

A avaliação do dano psíquico em mulheres vítimas de violência

Sonia Liane Reichert Rovinski

O ano de 1975 marca a data em que a Organização das Nações Unidas (ONU) passou a ocupar-se pela primeira vez do tema da "violência contra a mulher", porém, foi necessário ainda mais dez anos para que se reconhecesse este crime como o de menor índice de denúncia existente na realidade mundial. Em 1990, a ONU já reconhecia a existência de uma "violência de gênero" e a considerava uma violação dos direitos humanos. Na IV Conferência Mundial sobre as mulheres, salientou-se ser esse tipo de violência um obstáculo para a igualdade, o desenvolvimento e a paz, impedindo que as mulheres desfrutassem de seus direitos humanos e de suas liberdades fundamentais. Finalmente, a partir de 1997, esse órgão passou a uma ação mais efetiva ao elaborar um plano de ação frente à violência específica contra as mulheres, destacando a importância do apoio social e jurídico às vítimas para que pudessem denunciar as atrocidades sofridas.

Conforme relatório da Organização Mundial da Saúde (OMS, 2002), medir a prevalência real dessa violência é ainda uma tarefa complexa, em que as estatísticas disponíveis por intermédio da polícia, dos centros de mulheres e outras instituições formais, tendem a subestimar os níveis de violência pela baixa notificação dos casos. Por meio da Unidade de Saúde da Mulher esta instituição defende a idéia de que a intervenção no ambiente social deve ultrapassar o simples atendimento da rede de saúde para incluir a ação do Judiciário, de forma a torná-lo mais eqüitativo em relação às questões de gênero e da promoção de uma cultura de não-violência.

No Brasil, a situação não se apresenta diferente dos demais países. Apesar dos avanços, com a criação de delegacias especializadas para a denúncia desse tipo de crime e da inserção na Constituição Federal do repúdio claro à violência doméstica (artigo 226, parágrafo 8), denúncias constantes, que têm por base a violência de gênero, vêm demonstrar a necessidade de qualificar-se os serviços que prestam atendimento a essas vítimas, pois não conseguem oferecer o tratamento necessário de proteção aos direitos humanos de que tanto necessitam. De modo geral, tem se observado que a impotência das instituições para dar uma solução ao problema gera a desqualificação do sofrimento relatado e a conseqüente responsabilização da vítima pelos fatos vivenciados.

Em nosso país, um exemplo de retrocesso nesta luta pelos direitos das mulheres foi a Lei nº 9.099/95 que, ao tentar beneficiar as vítimas com a agilização do processo judicial, terminou por vitimizá-las novamente ao imputar-lhes a responsabilidade pelo desencadear da ação penal relativa aos crimes de lesão corporal leve, por meio de uma representação pessoal. Esta lei fez ressurgir com mais ênfase a discussão sobre a dicotomia do público e do privado que perpassa a questão da violência contra as mulheres – questionando-se se a omissão do Estado no sentido de assumir a punição do agressor, por ações processuais independentes da vítima, não estaria baseada na crença de que tal tipo de agressão seria um assunto privado da relação do casal. Definir responsabilidades quanto aos limites da ação do Estado e dos técnicos que o representam parece ser o ponto fundamental para a busca de um novo paradigma de intervenção.

Neste espaço de discussão entre a saúde mental e as garantias institucionais de direito encontra-se um espaço importante de atuação da Psicologia. Como diz Arantes (2000), ao trabalhar com determinadas pessoas que, em razão de sua situação de sofrimento psíquico e mental, vivem uma situação de desvantagem em relação a outras pessoas, é possível que se pense em ações afirmativas que visem compensar essa desigualdade.

O trabalho desenvolvido pela Psicologia Forense, cuja principal atividade é a produção de investigações psicológicas e sua comunicação ao contexto legal, tem a possibilidade, através de seu instrumental, de levar aos autos de um processo judicial a realidade psicológica das mulheres vítimas de violência, que até então passava despercebida à realidade jurídica. A avaliação psicológica das vítimas permite ampliar o horizonte das provas periciais, com uma visão mais integrada da pessoa. Deixa-se para trás uma visão puramente material do dano – visualização física – para integrar os aspectos subjetivos – dano moral – previsto pela própria Constituição Brasileira de 1988.

Dano psíquico ou dano moral?

No Brasil, como em vários outros países, a delimitação dos prejuízos psicológicos decorrentes de situações traumáticas é matéria recente, e, portanto, não está claramente especificada na legislação. A referência ao ressarcimento de danos psicológicos é legitimada pela sua associação aos danos morais e, muitas vezes, acaba por confundir-se com os mesmos.

Na Espanha, como explica Echeburúa, Corral e Amor (2002), o Direito Penal historicamente valorizou as lesões físicas das vítimas, sendo nova abordagem do dano psicológico. Citam como exemplo dessa mudança a inclusão da violência psíquica habitual – maus-tratos domésticos – como delito na última reforma do Código Penal de 1995, na Lei Orgânica nº 14/1999.

Daray (1995), ao examinar o mesmo tipo de problema na Argentina, diz que a confusão na especificação do dano psíquico decorre do fato de o mesmo situar-se em uma zona de cruzamento entre o discurso jurídico, que recém começa a ingressar na complexidade da vida psíquica, e as disciplinas que estudam a saúde mental.

A revisão da literatura existente sobre o tema no Brasil – a diferenciação entre dano moral e dano psíquico – é, ainda, bastante incipiente e, por vezes, contraditória. Enquanto Arruda (1999) procura inserir o dano psicológico em uma classificação do dano moral, o qual seria a base constitutiva do "dano moral puro", Gomes e colaboradores (1998) utilizam-se de estudos de autores italianos e argentinos para diferenciar dano psíquico de dano moral, mostrando que são conceitos independentes.

Essa segunda abordagem, que busca diferenciar os conceitos de dano moral e dano psíquico, parece ser aquela de maior aceitação na literatura estrangeira. Castex (1997), ao discutir a diferenciação dos conceitos, traz como um dos aspectos importantes o fato de o primeiro ser arbitrado por agentes jurídicos, enquanto o segundo estaria no campo dos técnicos de saúde mental. Explica que, apesar de se constituírem em conceitos distintos, se aproximariam pelo fato de não poderem prescindir do discurso jurídico. Echeburúa, Corral e Amor (2002) acrescentam que o dano psíquico é passível de ser medido por instrumentos de avaliação adequados, diferenciando-se do dano moral, por ser mais preciso. O dano moral seria um conceito mais subjetivo e que implicaria uma percepção mais pessoal do prejuízo, principalmente, em relação aos bens imateriais da honra ou da liberdade.

Gomes (1998) afirma que, apesar da doutrina e jurisprudência tratarem do dano psíquico como se fosse dano moral, o primeiro deveria ser visto como autônomo e vinculado à área da saúde, implicando conformação patológica.

Com esta abordagem clínica, Echeburúa, Corral e Amor (2002) definem o dano psíquico como conseqüência de um evento negativo que ultrapassa a capacidade de enfrentamento e de adaptação da vítima a uma nova situação. O que gera, habitualmente, o dano psíquico é a ameaça à própria vida ou à integridade psicológica, uma lesão física grave, a percepção do dano como intencional, a perda violenta de um ser querido e a exposição ao sofrimento de outros, ainda que não sejam próximos afetivamente.

Castex (1997, p. 17), ao definir o conceito de dano psíquico, diz:

> *puede hablarse de la existencia de "dano psíquico" en un determinado sujeto, cuando éste presenta un deterioro, disfunción, disturbio o trastorno, o desarrollo psico-génico o psico-orgánico que, afectando sus esferas afectiva y/o volitiva, limita su capacidad de goce individual, familiar, laboral, social, y/o recreativa.*

O autor confirma que o dano psíquico implica a existência, nele mesmo, de um "transtorno mental", como consta na classificação internacional de doenças (DSM, CID), que, por sua vez, significa a existência de uma síndrome ou padrão psicológico associado ao sofrimento (sintoma que causa dificuldades), à incapacitação (deterioração de uma ou várias áreas importantes de funcionamento psíquico) ou a um elevado risco de morte, dor, incapacitação, ou a uma importante perda de liberdade. O dano psíquico distingue-se do sofrimento por inserir em seu conceito a noção de lesão às faculdades mentais, incluindo o afetivo, enquanto o dano moral não implica conformação patológica. O luto normal causado por uma perda afetiva não se configura em dano psíquico, mas o luto patológico sim. Por fim, lembra que em função da intersecção com o discurso jurídico, o dano psíquico implica presença de um agente que cause o dano, um sujeito que sofra o dano, um nexo causal entre ambos e uma demanda judicial por ressarcimento. O resultado pode ser o surgimento de uma patologia, o incremento de alguma preexistente, ou o desencadear de uma personalidade predisposta ao patológico.

Assim, o sofrimento, enquanto expressão de uma lesão aos sentimentos da pessoa, também chega a limitar o gozo da plena saúde inerente à personalidade e, por isso, se constitui em uma espécie de dano, no caso do dano moral. Mas, enquanto não se constituir em um quadro de patologia, escapa ao horizonte pericial psicoforense, e a avaliação do sofrimento restringe-se à competência dos agentes jurídicos.

Villanueva Cañadas (1995), ao salientar a diferenciação entre dano psíquico e moral, diz que a avaliação do primeiro tem importância fundamental na área cível da justiça, que tem por objetivo fornecer subsídios para a fixação de um quantum indenizatório. Porém, esta avaliação também pode ser utilizada com fins de tipificar a ação criminal.

Independente dos seus fins, o trabalho pericial que objetiva caracterizar os prejuízos decorrentes de determinado fato danoso produz na vítima uma revalorização de seu papel, tornando-a sujeito do processo, no qual pode vir a reivindicar seus direitos, ampliando seu campo de proteção (Licitra & Piccolo, 2001). Nesse sentido, o trabalho de avaliação da gravidade das alterações psicológicas sofridas não difere em importância em relação aos programas de tratamento que são oferecidos nos centros especializados de assistência às vítimas (Gálvez Villareal & Mandiola Tagle, 2001).

Quanto à avaliação do dano psíquico, o técnico deve, sempre, situá-lo em relação ao trauma sofrido. França (2001), ao discutir este assunto, salienta que, talvez, a parte mais delicada e complexa da questão seja o estabelecimento do nexo causal. Diz que esta relação entre o dano traumático e as seqüelas psíquicas é um pressuposto imprescindível de ser avaliado. A natureza do pleito, muitas vezes, não estaria na quantificação do dano, mas essencialmente nas condições em que se deu o resultado e o evento causador.

Preocupados com esta questão, Melton e colaboradores (1997) sugerem que o técnico, ao ser consultado sobre a causalidade de certos fatos, deveria simplesmente indicar se o incidente de relevância legal demonstrou ter exercido um papel na produção do prejuízo psíquico trazido pelo reclamante ao juízo. Este cuidado evitaria a avaliação subjetiva de valor por parte do perito.

O Transtorno de Estresse Pós-traumático no contexto forense

A dificuldade na determinação do nexo causal, entre outros fatores, fez com que surgisse na literatura mundial sobre danos psíquicos, uma valorização do Transtorno de Estresse Pós-traumático (TEPT). Conforme Slovenko (1994), a lista de reações ao estresse descritas pela Associação Americana de Psiquiatria (DSM), em especial o Transtorno de Estresse Pós-traumático, veio a dar maior legitimidade às reivindicações levadas ao judiciário. No caso dos litígios sobre danos e ressarcimento, o TEPT seria o diagnóstico mais favorável, porque tem relação direta com um incidente específico, diferenciando-se, por exemplo, do diagnóstico de depressão que levantaria a questão da causalidade com maior polêmica, pois estaria relacionado, teoricamente, a um maior número de fatores. Do mesmo modo, Brooks (1995) também salienta a importância do diagnóstico do TEPT neste tipo de litígio. Diz que é de consenso considerar o TEPT como a característica típica de resposta psicológica a um desastre ou outros eventos similares.

Simon (1995) salienta que o TEPT seria o nome mais recente na descrição do sofrimento mental das vítimas de traumas na história da psiquiatria americana, e aquele de maior repercussão na lei e na justiça social. Seu conceito seria aplicado tanto na área civil, nos casos de ressarcimento por prejuízos pessoais, quanto na área criminal, para defesa por prática de atos ilícitos, como no caso de mulheres espancadas que mataram seus maridos. Salienta a importância de sua avaliação seguir critérios oficiais como os definidos pelo DSM. Porém, afirma que o perito deveria estar atento a outras formas de TEPT que têm sido divulgadas em publicações científicas, mas que não constam na descrição do DSM-IV-TR (2002), por exemplo, a síndrome de estresse pós-traumático (quando os critérios não são totalmente preenchidos) ou as seqüelas do trauma prolongado e repetitivo.

Por outro lado, Boeschen e colaboradores (1998) chamam a atenção para a exagerada valorização do diagnóstico junto à justiça. Em primeiro lugar, poderia ocorrer uma inversão de valores, em que as mulheres que fossem vítimas de estupro e não apresentassem tais sintomas passariam a encontrar dificuldades em provar seus sofrimento e prejuízos psíquicos em juízo. Neste aspecto, Simon (1995) acrescenta os casos em que vítimas, por vergonha ou por medo de serem estigmatizadas, negam seus sintomas.

Outro problema é a possibilidade da presença da simulação, quando houvesse um interesse e uma manipulação intencional dos sintomas por parte da vítima. Resnick (1995) afirma que são poucos os casos que vão a julgamento e não levam consigo a suspeição de simulação. Nem sempre há uma simulação pura, mas existe, principalmente, o exagero da sintomatologia. O perito, para enfrentar o desafio deste diagnóstico diferencial, deveria ter um bom fundamento na fenomenologia do TEPT, e estar atento às diferenças entre os sintomas genuínos e aqueles que simulam tal transtorno. A orientação de tal trabalho enfatiza a necessidade de se ter uma história detalhada da vítima e a corroboração de outras medidas independentes para medir a possibilidade de simulação – por exemplo, instrumentos que meçam a presença dos sintomas (entrevistas estruturadas, testes psicométricos e projetivos) e técnicas específicas para avaliação da simulação (testes com escalas de controle, como MMPI, ou testes de dupla escolha, onde o exagero na escolha de respostas erradas estaria acima do esperado para aqueles que o respondessem de forma aleatória (50%)).

Ainda que as evidências das várias síndromes decorrentes do trauma, como nos casos de estupro e de mulheres espancadas, sejam levadas aos tribunais e valorizadas de maneira diferenciada pelos magistrados, caberia ao perito esclarecer, de modo preciso, o diagnóstico e os sintomas dele decorrente (Slovenko, 1994).

Boeschen e colaboradores (1998), ao avaliar, nos tribunais, as perícias sobre traumas decorrentes de estupro, dizem que o diagnóstico de TEPT, apesar de não ser perfeito para este tipo de avaliação, é ainda o mais confiável e válido, especialmente quando acompanhado por uma descrição adicional dos sintomas pós-estupro, que estão ausentes nos critérios do TEPT. Lembram que este diagnóstico não foi construído para um tipo específico de trauma, portanto, cabe ao perito usá-lo de forma cautelosa e apropriada quando tiver o objetivo de demonstrar uma reação típica ao estupro, reconhecendo os limites da validade de tal diagnóstico. Para Slovenko (1994), deve-se diferenciar a postura do perito em fornecer informações no sentido de esclarecer os sintomas existentes e a de, utopicamente, buscar a confirmação do fato. O perito que realizar sua tarefa com este último objetivo tenderá a sofrer a falta de credibilidade junto ao contexto judiciário.

A avaliação do TEPT em uma amostra de mulheres brasileiras vítimas de violência

No caso da violência contra a mulher, são inúmeros os estudos constantes na literatura estrangeira quanto à demonstração de seus efeitos nocivos à saúde física e psicológica. No primeiro caso, os estudos descrevem os traumas neurológicos, as lesões ortopédicas, e as doenças sexualmente transmissíveis, as doenças psicossomáticas que tendem a se cronificar e as dores persistentes. Mas é, principalmente, em relação à saúde psíquica que se encontram os efeitos mais perversos, caracterizados pela desvalia, desesperança, sintomas de ansiedade e depressão. Nesta discussão entre os efeitos do abuso físico e do abuso psicológico, Montero (2002) procura salientar a importância de se eliminar a idéia da existência de uma dicotomia entre os mesmos, e diz que a violência possui sempre um efeito bidimensional, atuando nocivamente sobre a vítima tanto em um plano físico quanto psicológico.

Observa-se que os sintomas relatados pelas vítimas podem variar conforme o tipo de vitimização denunciada, principalmente se estiverem relacionados a situações crônicas de violência doméstica ou a eventos que se apresentam de forma intempestiva, como no caso da violência sexual extrafamiliar. No primeiro caso, a reação tende a se caracterizar por uma predominância de transtornos depressivos e, no segundo, pelos transtornos de ansiedade. O Transtorno do Estresse Pós-traumático (TEPT) se apresenta como um dos efeitos do trauma mais pesquisados, encontrando-se em intensidade e freqüência diferenciadas na quase totalidade dos eventos traumáticos.

No Brasil, ainda que as evidências psicológicas da violência já tenham sua repercussão reconhecida na área da saúde, persiste, junto à realidade judiciária, a idéia de que a agressão contra a mulher pode ser comprovada apenas através de provas físicas encontradas no exame de corpo delito.

Nesse contexto jurídico, os sintomas e transtornos psicológicos decorrentes do trauma são ainda vistos com desconfiança, sempre que possível colocando-se em dúvida a veracidade das afirmações das vítimas. Apesar do consenso de que as evidências físicas da violência, principalmente as sexuais, na grande maioria dos casos não estão presentes na hora da denúncia, evita-se a busca de novas fontes de informação que não privilegiem o físico.

Com o objetivo de fornecer subsídios empíricos para perícias psicológicas sobre as repercussões emocionais da violência nas mulheres em nosso país, realizou-se um estudo que pudesse descrever a presença e a estabilidade destes prejuízos (fator determinante na avaliação do dano psíquico) em um determinado período de tempo (Rovinski, 2003). De acordo com os objetivos da investigação, os dados foram coletados a partir de dois grupos de mulheres diferenciados quanto ao tipo de vitimização: vítimas de maus-tratos (crônico) e vítimas de violação sexual extrafamiliar (aguda), que se apresentavam junto ao Departamento Médico Legal de Porto Alegre (RS) para exame de corpo delito. As análises dos dados foram feitas em nível transversal, para descrever as características específicas dos transtornos psicológicos de cada grupo de vítimas, como em nível longitudinal, para acompanhar a evolução destes transtornos através do tempo. O procedimento de coleta dos dados junto às vítimas transcorreu em um intervalo de tempo constituído de três momentos: primeiro, quando a vítima realizava a denúncia do delito, segundo, um a dois meses após a ocorrência da vitimização e o terceiro, três a quatro meses depois da ocorrência. Essa pesquisa investigou inúmeros aspectos da vida destas mulheres e de sintomas psíquicos que pudessem apresentar. Porém, os dados que serão aqui apresentados referem-se apenas a uma parte do estudo, especificamente ao Transtorno de Estresse Pós-traumático (TEPT).

Os sintomas de TEPT foram medidos pela Escala de Gravidade dos Sintomas de Estresse Pós-traumático (Echeburúa et al., 1997). Esta é uma escala heteroaplicada que serve para avaliar os sintomas e a intensidade do Transtorno de Estresse Pós-traumático, segundo os critérios diagnósticos do DSM-IV (APA, 1994). Foi construída no formato Likert (de 0 a 3), e se compõe de 17 itens, distribuídos em três áreas referentes a sintomas de reexperimentação (5), de evitação e embotamento da responsividade (7) e de hiperativação (5). O intervalo de pontuação é de 0 a 51 na escala global; de 0 a 15 na subescala de reexperimentação; de 0 a 21 na de evitação e embotamento; e de 0 a 15 na de ativação. Os estudos sobre validade e confiabilidade foram feitos com vítimas de diferentes eventos traumáticos. O ponto de corte proposto para a população espanhola, considerando nível de 100% para sensibilidade e 93,7% para especificidade, é de 15 para a escala global. Este resultado deve estar distribuído de forma equilibrada entre as diferentes subescalas, com os seguintes pontos de cortes parciais propostos: reexperimentação, 5 pontos; evitação e embotamento da responsividade, 6 pontos; e aumento da ativação, 4 pontos. Maiores detalhes sobre os estudos estatísticos realizados com o instrumento na população brasileira podem ser obtidos junto à tese de doutorado que já se encontra publicada.

Para a análise transversal dos sintomas de TEPT optou-se por dois procedimentos. Primeiro, levantar o número de sujeitos em cada grupo da amostra que apresentassem o diagnóstico a partir dos pontos de corte propostos pelo autor para a escala geral e subescalas (Echeburúa et al., 1997). Depois, comparar a intensidade dos sintomas de cada subescala entre os grupos estudados.

Os resultados levantados demonstram uma predominância de diagnósticos positivos no grupo de vítimas de violação sexual em todos os momentos das avaliações de sintomatologia. Na primeira avaliação (1 a 2 meses após o evento traumático) encontrou-se diagnóstico de TEPT em 71,0% das mulheres vítimas de violação sexual e de 36,8% nas vítimas de maus-tratos domésticos ($p<0,005$). Esta diferença reduziu-se para 39,3% e 25,9%, respectivamente, na segunda avaliação (3 a 4 meses após o evento traumático), não apresentando mais diferença de significação estatística.

A comparação dos escores médios das vítimas de maus-tratos e de violação sexual confirma os dados acima descritos. Todas as subescalas e a soma total apresentam diferenças de significação estatística na primeira aplicação dos instrumentos entre os dois grupos da amostra, com sintomas de maior intensidade nas vítimas de violação sexual. Na segunda avaliação, apesar das médias continuarem mais elevadas neste subgrupo, já não se confirma o nível de significância.

No estudo da evolução da sintomatologia do TEPT apresentada pelas mulheres vitimizadas foram calculadas as médias para todas as escalas e subescalas do instrumento utilizado e, depois, realizada a comparação dos resultados entre a primeira e a segunda aplicação dos instrumentos (1 a 2 meses e 3 a 4 meses).

A comparação dos escores do TEPT nas vítimas de maus-tratos (crônico) demonstra um perfil sem modificações de significância estatística, indicando que os níveis de tal sintomatologia permanecem muito semelhantes através do tempo em que as avaliações foram realizadas.

De modo contrário, nas vítimas por violação sexual extrafamiliar (agudo) encontrou-se um perfil caracterizado pela diminuição significativa dos escores em todas as escalas de TEPT, indicando a tendência à remissão dos sintomas através do tempo.

Além do acompanhamento longitudinal dos escores médios das vítimas quanto ao Transtorno de Estresse Pós-traumático, também foi realizado um estudo sobre a evolução do número de casos que tiveram este diagnóstico por meio do instrumento utilizado em sua avaliação (Echeburúa *et al.*, 1997).

O estudo longitudinal dos casos diagnosticados de TEPT demonstrou a existência de duas categorias majoritárias, diferenciadas em função do subgrupo da amostra. No caso dos maus-tratos, a categoria de maior freqüência foi aquela constituída por mulheres que se apresentaram sem diagnóstico desde a primeira avaliação e assim permaneceram até o final (55,6%). No caso das mulheres vítimas de violação sexual, a categoria com maior número de sujeitos foi aquela da remissão do transtorno, isto é, apresentaram o diagnóstico na primeira avaliação, mas não o confirmaram na segunda (42,9%). Este número acentuado de casos de remissão no grupo de mulheres vítimas de violação sexual (42,9%), se comparadas com o grupo de maus-tratos (18,5%), explica porque, num primeiro momento, estes dois subgrupos da amostra apresentaram diferenças de significação estatística na intensidade dos sintomas que não se manteve na avaliação final.

A integração destes dados traz algumas contribuições ao estudo do dano psíquico em mulheres vítimas de violência. Primeiro, permite concluir que estas mulheres apresentam elevado índice de sintomas de Estresse Pós-traumático, principalmente quando avaliadas em um período mais próximo do evento traumático. Segundo, que o tipo de vitimização traz perfis diferenciados quanto à intensidade e remissão dos sintomas. As vítimas de agressões crônicas (maus-tratos) apresentam sempre níveis mais baixos de sintomas de TEPT, em relação às de violação sexual (agudo), e também se diferenciam pela maior estabilidade dos escores nas avaliações realizadas. As vítimas sexuais têm escores mais altos, com maior remissão dos sintomas através do tempo.

Apesar destas diferenças é importante salientar que, considerando o grupo total da amostra, na última avaliação 32,7% das mulheres vitimizadas ainda apresentavam o Transtorno do Estresse Pós-traumático. Os achados da literatura que confirmam a remissão dos sintomas em mais de 50% dos casos de TEPT nos primeiros três meses da vitimização (DSM-IV) também alertam para a cronificação daqueles remanescentes em até mais de quatro anos (Kilpatrick, 1992), sugerindo que os achados nesta pesquisa (após 4 meses da situação traumática) poderão vir a se manter como indícios da agressão sofrida por muito mais tempo.

Os achados clínicos descritos nesta pesquisa corroboram inúmeros estudos já apresentados pela literatura estrangeira de que se podem observar sintomas psíquicos em mulheres vitimizadas, decorrentes da situação traumática. Ainda que estes não sejam produzidos por pesquisa experimental, que pudesse garantir a relação de causalidade, apresentam-se significativos para serem utilizados como elementos de prova junto aos tribunais de justiça.

A perícia do dano psíquico, em mulheres vitimizadas criminalmente, pode trazer subsídios aos autos do processo em que, muitas vezes, a perícia dos indícios físicos se tornou ineficaz. Porém, a ressalva colocada pelos autores, e que aqui se endossa, é a necessidade de se respeitarem as limitações, no sentido de não transformar os achados da prova psicológica em prova cabal da existência de um determinado tipo de trauma, mas em mais um elemento no conjunto dos dados que pode levar à convicção da ocorrência do evento.

A garantia dos direitos da personalidade, nos quais se inclui a integridade psicológica, já se encontra legitimada na Constituição Federal do Brasil (1988). E, ainda que não se encontre referência direta ao termo "dano psíquico", este fica legitimado por se inserir na ampla tutela do dano moral. Alguns trabalhos já têm sido feitos no sentido de implementar esta nova sistemática de valoração dos danos, a fim de proteger os direitos da personalidade das mulheres, como no caso da tese desenvolvida por Silva (1999), em que defende os direitos de saúde física e *psíquica* da esposa em relação à conduta marital. Porém, estes ainda são poucos e não refletem a cultura judiciária no trato com a mulher vítima, no Brasil.

O trabalho do psicólogo forense vem ao encontro desta atual demanda, pois pode por meio de seu referencial teórico e instrumental técnico demonstrar a presença de danos psicológicos decorrentes de experiências traumáticas e, com isso, possibilitar o seu reconhecimento e o agir em relação à garantia dos direitos constitucionais.

Referências bibliográficas

AMERICAN PSYCHIATRIC ASSOCIATION. *Diagnostic and statistical manual of mental disorders*. 4 ed. Washington, DC: Author, 1994.

AMERICAN PSYCHIATRIC ASSOCIATION. *Diagnostic and statistical manual of mental disorders*. 4 ed. rev. Washington, DC: Author, 2002.

ARANTES, E. M. de M. Psicologia e a luta pelos direitos humanos. In:LANCETTI, A.; COIMBRA, C. M. B.;SADER, E.; ARANTES, E. M. M.; TIDBALL-BINZ, M. SAIDON, DELGADO, P. G.; PERBART, P. P. *Psicologia, direitos humanos e sofrimento mental*. São Paulo: Casa do Psicólogo/ Conselho Federal de Psicologia, 2000. p.63-6.

ARRUDA, A. F. M. F. *Dano moral puro ou psíquico*. São Paulo: Juarez de Oliveira, 1999.

BOESCHEN, L. E.; SALES, B. D.; KOSS, M. P. Rape trauma experts in the courtroom. *Psychology, Public Policy, and Law, 4* (1-2), 414-432, 1998.

BRASIL. *Texto constitucional de 5 de outubro de 1988*. São Paulo: Saraiva, 1988.

CASTEX, M. *Daño psiquico*. Buenos Aires: Tekné, 1997.

DARAY, H. *Daño psicológico*. Buenos Aires: Astrea, 1995.

ECHEBURÚA, E.; CORRAL, P.; AMOR, P. J.; ZUBIZARRETA, I.; SARASUA, B. Escala de gravidad de síntomas del transtorno de estrés postraumático: propriedades psicométricas. *Análisis y modificación de conduta,* 23 (90), 503-527, 1997.

ECHEBURÚA, E.; CORRAL, P.; AMOR, P. J. Evaluación del daño psicológico en las víctimas de delitos violentos. *Psicothema,* 14 (sup), 139-146, 2002.

FRANÇA, G. V. Avaliação e valoração médico-legal do dano psíquico [On-line]. Disponível: http://www.ibemol.com.br/genival/avaliacao_dano_psiquico.htm, 2001.

GÁLVEZ VILLARREAL, J. M.; MANDIOLA TAGLE, S. A. Estúdio descriptivo exploratório de procesos penales. Efectos e alcances de los peritajes em víctimas de delitos sexuales em las sentencias definitivas de primera instancia. *Anais IV Congreso de la Asociación Ibero-americana de Psicología Jurídica.* Madrid, 2001.

GOMES, C. L. S. P.; SANTOS, M. C. C. L.; SANTOS, J. A. *Dano psíquico.* São Paulo: Oliveira Mendes, 1998.

KILPATRICK, D. Etiologia e fatores predictivos de estrés postraumático en víctimas de ag0resiones sexuales. In: ECHEBURÚA, E. *Avances en el tratamiente psicológico de los transtornos de ansiedad.* Madrid: Pirámide, 1992. p. 119-143.

LICITRA, L. A. de; PICCOLO, B. Modos de abordaje pericial en menores de trece años presuntas víctimas de delitos contra la integridad sexual, tratando de disminuir la revictimización institucional. *Anais IV Congreso de la Asociación Ibero-americana de Psicología Jurídica*. Madrid, 2001

MELTON, G. B.; PETRILA, J.; POYTHRESS, N. G; SLOBOGIN, C. *Psychological Evaluations for the courts. A handbook for Mental Health Professionals and Lawyers*. 2. ed. New York: Guilford Press, 1997.

MONTERO, A. El Síndrome de Estocolmo doméstico en mujeres maltratadas. *Claves de Razón Practica,* 104, 40-43, jul./ago., 2000.

ORGANIZAÇÃO MUNDIAL DA SAÚDE. Classificação de Transtornos mentais e de Comportamento da CID-10: Descrições clínicas e diretrizes diagnósticas. Porto Alegre: Artes Médicas, 1993.

ORGANIZAÇÃO MUNDIAL DA SAÚDE . Violence and Injury Prevention. [On-line] Disponível: www. who.int/ violence_injury_prevention/raw/violence.htm, 2002.

ROVINSKI, S. L. R. *Estudo comparativo do dano psíquico em mulheres vítimas de violência doméstica e de abuso sexual.* Dissertação, publicada em CD (Doutorado) – Universidade de Santiago de Compostela. Santiago de Compostela, Espanha, 2003.

SILVA, W. M. *O dano moral e sua reparação*. 3. ed. Rio de Janeiro: Forense, 1983.

SIMON, R. I. *Posttraumatic stress disorder in litigation: guidelines for forensic assessment.* Washington: American Psychiatric Press,1995.

SLOVENKO, R. Legal aspects of posttraumatic stress disorder. *Psychiatric Clinics of North America,* 17 (2), 439-446, 1994.

VILLANUEVA CAÑADAS, E. Peculiaridades de la prueba pericial en la valoración del danõ psíquico. *Folia Neuropsiquiátrica,* 30, 97-121, 1995.

O laudo pericial e a interdisciplinaridade no Poder Judiciário

Sidney Shine e Maria Isabel Strong

Introdução

Nós, um psicólogo e uma assistente social do Tribunal de Justiça do Estado de São Paulo, procuramos realizar um *trabalho interdisciplinar* teórico-crítico. Anterior a qualquer projeto específico, tomou-nos a consciência da falta de clareza de conceitos básicos. Àquela altura mal sabíamos que a própria situação de indefinição de *fronteiras* fazia parte da "coisa" interdisciplinar (Japiassu, 1976).

Pois bem, elegemos como meta inicial um trabalho de pesquisa sobre o próprio conceito de *interdisciplinaridade*. Ora, tanto a Psicologia como o Serviço Social têm uma tradição de se colocar de forma *crítica* e *informada* dos vários viéses dos próprios fenômenos que estuda. Por que seria diferente com este trabalho? A partir daí, o nosso projeto foi tomando corpo.

O objetivo

Pretendemos realizar uma análise de um instrumento interdisciplinar proveniente do campo da Psicologia e do Serviço Social, a partir de sua utilização pelo Poder Judiciário: *o laudo psicossocial*.

Portanto, uma primeira justificativa para este trabalho surge já da própria necessidade comum às duas disciplinas, e de nossa consciência de uma boa atuação nelas: em primeiro lugar, um olhar distanciado e crítico – não aceitar o dado como "natural". Nesse sentido, procuraremos situar os conceitos de interdisciplinaridade e afins dentro de uma perspectiva histórica, buscando a clarificação dos termos e conceitos a fim de precisarmos qual é a terminologia que empregamos.

Em um segundo momento, analisamos o produto acabado e relevante da prática do assistente social e do psicólogo judiciário. Escolhemos como objeto privilegiado de nossa análise um tipo de documento resultante da atuação profissional, fruto da atuação conjunta de psicólogos e assistentes sociais, ou seja, *o laudo psicossocial*. O laudo enfeixa as conclusões a que chegaram os profissionais que trabalharam no caso. Ele é ao mesmo tempo *prova* no processo e *resultado do esforço conjunto de dois profissionais de áreas distintas*, portanto um empreendimento interdisciplinar. Poderíamos colocar a pergunta que norteia nossa pesquisa da seguinte forma: *O laudo psicossocial é um produto interdisciplinar? Qual é a sua finalidade e razão de existência segundo os interesses da instituição em que é utilizada?*

A partir de nossa análise à luz dos conceitos teóricos retirados da literatura específica iremos redimensionar e reavaliar tal prática.

Pensamos que tal trabalho, de cunho teórico, seja uma contribuição relevante aos colegas e à instituição para um melhor conhecimento e entendimento de uma prática cotidiana. Queremos lançar um "novo olhar" por meio dos "óculos" conceituais da interdisciplinaridade para podermos voltar a enxergar, com maior clareza, aquilo que a rotina acaba institucionalizando como "natural".

O método

Realizamos um levantamento bibliográfico de obras que abordassem a interdisciplinaridade, seja em um enfoque epistemológico seja enquanto proposta de trabalho ou ação.

A nossa inserção na instituição permitiu uma coleta privilegiada de artigos, trabalhos publicados internamente e outros de natureza acadêmica. Arrolamos e comentamos os mais relevantes para a nossa pesquisa. Então, elegemos quatro *laudos psicossociais* como os encontramos nos autos dos processo. Esta amostra se definiu de maneira aleatória, a partir dos laudos que encontramos em nossa própria prática profissional. Agrupamos tais laudos de acordo com sua própria designação, que traz em seu bojo a característica principal de ser um documento assinado em conjunto que pretende subsidiar o magistrado em alguma questão técnica das referidas áreas do conhecimento. Cabe esclarecer que nós, os autores deste trabalho, não realizamos laudos com tais características, no entanto, sabemos da realização destes por parte de colegas de outros foros (capital e interior).

Levantamos como perguntas norteadoras: *Seria tal laudo realmente interdisciplinar*? *Ele seria mais adequado e afinado às necessidade da instituição judiciária?Haveria uma tendência dos profissionais psi e do serviço social à interdisciplinaridade* (como afirmam alguns autores como Japiassu, 1976). *O laudo psicossocial seria o seu protótipo?* Ou *seria tal laudo mera justaposição de dados, realizados em função da demanda de serviço e economia de tempo? Um modismo intelectual que retira a especificidade de ambos os campos, tornando ainda mais problemática a questão da identidade profissional em uma instituição em cuja inserção é recente*[1]*?*

Pensamos que ao nos debruçarmos na análise teórica-crítica destes laudos psicossociais estaremos cumprindo nosso papel profissional de refinar nosso instrumental em busca de melhor desenvolvermos uma metodologia de trabalho na instituição judiciária. Ao mesmo tempo, a consecução deste trabalho teórico deve refletir, necessariamente, os passos pressupostos para uma atividade interdisciplinar, constituindo-se ao final um *estudo interdisciplinar*. Advertimos, porém, que não estamos realizando uma crítica pessoal a qualquer profissional de nenhuma das categorias. Estamos preocupados com a construção do conhecimento de nossas disciplinas, dentro da instituição judiciária.

---

[1] Sobre o histórico dos profissionais assistentes sociais ver DAVIDOVICH, T. Z. Histórico do Serviço Social no Tribunal de Justiça. In: *Manual do Curso de Iniciação Funcional para Assistentes Sociais e Psicólogos Judiciários.* São Paulo: Tribunal de Justiça do Estado de São Paulo/Centro Brasileiro para a Infância e Adolescência, 1993, p. 45-51. Para o histórico dos psicólogos ver BERNARDI, D. C. F. História da inserção do profissional psicólogo no Tribunal de Justiça do Estado de São Paulo – Um capítulo da Psicologia Jurídica no Brasil. In: BRITO, L. M. T. (org.) *Temas de Psicologia Jurídica.* Rio de Janeiro: Relume Dumará, 1999, p. 103-130.

Passaremos agora a especificar a origem do termo interdisciplinar da forma como o compreendemos a partir de nossa pesquisa bibliográfica.

A interdisciplinaridade na história

Georges Gusdorf[2] (*apud* Japiassu, 1976) aparece como um dos principais precursores do movimento em prol de uma interdisciplinaridade. Em 1961, ele apresentou à Unesco um projeto de pesquisa interdisciplinar para as ciências humanas, cuja intenção era orientar para uma *convergência.*

Fazenda (1994) cita a realização de um colóquio em Louvain, em 1967, cuja finalidade era refletir sobre o estatuto epistemológico da *teologia.* Nomes como Houtart, Tödt, Ladrière e Palmade se fizeram presentes, todos futuros teóricos da interdisciplinaridade.

Estas reflexões convergiram para a tentativa de conceber a universidade como um local privilegiado onde as barreiras entre as disciplinas pudessem ser minimizadas. Um documento redigido por um comitê de *experts* sob o patrocínio da *Organization et Coopération du Développement Economique* (OCDE) visava contemplar os principais problemas do *ensino* e da *pesquisa* nas universidades (Fazenda, 1994). O ensino universitário deveria exigir uma *atitude interdisciplinar*, um ponto de vista capaz de exercer uma reflexão crítica e autocrítica do funcionamento da instituição, levando ao desenvolvimento da pesquisa e da inovação.

Data da década de 1970 a necessidade de uma distinção conceitual, pois esta levaria a uma melhor explicitação metodológica. Não é sem surpresa, portanto, que em nosso projeto de trabalho, logo no início, sentimos a necessidade de uma clareza conceitual do termo *interdisciplinar* e uma distinção em relação a termos que por vezes parecem ser tomados como sinônimos: *multidisciplinar*, *pluridisciplinar* e *transdisciplinar.*

---

2 GUSDORF, G. Projet de recherche interdisciplinaire dans les sciences humaines. In: *Les sciences de l'homme sont des sciences humaines*, 1967.

Interdisciplinaridade, multidisciplinaridade, pluridisciplinaridade e transdisciplinaridade

> Como vimos, se queremos precisar o sentido do termo "interdisciplinaridade" devemos estabelecer, antes, o que vem a ser a "disciplinaridade". Se fizermos certas previsões de ordem epistemológica nesses termos, chegaremos a uma diferenciação dos diversos tipos ou modalidades do "interdisciplinar". Assim, para nós, "disciplina" tem o mesmo sentido que "ciência". E "disciplinaridade" significa a exploração científica especializada de determinado domínio homogêneo de estudo, isto é, o conjunto sistemático e organizado de conhecimentos que apresentam características próprias nos planos do ensino, da formação, dos métodos e das matérias; esta exploração consiste em fazer surgir novos conhecimentos que se substituem aos antigos (Japiassu, 1976, p. 72).

Pensamos que a partir da definição acima estamos autorizados a considerar a colaboração entre os profissionais assistente social e psicólogo judiciários como uma *empreitada interdisciplinar*. A questão é o quanto do uso da palavra interdisciplinar não responde a um *modismo*, como bem denuncia Fazenda (1994, p. 24):

> Passou a ser palavra de ordem a ser empreendida na educação, aprioristicamente, sem atentar-se para os princípios, muito menos para as dificuldades de sua realização. Impensadamente tornou-se a semente e o produto das reformas educacionais empreendidas entre 1968 e 1971 (nos três graus de ensino).

O termo "interdisciplinar" não possui um sentido epistemológico único e estável (Japiassu, 1976). A década de 1970, no Brasil, foi a de se buscar uma construção epistemológica da interdisciplinaridade, portanto caracterizou-se pela procura de uma *explicitação filosófica*, onde se destacam estes dois autores: Japiassu (1976) e Fazenda (1994). Antes mesmo de se conceituar o termo *interdisciplinaridade*, era necessário que ele fosse traduzido e que se chegasse a um acordo sobre a forma correta de escrita[3].

Em oposição inicial ao termo "interdisciplinaridade", temos o termo "multidisciplinar[4]". Como coloca Japiassu (1976, p.73):

> Quando nos situamos no nível do simples multidisciplinar, a solução de um problema só exige informações tomadas de empréstimo a duas ou mais especialidades ou setores do conhecimento, sem que as disciplinas levadas a contribuírem por aquela que as utiliza sejam modificadas ou enriquecidas. Em outros termos, a *démarche* multidisciplinar consiste em estudar um objeto sob diferentes ângulos, mas sem que tenha necessariamente havido um acordo prévio sobre os métodos a seguir ou sobre os conceitos a serem utilizados.

Portanto, quando se fala em multidisciplinar, estamos falando de apenas *uma justaposição dos recursos de uma ou várias disciplinas sem que haja um trabalho de equipe e coordenado.*

Neste sentido, tanto o trabalho *multi* quanto o *pluridisciplinar* realizam um *agrupamento*, a diferença estaria que *o segundo modelo (o pluridisciplinar) implicaria num grau maior de cooperação, mas ainda sem coordenação.*

Analisando sob este ponto de vista, citamos o trabalho de Shine (1997) intitulado "Experiência em Grupo Multiprofissional". Este trabalho é a transcrição do processo, acrescido de uma avaliação crítica da atividade denominada "grupo de estudo de caso". O autor se vale de uma metodologia aprendida alhures (Tavistock, Londres) em um modelo que chama de *workshop* com uma estrutura, até certo ponto rígida, que condicionava o objetivo do grupo (estudar práticas do atendimento institucional) e o procedimento (discussão de caso pessoal e estudo de um texto teórico, com registro do conteúdo das reuniões). Não havia proposta para utilização de conceitos-chave ou a formação de uma linguagem única, como também

[3] No Brasil, a palavra aparece assim traduzida: *interdisciplinaridade* (do francês ou do inglês) ou *interdisciplinariedade* (do espanhol).

[4] Segundo o Dicionário Aurélio: Referente a, ou que abrange muitas disciplinas.

não se colocava como objetivo o estreitamento das disciplinas ali representadas. O objetivo explícito era "a formação de um saber específico, retirado de nossa prática para a consolidação da área de atuação jurídica". A prática da reflexão conjunta não questionava os limites entre disciplinas, mas destacava como vantagem "a possibilidade de discutir problemas, elaborar a angústia frente ao trabalho, aumentar recursos pessoais para o trabalho e trocar experiências e atualização que puderem ser preenchidas durante o percurso" (Shine, 1997, p. 5).

A possibilidade de cooperação e colaboração foi abordada diretamente nos seguintes termos (Shine, 1997, p. 4):

> Do mesmo jeito aspectos específicos da cooperação e colaboração de uma área para a outra não foram abordados. Levantamos como hipótese de que é primeiro necessário a percepção das diferenças para depois pensar na questão da colaboração - competição. Isto se reflete na instituição através de uma indistinção entre os profissionais; é comum o juiz ou o escrevente solicitar "laudo social" para psicólogo, ou o contrário. Isto aponta para a necessária tarefa de se pensar já nas próprias universidades, estágios e cursos optativos que fossem preparando o profissional para tal área de atuação fortalecendo a identidade profissional.

Nesta categoria de *trabalho multidisciplinar* ou *pluridisciplinar* encontramos outro exemplo na proposta de Camargo (1982) que tratava das "audiências interprofissionais". Esta obra de um juiz se inscreve ainda nos parâmetros legais do Código de Menores (Lei Federal nº 6.697 de 10 de outubro de 1979) que veio a atualizar o primeiro Código de Menores vigente no Brasil (Lei nº 17.943-A de 12 de outubro de 1927). Este código se baseava na teoria da situação irregular: "A situação irregular, portanto, traz como característica a intenção ou a omissão dos pais ou responsáveis em permitir que os filhos, ou pupilos, entrem na esfera de comportamento social diverso ao vigente ou admitido pela comunidade" (Camargo, 1982, p. 15). Do ponto de vista da criança, diz Sajon, R. *et al.*, 1973 (*apud* Camargo, 1982, p. 15):

> 1. é aquela situação em que se encontra um menor, tanto quanto incorreu num fato anti-social, como quando se encontra em estado de perigo, abandonado material e moralmente ou se padece de um déficit físico ou mental. 2. Diz-se, também, dos menores que não recebem o tratamento, a educação e os cuidados que correspondem às suas individualidades.

Segundo a análise crítica de Adorno (1993), essa teoria pressupunha uma visão da ordem social como uma totalidade articulada de ações integradas entre si, incompatível com a desobediência civil e com comportamentos "desviantes" às normas consideradas dominantes e universais, independente de suas diferenças sociais e culturais. No momento, não nos interessa aprofundar nesta análise, mas verificarmos como se daria a proposta da "audiência interprofissional" enquanto uma metodologia multidisciplinar.

Camargo (1982, p.22) discrimina os fundamentos legais nos quais se embasaria sua proposta para participação da equipe técnica (entenda-se assistente social e psicólogo) que seria o artigo 4º, III e o artigo 97, § 2.º. Nas palavras do autor:

> O sistema de audiência interprofissional tem por modelo o mesmo procedimento de países mais avançados, onde qualquer decisão na área do Direito do Menor é precedida de pareceres técnicos, possibilitando ao Juiz de Menores uma solução condizente com a condição sócio-econômico-familiar do menor e seu responsável.

Ao contrário do que poderíamos esperar de uma proposta interdisciplinar onde as fronteiras entre as disciplinas ficam relativizadas, temos uma tentativa de demarcação clara das competências e funções nesta proposta. Nela, o Juiz de Menores seria a "figura central" que, além de "presidir" as Audiências interprofissionais, "orienta a política para a reintegração do menor na comunidade" (Camargo, 1982, p. 23). O autor se pergunta: *"Estaria o Juiz de Menores subordinando-se ao Assistente Social ou Psicólogo, para sua decisão?"* (idem, ibidem). Camargo (1982, p. 24) deixa claro que:

> O problema não é de divisão de poderes do Juiz de Menores, mas a fixação de uma faixa de trabalho, onde todos os pareceres convergem a um fundamento legal, capaz de ser exigido das partes, como meio de equilíbrio social.

Observe-se que a palavra *convergência* também se faz presente aqui, contudo a convergência privilegia um enfoque em particular: *o fundamento legal*, cujo objetivo explícito é o "equilíbrio social". Portanto, o fundamento legal não é entendido como mais um elemento a convergir na dinâmica que se estabelece, mas, claramente, é seu foco principal em cujo representante se faz personificar na figura do Juiz em uma função *coordenadora* dos demais aportes. Esta caracterização seria o de um empreendimento interdisciplinar? Pensamos que não, dada a rigidez dos limites e a hierarquia funcional e administrativa que confere ao Juiz um lugar de poder diferenciado.

Ao assistente social caberia "desempenhar funções relevantes no juízo interprofissional", bem como "no acompanhamento dos casos" e na "integração social do menor, junto à família e à própria comunidade" (Camargo, 1982, p. 25).

O limite entre o assistente social e o psicólogo é recolocado nos seguintes termos pelo autor (Camargo, 1982, p. 26):

> Deve ficar bem claro que o Assistente Social também tem seu limite, ou seja, seu campo de trabalho específico, não podendo interferir no aspecto psicológico ou jurídico da questão, aquele que é de responsabilidade do Psicólogo e este, exclusivo do Juiz de Menores. Sua função, na Vara de Menores, é a captação do momento social, do mundo do menor e de sua família, transmiti-los aos Juízes para que estes apliquem as medidas previstas em lei, regularizando a situação do menor.

Retornemos, agora, à definição de *interdisciplinar* de Japiassu (1976), segundo citação de Fazenda (1994, p. 74-75):

> ... a interdisciplinaridade se caracteriza pela intensidade das trocas entre os especialistas e pelo grau de integração real das

> disciplinas, no interior de um projeto específico de pesquisa" (p. 74). Japiassu (1976) ressalta que o horizonte epistemológico da interdisciplinaridade não pode ser outro senão o campo unitário do conhecimento. Portanto, esse espaço não seria conquistado pela simples adição de especialidades. "O fundamento do espaço interdisciplinar deverá ser procurado na negação e na superação das fronteiras disciplinares".

É neste sentido que Japiassu (1976) fala em projetos que englobem o esforço conjunto de representantes de diversas disciplinas. No plano da ação, os franceses denominam esse método *concertée,* os americanos *field-induced researches* ou *problem-focused researches.* Ou seja, a proposta que acabamos de ver não se enquadra nesta definição, mesmo que haja uma convergência dada pelo fundamento legal[5].

Encontramos um outro trabalho que poderia ser pensado como uma *pesquisa orientada interdisciplinariamente*, que é o "Inventário de necessidades", realizado por um grupo de técnicos composto de psicólogos e assistentes sociais que visavam traçar um perfil dos profissionais da instituição e localizar problemas pontuais para a prática, a fim de subsidiar uma ação integrada e racional no ataque a tais problemas (Comissão de Desenvolvimento Profissional dos Assistentes Sociais e Psicólogos do Tribunal de Justiça do Estado de São Paulo, 1991).

Este trabalho foi realizado em várias etapas e por grupos diferentes de assistentes sociais e psicólogos, fazendo parte de um convênio com uma outra instituição, a Fundação do Bem Estar do Menor (Funabem). O instrumento utilizado foi um "questionário" elaborado por um grupo de trabalho e respondido pelos participantes do II Encontro de Assistentes Sociais e Psicólogos do Tribunal de Justiça de São Paulo em 25 e 26 de novembro de 1988. A amostra final considerada foi de 130 questionários, preenchidos por 93 assistentes sociais e 37 psicólogos. *É interessante observar que, apesar dos itens*

[5] "O Psicólogo e o Assistente Social têm um trabalho unidirecionado, que é a busca do bem-estar do menor, através da sua integração sócio-família, prevista no artigo 13 do Código de Menores" (idem ibidem).

serem os mesmos, as respostas foram analisadas em separado por dois profissionais externos à instituição, contratados para este fim: uma assistente social e um psicólogo. Apesar deste ser um exemplo prático de uma pesquisa interdisciplinar, em seu resultado ela mantém uma separação das respectivas profissões e "uma dependência institucional e profissional". Nas palavras de uma das profissionais que analisaram as respostas (Jorge, 1990, p. 83-84):

> Enquanto não nos reconhecermos nessa condição de intelectuais só estamos reforçando os mecanismos que nos mantêm na dependência institucional e profissional. Fato que confirma essa observação foi constatado ao procurar os trabalhos produzidos pelos "técnicos" do II Encontro a eles destinado. Na agenda prevista e nos Anais estão registrados 11 (onze) momentos de apresentação e discussão de temas. Destes, 5 (cinco) foram destinados à palavra de Desembargador, Juízes de Direito e Promotor de Justiça; 1 (um) para a Presidente da FUNABEM; 5 (cinco) foram distribuídos entre os Psicólogos e Assistentes Sociais. Nestes 5 (cinco) momentos estão incluídos: o Discurso de Abertura, portanto, sendo 4 (quatro) os espaços em que a apresentação e discussão de temas se voltaram às questões específicas das duas áreas profissionais envolvidas.

Do convênio com a Funabem, firmado nos anos de 1991/1992, várias atividades técnicas tiveram lugar. Dentre elas destacamos o esforço conjunto de planejar, organizar e realizar atividade de *treinamento* dos novos profissionais técnicos ingressantes na instituição. Deste esforço teórico-técnico foi produzido o "Manual do curso de iniciação funcional para assistentes sociais e psicólogos judiciários" num produto final que congregava o mesmo objetivo (didático e técnico) posto em funcionamento por um grupo de trabalho interdisciplinar. Trata-se de um material bibliográfico rico por seu pioneirismo, mas com uma circulação somente interna à instituição.

Analisando o seu conteúdo, percebemos que os diferentes profissionais que comparecem em sua contribuição falam de suas respectivas atividades: o juiz, o escrivão diretor de cartório, psicólogos e assistentes sociais das Varas da Infância e Juventude, psicólogos e assistentes sociais das Varas de Família, e assim por diante. Do mesmo modo as aulas eram divididas em grupos de assistentes sociais e psicólogos em que cada grupo tinha aulas em comum apenas com os profissionais da instituição não-técnicos (juiz e cartorário). As aulas técnicas, digamos assim, eram dadas *separadamente* para as duas categorias. Situação que reinstala a divisão entre as duas profissões dentro da especificidade da instituição.

Os únicos textos que diferem desta estrutura são: "Aspectos do Atendimento ao Adolescente que pratica delitos", de autoria de Colman (assistente social) & Kadri (psicólogo), e "Perícia Social e Psicológica na Vara de Família e das Sucessões: Comentários sobre a Lei nº 8.455 de 24/08/92", de Pinto (assistente social) & Shine (psicólogo).

O primeiro trabalho endereça questões comuns quanto à estrutura funcional da instituição, papel de outros profissionais presentes, e caracterização da clientela atendida. Em relação às questões técnicas são apontadas as diversas formas de atuação de forma genérica, o que era suficiente para os propósitos originais.

O segundo trabalho, de Pinto e Shine (1993), foca a questão legal como ponto de convergência do interesse conjunto, uma vez que a alteração dos dispositivos legais afetaria a forma de trabalhar de ambas as categorias profissionais dentro das perícias em Vara de Família. Portanto, é novamente no encontro de um *ponto em comum* que a parceria se torna possível, aquele na explicitação de uma estrutura jurídica que informa e forma o trabalho técnico (Colman & Kadri, 1992) e este na apreciação das conseqüências para a prática pericial em Serviço Social e Psicologia das alterações dos dispositivos do Código do Processo Civil que regulamentam tais atividades.

Encontramos no trabalho de Alonso e Melão (1993, p. 225), que compõe o Manual referido acima, uma menção específica ao trabalho conjunto com o colega assistente social:

> Durante a sua atuação o psicólogo deve ter sempre presente a possibilidade de reflexão e discussão dos casos com o assistente social, que paralelamente está realizando seu trabalho, procurando ter uma visão global do caso em estudo. O ideal seria a discussão conjunta do caso e, se possível, um consenso no

> parecer, apesar de o Serviço Social e de a Psicologia serem formas de intervenção na realidade, cujos objetivos são complementares com distinção nos enfoques técnicos do caso.

Fazemos notar que "a discussão conjunta" é colocada como "o ideal", e, sendo possível, "um consenso no parecer". *Parece-nos que esta orientação está na base da possibilidade da construção de um laudo psicossocial.* Se há discussão conjunta e convergência no parecer, isto bastaria para resultar na redação em conjunto e na produção de um laudo psicossocial? Deixaremos a questão em suspenso por hora.

Terminemos por definir o último conceito que discriminamos como fazendo parte de um rol de termos e conceitos que podem trazer dúvidas e confusões. Tendo discorrido sobre a multidisciplinaridade, a pluridisciplinaridade e a interdisciplinaridade, o último termo é a *transdisciplinaridade*.

O termo transdisciplinaridade é introduzido por Piaget (*apud* Japiassu, 1976, p. 75) da seguinte forma:

> Enfim, à etapa das relações interdisciplinares, podemos esperar que se suceda uma etapa superior, que não se contentaria em atingir interações ou reciprocidade entre pesquisas especializadas, mas que situaria essas ligações no interior de um sistema total, sem fronteiras estabelecidas entre as disciplinas.

Japiassu (1976) já adianta que Piaget idealizou tal etapa como algo "previsível", mas que estaria muito longe da realização. Uma vez que tal sistema total teria que dar conta de níveis e objetivos múltiplos, com coordenação de todas as disciplinas e interdisciplinas, tendo por base uma axiomática geral (objetivos de sistemas globais) capaz de instaurar uma coordenação, visando a uma finalidade comum dos sistemas. Existem autores que pensam sobre a possibilidade de um trabalho de natureza transdisciplinar (Passos, E.; Barros, R. B., s.d.; Vieira, A. 2003). Em nosso trabalho privilegiamos o enfoque interdisciplinar, pois é o termo referido com maior freqüência quando se aborda o trabalho conjunto do psicólogo e assistente social judiciários.

O laudo psicossocial

Uma vez que a metodologia interdisciplinar é algo a ser criada, pensamos que fazer uma exegese dos exemplares de laudos de nossa amostra poderia se concentrar na *questão metodológica*. Enquanto resultado de um trabalho de avaliação social e avaliação psicológica, o laudo psicossocial seguiria certas "regras metodológicas" de acordo com a orientação de cada disciplina-ciência. Ora, fazer um trabalho conjunto teria que passar por uma necessária confrontação das exigências metodológicas de cada intervenção e a superação destas na forma de algo que pudesse ser comum e, ao mesmo tempo, sustentar o rigor necessário mínimo requerido para cada uma em separado. Seria esta a condição necessária a subsidiar uma atividade interdisciplinar que resulte num produto também de mesma natureza. Era a nossa hipótese primária. Portanto, *como tais laudos se revelam no seu aspecto metodológico? Como poderemos ter acesso à finalidade, destinação e razão do laudo psicossocial a partir de seus fundamentos metodológicos? Ao procedermos a esta análise, chegaríamos ao cerne de sobre o quê o laudo se debruça, de quê se ocupa e a que ele visa?* Eis o percurso que convidamos o leitor a percorrer conosco nesta parte central de nosso trabalho.

Faz-se necessário, antes de mais nada, buscar alguns parâmetros metodológicos que estejam de acordo com as orientações para cada categoria. Encontramos tais parâmetros a partir de duas fontes distintas. Uma, interna à instituição, dos trabalhos dos colegas do judiciário que fazem parte das orientações contidas no Manual do Curso de Iniciação Funcional para Assistentes Sociais e Psicólogos Judiciários (1993). Outra fonte seriam as orientações dos próprios Conselhos de cada categoria: a Resolução nº 07/2003 do Conselho Federal de Psicologia (CFP) e as Recomendações do Conselho Federal do Serviço Social (CFESS, 2003). Seria de se esperar que o laudo psicossocial pudesse ser realizado sem "ferir" nenhum dos requisitos mínimos necessários de cada uma das categorias.

Parâmetros metodológicos do Manual

Em trabalho intitulado "O Estudo Social na Vara da Infância e Juventude" que integra o referido Manual, as autoras Camargo e Anderson (1993), assistentes sociais judiciárias, propõem um *roteiro para estudo e pedido de guarda.* Destacamos tal roteiro, pois a matéria que se está averiguando em três dos dois laudos diz respeito a esta questão. Vejamos como as autoras colocam os elementos para tal roteiro (Camargo e Anderson, 1993, p. 73-74):

1. O motivo do pedido.
2. A ligação de parentesco do requerente com a criança ou adolescente.
3. Quem é essa criança ou adolescente?
   nome
   idade
   cor
   sexo
   escola
   saúde
   trabalho-ocupação-renda
   composição familiar (família de origem, inclusive o endereço)
   história de vida
   como se relaciona com o requerente e com a família de origem
   integração da criança ou adolescente na família dos requerentes
   como é a vida dessa criança ou adolescente (lazer, educação sexual, etc.)
   Observação: A criança deve ser sempre entrevistada.
   Nunca atender sem a presença da criança.
   Observar a criança, o vestuário, a higiene, o comportamento, etc.
4. Quem é o requerente?
   nome
   sexo
   cor

estado civil
escolaridade
trabalho, ocupação, salário, renda
procedência
religião
moradia
composição familiar
como se relaciona com a criança ou o adolescente
dados gerais sobre a dinâmica familiar

5. Observação do profissional (avaliação)
o que constatou
o que observou
6. Sugestão social
Observação: O pedido de guarda pode ser encerrado ou não no plantão, dependendo da avaliação profissional.

Complementando estas orientações, Pinto (1993, p. 133) aborda a "elaboração do laudo pericial – que se constitui na exposição formal do estudo e diagnóstico da situação e do parecer técnico do Assistente Social" (Manual do Curso de Iniciação Funcional para Assistentes Sociais e Psicólogos Judiciários, p. 133). Esta autora está falando no contexto de trabalho em Vara de Família.

O laudo deve ter uma apresentação formal que segue algumas regras:

a) Cabeçalho: Excelentíssimo Senhor Juiz de Direito de _____ª Vara (por extenso)
b) deixar espaço razoável para o despacho do Juiz.
c) deixar margens, lembrando que o laudo será anexado aos autos.
d) colocar o número do processo e nome das partes.
e) iniciar o laudo da seguinte maneira: "Cumprindo determinação de V. Exa. procedemos à perícia social enfocando...".
f) designar as partes pelas expressões: reqte. (requerente) e reqdo. (requerido); A. (autor) e R. (réu).
g) encerrar com as conclusões e sugestões.
h) usar a expressão "salvo melhor juízo" (s.m.j.).

Na elaboração do laudo é conveniente usar o estilo da narrativa literal quando há necessidade de expor emoções ou

> intenções não expressas, que exijam prova por parte do Assistente Social. Assim, a "prova" do Assistente Social é o uso das próprias palavras das partes.

Caberiam algumas considerações acerca dos dois modelos apresentados. Há que se distinguir que o primeiro modelo está se referindo a casos que desembocam na Vara da Infância e Juventude, como as próprias autoras discriminam: "Casos mais comuns de pedido de guarda: para providenciar documentos; para ser beneficiário de convênio médico; para adolescentes que são empregadas domésticas" (p. 74). Portanto, não se trataria de casos de disputa de guarda e regulamentação de visitas que são de natureza própria dos casos de Vara de Família. No entanto, uma vez que muitos profissionais atuam em ambos os processos, realizando avaliações de guarda, as orientações seriam de conhecimento comum aos profissionais, podendo haver aí uma "junção" dos dois modelos propostos.

Uma observação mais apurada das orientações revela também certas redundâncias ou, pelo menos, repetições em que talvez o sentido desejado não esteja bem clarificado. Pois, senão, como se diferenciariam, nas orientações de Camargo e Anderson (1993), os itens de 1 a 4 do item 5? De que forma poder-se-ia responder aos primeiros de forma diferente do que se responderia ao item 5? Ou haveria uma redundância de dados ou estaria faltando algum elemento "a mais" nesta etapa, chamada exatamente de "avaliação" (poder-se-ia indagar se os item iniciais não seriam provenientes também de uma forma de avaliação).

Em relação às orientações de Pinto (1993), podemos verificar que as "regras" descritas pela autora se concentram no aspecto *formal* para uma apresentação das conclusões em que se leve em conta as necessidades institucionais do demandante da perícia (espaço para o despacho do juiz; s.m.j., cumprindo determinação de V. Exa.), bem como a lógica que informa o contexto em que a perícia se dá (utilização das emoções e expressões dos entrevistados como "prova" do Assistente Social). Estamos no âmbito do modelo adversarial do Direito de Família, onde o filho é disputado pelos responsáveis. Os dados "básicos" que a profissional arrola abordam uma variada gama de temas e circunstâncias. Percebemos que tal rigor não é observado nos laudos analisados.

No campo da Psicologia, destaca-se o trabalho de Alonso e Melão (1993, p. 227-228), que propõe no Anexo I "Sugestão de roteiro de elaboração de relatório" do Manual do Curso de Iniciação Funcional para Assistentes Sociais e Psicólogos Judiciários. Solicitamos licença ao leitor para reproduzirmos esta passagem um tanto longa, mas que é imprescindível para nossa análise.

Cabeçalho: Excelentíssimo Senhor Juiz de Direito de Vara da Infância e da Juventude do Foro (a completar)

Proc. n.:

Referente: (Nomes e datas de nascimentos das crianças e/ou adolescentes)

I- Identificação das partes, crianças e/ou adolescentes (quem são?).
Especificar nome, grau de parentesco, idade, data de nascimento, naturalidade, estado civil, ocupação, escolaridade das pessoas entrevistadas.

II- Pedido (o que levou a pessoa ao Juízo? O que pede? Qual a queixa?).
Relatar qual é o pedido que o usuário faz à instituição. O manifesto.

III- Histórico (o que aconteceu? quando? como?)
Dar uma idéia do contexto temporal (que ano, desde quando?), para poder situar as pessoas envolvidas, tendo em vista o pedido e a situação que se apresentam.

IV- Descrição do grupo familiar.
Discriminar os membros, idades, lugares na família de origem e atual.
Preocupação em investigar as relações afetivas na família, dinâmica de relacionamento e o papel que ocupam nessa família.

V- Dados de observação
Colocar as impressões, segundo o que se percebe da pessoa e de sua personalidade. Valer-se dos indícios verbais, corporais e atitudes.

VI- Avaliação.

Analisar o nível de compreensão do papel do psicólogo dentro da instituição e na situação em que está envolvido o entrevistado (grau de clareza, compreensão).

Resguardar a pessoa, descrevendo apenas o necessário para a compreensão e esclarecimento do caso.

Não rotular. Cuidado com diagnósticos fechados e estereótipos que podem levar a uma discriminação das pessoas. Considerar o dinamismo, a pessoa como um todo e sua forma de ser no mundo.

Não se ater ao superficial, à aparência, mas ao nível subjetivo.

Lembrar que a informação se tornará documento dentro de um processo, cujo manuseio é aberto a profissionais de outras áreas. O Psicólogo não mais terá o controle do uso e da interpretação destes dados.

Não colocar, portanto, protocolo de testes.

Cuidar da linguagem técnica, colocando os dados significativos, em forma de hipóteses, assim como as conclusões alcançadas.

Não enfatizar somente os aspectos negativos, patológicos ou deficitários. Enfatizar o sujeito como um todo, com desejos, sentimentos, percepções, capacidades, potencialidades e possibilidades de transformação. Enfim, fazer com que os analisados deixem de ser parte – termo técnico empregado no jargão judiciário – resgatando uma compreensão global no relato do apresentado.

VII- Parecer

Concluir a partir das considerações levantadas no estudo, tendo coerência com a análise feita e com os princípios teóricos da Psicologia.

Fazer a síntese conclusiva dos dados, chegando a um diagnóstico, prognóstico.

Sugerir medidas legais cabíveis, salvo melhor juízo, e de intervenção psicológica (aconselhamento, orientação, psicoterapia, etc.).

Indicar o encaminhamento dado, seja para outras instituições seja para retorno e prosseguimento na própria Vara. Especificar datas e previsões.

O parecer não implica obrigatoriamente em dar uma sugestão quanto à medida legal, pois numa avaliação psicológica nem sempre é possível se chegar a uma conclusão objetiva. Ressalte-se que o atendimento pode levar a uma mudança do pedido inicial, como resultado dos esclarecimentos do próprio trabalho psicológico, não sendo incoerente e nem fora dos objetivos do atendimento prestado.

Shine (1993, p. 167) explicita o momento do laudo de forma bem aberta, importando-se mais com o efeito "impressionista".

> Este é um momento de muita responsabilidade e cuidado, mas também um momento bonito e diferente da nossa atuação dentro do T. J. Todos que trabalham com palavras sabem como elas são levadas pelo vento, como diz o ditado; porém, ao escrevê-las e isto virando um documento temos uma marca menos volátil de nosso trabalho. É aí que também surge a oportunidade de se juntar um apuro e um rigor no uso de termos e conceitos (teorias) aliados à arte individual de fazer com que teorias ganhem carne e osso; que pessoas reais sejam retratadas em toda sua profundidade e humanidade. O laudo é mais eficaz quando lido como um romance convincente do que como um calhamaço de estudo científico, árido, que o juiz folheará por cima e irá direto às conclusões na última página.

O aspecto da "integridade" das pessoas (enfatizar o sujeito como um todo, retratar em toda sua profundidade e humanidade) é uma preocupação comum das diretrizes da Psicologia, tanto quanto do Serviço Social. O cuidado para a não "rotulação", bem como não enfatizar somente os aspectos negativos parecem estar de acordo com os princípios éticos e básicos da profissão[6].

---

[6] Dos Princípios Fundamentais: I- O psicólogo baseará o seu trabalho no respeito à dignidade e à integridade do ser humano; (Conselho Regional de Psicologia/São Paulo, 1999, p. 107). E Título II Dos direitos e das responsabilidades gerais dos assistentes sociais: art. 3º São deveres do assistente social:

a) desempenhar suas atividades profissionais com eficiência e responsabilidade, observando a legislação em vigor (Código de Ética Profissional dos Assistentes Sociais *apud* BONETTI, 1996, p.220).

Parâmetros dos Conselhos profissionais

A estas orientações internas da instituição se somam as orientações dos Conselhos Federais, das respectivas categorias profissionais.

O Conselho Federal de Serviço Social, em sua gestão 2002/2005, elaborou e organizou as "Recomendações para o aprofundamento crítico sobre o Estudo Social que fundamenta Pareceres e Laudos no Judiciário, na Previdência Social e nos Exames Criminológicos nas prisões" (CFESS, 2003).

O referido documento define o que é estudo social, perícia social, relatório social e parecer social, sintetizando as orientações acerca de procedimentos e instrumentos necessários à ação profissional dos assistentes sociais que atuam no Judiciário, na Previdência e no Sistema Prisional.

Sendo a natureza deste trabalho a análise dos laudos, destacaremos o que Fávero (2003, p. 46) refere sobre este instrumento:

> Ele possui uma estrutura que geralmente se constitui por uma *introdução* que indica a demanda social e objetivos, uma *identificação* breve dos sujeitos envolvidos, *a metodologia* para construí-lo (deixando claro a especificidade da profissão e os objetivos do estudo), *um relato analítico* da construção histórica da questão estudada e do estado atual da mesma, e uma *conclusão ou parecer social* que deve sintetizar a situação, conter uma breve análise crítica e apontar indicativos de alternativas, do ponto de vista do Serviço Social, isto é, que expresse o posicionamento profissional frente à questão em estudo (destaques no original).

Em relação ao laudo psicológico, em 2001, o Conselho Federal de Psicologia editou a Resolução nº 30 que instituiu o Manual de Elaboração de Documentos produzidos pelo psicólogo decorrentes de avaliações psicológicas. Esta resolução foi atualizada pela de nº 17/2002 e, novamente, pela de 07/2003 (Conselho Federal de Psicologia, 2004). Em seu bojo, após definir os aspectos éticos e técnicos que devem nortear tais documentos, ela determina uma estrutura básica para o laudo psicológico (também chamado de relatório psicológico). Por sua importância para a nossa análise, pedimos permissão do leitor para destacar a passagem que discrimina as partes componentes:

Estrutura

O relatório psicológico é uma peça de natureza e valor científicos, devendo conter narrativa detalhada e didática, com clareza, precisão e harmonia, tornando-se acessível e compreensível ao destinatário. Os termos técnicos devem, portanto, estar acompanhados das explicações e/ou conceituação retiradas dos fundamentos teórico-filosóficos que os sustentam.

O relatório psicológico deve conter, no mínimo, 5 (cinco) itens: identificação, descrição da demanda, procedimento, análise e conclusão.

1. Identificação
2. Descrição da demanda
3. Procedimento
4. Análise
5. Conclusão

Identificação

É a parte superior do primeiro tópico do documento com a finalidade de identificar:

O autor/relator – quem elabora;

O interessado – quem solicita;

O assunto/finalidade – qual a razão/finalidade.

No identificador AUTOR/RELATOR, deverá ser colocado o(s) nome(s) do(s) psicólogo(s) que realizará(ao) a avaliação, com a(s) respectiva(s) inscrição(ões) no Conselho Regional.

No identificador INTERESSADO, o psicólogo indicará o nome do autor do pedido (se a solicitação foi da Justiça, se foi de empresas, entidades ou do cliente).

No identificador ASSUNTO, o psicólogo indicará a razão, o motivo do pedido (se para acompanhamento psicológico, prorrogação de prazo para acompanhamento ou outras razões pertinentes a uma avaliação psicológica).

Descrição da demanda

Esta parte é destinada à narração das informações referentes à problemática apresentada e dos motivos, razões e expectativas que produziram o pedido do documento. Nesta parte, deve-se apresentar a análise que se faz da demanda de forma a justificar o procedimento adotado.

Procedimento

A descrição do procedimento apresentará os recursos e instrumentos técnicos utilizados para coletar as informações (número de encontros, pessoas ouvidas etc.) à luz do referencial teórico-filosófico que os embasa. O procedimento adotado deve ser pertinente para avaliar a complexidade do que está sendo demandado.

Análise

É a parte do documento na qual o psicólogo faz uma exposição descritiva de forma metódica, objetiva e fiel dos dados colhidos e das situações vividas relacionados à demanda em sua complexidade. Como apresentado nos princípios técnicos, "O processo de avaliação psicológica deve considerar que objetos deste procedimento (as questões de ordem psicológica) têm determinações históricas, sociais, econômicas e políticas, sendo as mesmas elementos constitutivos no processo de subjetivação. O DOCUMENTO, portanto, deve considerar a natureza dinâmica, não definitiva e não cristalizada do seu objeto de estudo".

Nesta exposição, deve-se respeitar a fundamentação teórica que sustenta o instrumental técnico utilizado, bem como princípios éticos e as questões relativas ao sigilo das informações. Somente deve ser relatado o que for necessário para o esclarecimento do encaminhamento, como disposto no Código de Ética Profissional do Psicólogo.

O psicólogo, ainda nesta parte, não deve fazer afirmações sem sustentação em fatos e/ou teorias, devendo ter linguagem precisa, especialmente quando se referir a dados de natureza subjetiva, expressando-se de maneira clara e exata.

Conclusão

Na conclusão do documento, o psicólogo vai expor o resultado e/ou considerações a respeito de sua investigação a partir das referências que subsidiaram o trabalho. As considerações geradas pelo processo de avaliação psicológica devem transmitir ao solicitante a análise da demanda em sua complexidade e do processo de avaliação psicológica como um todo.

Vale ressaltar a importância de sugestões e projetos de trabalho que contemplem a complexidade das variáveis envolvidas durante todo o processo.

Após a narração conclusiva, o documento é encerrado, com indicação do local, data de emissão, assinatura do psicólogo e o seu número de inscrição no CRP.

A diretriz do Conselho Federal é clara. Quem não se pautar pelas orientações da Resolução pode ser considerado como incorrendo em falta ético-disciplinar. É claro que a resolução admite que os objetos da avaliação psicológica "têm determinações históricas, sociais, econômicas e políticas, sendo as mesmas, elementos constitutivos no processo de subjetivação" . Assim, admite-se que "O DOCUMENTO, portanto, deve considerar a natureza dinâmica, não definitiva e não cristalizada do seu objeto de estudo" (p. 2). Em relação às Recomendações do CFESS é necessário ressaltar que estas não possuem a mesma natureza de obrigatoriedade. Uma comparação entre ambas faz ressaltar uma mesma configuração do conteúdo escrito.

Levemos tudo isso em consideração em nossa análise dos laudos. O que podemos levantar como dados de uma análise que opõe as diretrizes lançadas até o momento? Não nos esqueçamos que o foco de nossa análise tem como finalidade responder se os laudos psicossociais, pelo menos em nossa amostra, respondem aos requisitos necessários para serem considerados trabalhos interdisciplinares. E neste sentido, destacamos a necessidade dos profissionais seguirem as diretrizes de seus respectivos Conselhos e/ou colegas sem que tais orientações entrem em conflito ou percam suas características individuais.

Análise dos laudos

Antes de mais nada, devemos reconhecer que os laudos analisados têm naturezas distintas em função do *tipo de ação judicial* que estão subsidiando. Temos:

1. um laudo de *Regulamentação de Guarda*;
2. um laudo de *Modificação ou Revogação de guarda*;
3. um laudo de *Regulamentação de Visitas*;
4. um laudo que não especifica a ação que subsidia, mas opina pela *fixação de guarda* com um genitor em vez do outro.

O laudo **1** e **3** são originários de comarca do interior de São Paulo. O laudo **2** é originário de comarca de outro estado. O laudo **4** é de um foro regional de São Paulo.

Outra característica que modifica a natureza dos laudos é o fato de que os laudos **1**, **2** e **3** são *unilaterais*, pois contemplam apenas o círculo familiar de uma das partes. Destaca-se ainda a diferença entre o laudo **2** e os de número **1** e **3**, pois naquele *as crianças* que eram o foco da ação de Modificação ou Revogação de Guarda **não** estavam disponíveis para avaliação, uma vez que não se encontravam com a parte avaliada.

Poder-se-ia indagar se a amostra a ser analisada não é muito reduzida, com diferenças em relação à comarca de origem, equipes técnicas de diferentes Tribunais de Justiça, ações de natureza distinta e composição do grupo familiar a ser avaliado a ponto de inviabilizar a nossa análise. Pensamos que não, uma vez que em todos os laudos temos aquilo que é o foco de nossa investigação: *a participação de dois profissionais, um do Serviço Social e outro da Psicologia, prestando subsídios à Justiça*. A questão metodológica diz respeito a todos os laudos, malgrado as diferenças já apontadas na natureza e circunstância dos casos. A nossa análise não é estatística, mas *qualitativa* e *exploratória*, uma vez que não dispomos de um instrumental acabado e avalizado pelo qual se possa pensar em uma *metodologia interdisciplinar* de atuação destes dois profissionais no tipo de tarefa específica própria da instituição judiciária. Este instrumental não existe, cabendo a cada campo buscar criá-lo (Japiassu, 1976).

O aspecto metodológico

Parece-nos que seja possível afirmar que há uma falha na explicitação metodológica. Pudemos observar que todos os laudos não explicitam a metodologia utilizada. Por meio da leitura dos laudos é impossível saber se:

- a entrevista com as partes foi em conjunto com os profissionais que assinam o documento;
- a entrevista foi em separado e houve uma conferência entre os profissionais antes, durante ou após as diligências[7];
- houve conflito dos dados de avaliação social com os dados de avaliação psicológica e como tal divergência foi solucionada;
- enfim, não há como saber se houve uma *estratégia de avaliação* que foi idealizada antes do início das diligências e quais teriam sido os seus critérios.

Portanto, a Seção **3** (Procedimentos) tal como preconizado pela Resolução nº 07/2003 do CFP apresenta significativas falhas na amostra por nós analisada. Há que se ponderar na análise que os laudos foram escritos anteriormente à referida Resolução. No entanto, excetuando o laudo **3**, todos foram redigidos já na vigência da Resolução n.º 17/2002 que contemplava a questão referida acima em sua Seção 3 (Métodos e técnicas utilizadas).

O mesmo pode ser dito em relação à parte do Serviço Social em função da Recomendação do CFESS (2003) de que se explicite a metodologia utilizada com a discriminação da especificidade da profissão e dos objetivos. Cabe aqui, no entanto, reconhecer que tais recomendações foram publicadas em data posterior à feitura dos laudos analisados.

O que acabamos de afirmar pode ser visto pela exceção. O laudo **1**, de Regulamentação de Guarda, realizada por profissionais de uma comarca do interior de São Paulo, apresenta *dois laudos justapostos*. A sua parte I compõe-se do *Estudo Social*, *Breve Histórico*, *Das Condições do Requerente*, *da Filha dos Litigantes*, *Outras Informações* e *Parecer Social*. A parte II inicia com *Avaliação Psicológica*, *Das Condições Paternas*, *Da Criança* e *Parecer*. Na realidade são dois laudos, o primeiro do Serviço Social e o segundo da Psicologia, agrupados um depois do outro, sob o título geral de laudo psicossocial.

---

[7] Utilizamos "diligências" como todo e qualquer recurso que o profissional lança mão para a realização da perícia.

Não nos parece que haveria qualquer diferença se fossem apresentados separadamente, tal é a independência de um sobre o outro. Os tópicos também percorrem praticamente as mesmas pessoas e conteúdo. Por que, então, uni-los sob esta rubrica?

Na parte da avaliação psicológica, a psicóloga discrimina os recursos técnicos utilizados, o que o difere dos outros três laudos e está em conformidade com a Resolução nº 07/2003 do C.F.P. Cumpre lembrar que os parâmetros sugeridos pelos psicólogos do Judiciário por meio do Manual de Iniciação Funcional, compilado em 1993, *não explicita a metodologia utilizada como parte componente do laudo*. Do mesmo jeito, as orientações das assistentes sociais judiciárias *não discriminam a questão metodológica como um aspecto a ser explicitado na feitura dos laudos*. Relembramos que a recomendação de Fávero (2003), citada acima, é respaldada pelo CFESS, mas não se trata de uma Resolução da categoria, portanto, não é de caráter obrigatório.

De qualquer modo, podemos afirmar que, como não há uma clara explicitação dos recursos metodológicos utilizados pelos profissionais, não há possibilidade de se pensar em uma reflexão *a priori* das modalidades e estratégias de intervenção como forma de superação de diferenças.

Os laudos unilaterais

Estamos chamando de laudos unilaterais aqueles que contêm somente dados de uma das partes (laudos **1**, **2** e **3**). Pela própria natureza complexa do litígio familiar trazido aos tribunais, uma cautela maior deveria ser tomada por ambos os profissionais em não ampliar demais as suas conclusões. Pois, senão, poder-se-ia incorrer em risco de inferir por meio de dados enviesados sobre aspectos sociais e psicológicos de alguém que nem foi entrevistado e avaliado. Por exemplo, o laudo **1** contém afirmações que são feitas pela parte entrevistada sem nenhuma ponderação por parte dos profissionais:

a) Ele tem uma vida boêmia, gosta de curtir a vida.
b) Ele temia assumir compromisso com ela, temia uma responsabilidade definida.

c) Nas visitas ele não tem sido freqüente, nos últimos dois anos veio ver o filho somente quatro vezes.

O laudo finalmente chega à Conclusão iniciando com a seguinte frase: "Durante toda a entrevista percebemos que C. e J. R. sempre tiveram dificuldades em construir uma relação familiar que comportasse a existência de um filho". Ora, esta conclusão que engloba a dinâmica familiar, pois diz respeito ao casal parental e o filho, foi alcançada a partir dos dados de entrevista somente de C. Nem o sr. J. R. nem a criança em pauta foram avaliados. Parece-nos que mesmo que a conclusão seja correta, ela é passível de contestação por desconsiderar dois dos três vértices do problema. Aqui não se trata de uma complementaridade dos dados, pois não houve dados de uma profissional que complementassem os da outra, uma vez que ambas não tiveram contato com a parte contrária e a criança não é referida no laudo enquanto objeto de avaliação, seja por uma ou por outra profissional. Ficamos sabendo, entre outros dados, que a criança contava à época com dois anos e três meses. Não há qualquer justificativa do porquê a criança não ter sido avaliada.

Em nenhum dos laudos unilaterais houve um alerta inicial quanto ao aspecto parcial da avaliação. Um procedimento como este seria salutar para que o magistrado, destinatário último do trabalho, pudesse dimensionar a abrangência do trabalho que tem em mãos (Berry, 1989)[8]. Tal alerta estaria em conformidade, a nosso ver, com o exposto no terceiro parágrafo da Seção 3.2.4 (Análise) da Resolução do CFP.

[8] Berry, psicólogo norte-americano, faz referência às diretrizes da Nebraska Psychological Association (1986) que recomenda que "O profissional de saúde mental deveria fazer todos os esforços para avaliar todas as partes envolvidas. Isto pode fazer com que o avaliador tenha que contatar os advogados de cada parte. Esta ação, por si só, tende a reduzir a posição adversarial do profissional de saúde mental. Na situação em que todos os esforços falharam e apenas uma parte participou da avaliação, o profissional de saúde mental está eticamente obrigado a enfatizar a natureza parcial e incompleta de seus resultados e a extrema dificuldade em fazer *quaisquer* recomendações. Além disso, os desejos da criança devem sempre ser considerados em qualquer avaliação de guarda" (itálico no original) (p. 143-144).

Conclusão

Podemos afirmar que a orientação interdisciplinar se faz uma tendência atual, tanto na esfera acadêmica (Fazenda, 1994) quanto na instituição judiciária (Manual do Curso de Iniciação Funcional para Assistentes Sociais e Psicólogos Judiciários, 1993). A própria feitura deste trabalho interdisciplinar foi incentivada a partir do interesse institucional.

Mas a que interesse serve o laudo psicossocial? Vimos que os trabalhos se destinam a prestar subsídios aos magistrados a fim de trazer conhecimentos das respectivas áreas de competência no processo de formação de convicção quanto a uma questão legal, no caso questões referentes a guarda e visita de filhos (Vara de Família).

Procuramos realizar uma análise crítica de uma amostra limitada e aleatória de laudos psicossociais tendo em vista a literatura pertinente sobre o assunto (Fazenda, 1994; Japiassu, 1976), publicações de trabalhos de colegas da instituição (Alonso e Melão, 1993; Camargo, 1982; Camargo e Anderson, 1993; Colman e Kadri, 1993; Comissão de Desenvolvimento Profissional dos Assistentes Sociais e Psicólogos do Tribunal de Justiça do Estado de São Paulo, 1991; Jorge, 1990; Pinto, 1993; Pinto e Shine, 1993; Shine, 1993 e 1997), bem como de parâmetros dos respectivos conselhos de classe (Conselho Federal de Psicologia, 2003; Conselho Federal de Serviço Social, 2003). Abordamos a questão da interdisciplinaridade nos laudos psicossociais por meio do aspecto metodológico proposto e pelo que, efetivamente, encontramos nos laudos pesquisados.

Podemos concluir que os laudos psicossociais são falhos em explicitar a metodologia pelo qual foram realizados. Neste sentido, eles não cumprem as determinações exigidas (para a Psicologia) ou recomendadas (para o Serviço Social). O que nos faz pensar se a não explicitação da metodologia não seria uma forma de escamotear o aspecto teórico-técnico que deveria ser o cerne de uma reflexão e superação em um empreendimento legitimamente interdisciplinar. Ou seja, o laudo psicossocial, pelo menos da forma que é apresentado, não se sustenta como um instrumento construído conforme as orientações vigentes de ambas as disciplinas: constitui-se em um reducionismo ou, na melhor das hipóteses, em uma justaposição de trabalhos, repetindo dados e incorrendo em redundâncias. Portanto, não há como enxergar neles, pelo menos a partir da amostra analisada, um protótipo da ação integrada e consistente de membros de ambas as disciplinas. O que nos leva à conclusão oposta de que considerá-los produtos interdisciplinares seria uma deturpação do que se considera como tal, uma simplificação que beira a um modismo, como denuncia Fazenda (1994).

Qual é a vantagem para a sua finalidade explícita (subsidiar magistrados em decisões legais) de que conclusões de dois profissionais distintos sejam encaminhadas em um mesmo formato, chamado de laudo psicossocial? Qual é o ganho que justifique tal procedimento? Quem demanda tal modalidade?

Aqui caberia, pensamos, um segundo momento, em que se poderia voltar a campo e a partir de entrevistas com os referidos profissionais tentar preencher as respostas de tais perguntas. Não é nossa proposta no momento. Mas a título de hipóteses podemos nos perguntar: Será que tal demanda por um produto único do Setor Técnico (Serviço Social e Psicologia) não partiria dos operadores do Direito, em especial, do Juiz a quem se destina o parecer final? Não estaria o juiz procurando maximizar o seu tempo, reduzindo dois laudos em apenas um? Será que não é em razão de uma demanda institucional por eficiência que não se sacrifica um trabalho aprofundado de ambas as áreas, que redundaria em maior eficácia?

Ora, enquanto "técnicos", profissionais contratados da instituição é que os autores assinam tais laudos. Não encontramos nenhum laudo psicossocial assinado por assistentes técnicos do Serviço Social e da Psicologia em conjunto. Porque afinal, cada um dos assistentes técnicos embora possa trabalhar para o mesmo cliente/parte, eles não devem sofrer pressões no sentido de encaminharem apenas *um documento em conjunto*. E o juiz, apesar de destinatário último da comunicação, não é o cliente que demanda tal aporte técnico a qual é uma opção das partes litigantes. Neste sentido, os assistentes sociais e psicólogos judiciários, por serem membros do Poder Judiciário, em que exercem seus misteres, estariam mais sujeitos a tal pressão.

E o que um laudo único, em uma intervenção de dois técnicos buscaria alcançar? Já mencionamos a economia de tempo (ler um e não dois laudos), mas também *uma resposta convergente*: os laudos psicossociais são sempre concordantes, não há como um profissional optar a guarda pelo pai e o outro o fazer pela mãe em um mesmo laudo. Como fazer, então, quando os profissionais divergem de opinião? Pensamos que não haveria outra saída a não ser fazerem laudos distintos. Portanto, que produto interdisciplinar pode ser o laudo psicossocial se ele nega a possibilidade da existência da diferença e do contraditório como uma alternativa? O cerne da pesquisa interdisciplinar é o aproveitamento das diferenças para a riqueza mútua de disciplinas distintas. Definitivamente, o laudo psicossocial não é e não tem as condições mínimas e suficientes para ser considerado um produto interdisciplinar. Pelo menos, não da forma que os descobrimos em nossa amostra.

Iniciamos o trabalho pensando que "interdisciplinar" envolveria a nós somente, profissionais de duas disciplinas distintas e nossos respectivos campos profissionais. Terminamos o trabalho nos dando conta de que interdisciplinar, no judiciário, abarca três campos distintos: a Psicologia, o Serviço Social e o Direito. Não é possível pensarmos em um trabalho integrado Psicologia-Serviço Social dentro da instituição judiciária, sem considerarmos as especificidades, demandas e o aparelho conceitual e técnico do Direito. Se o laudo existe para cada campo como um produto do trabalho técnico específico, ele é também uma realidade jurídica enquanto "prova" dentro de um processo e se insere dentro de toda uma lógica jurídica. Portanto, a possibilidade mesmo de consecução deste trabalho teórico que empreendemos, deve-se ao fato de que pudemos fazer uso da experiência de trabalho e contato com a instituição judiciária e os operadores do Direito. Este foi o nosso primeiro ponto em comum.

Outro ponto de identificação e motivo de respeito mútuo foi a formação acadêmica adquirida em nossos respectivos programas de pós-graduação. Desde o início, pudemos encontrar na linguagem do pesquisador diante de seu objeto de pesquisa um código comum que orientou nossos esforços e possibilitou uma mirada viável para os laudos. Reconhecemos a importância desta nossa característica comum para a criação de uma atitude interdisciplinar que possibilitou este trabalho. Na prática, ela se materializou por diversos momentos de interlocução em que as idéias principais eram tomadas por escrito por um de nós e transformadas no corpo do trabalho, posteriormente submetido à leitura e reparos pelo outro. A colaboração se deu nas trocas das fontes bibliográficas e na coleta conjunta dos laudos psicossociais. Isto tudo demandou tempo, leitura, reflexão e diálogo.

Quanto aos laudos psicossociais, cabe o mesmo alerta que se faz aos empreendimentos interdisciplinares: não é possível fazer uma aposta numa empresa interdisciplinar querendo se utilizar de outra disciplina para esconder possíveis falhas e deficiências. Cabe a nós todos, juiz, psicólogo e assistente social buscar superar o reducionismo e a simplificação para encarar os graves e complexos problemas humanos que enfrentamos em nossa atividade na instituição.

O nosso trabalho enfocou os laudos psicossociais como objeto de análise. Apoiamo-nos nas Resoluções, Normatizações e Recomendações de ambas as categorias e, neste sentido, temos que nos referir ao *parecer n° 20/07 do Conselho Federal do Serviço Social, datado de 29/07/07.*

Nesse parecer, aborda-se a questão da produção destes mesmos laudos. A Assessora Jurídica do CFESS reconhece na legislação a autonomia profissional para a escolha das técnicas de intervenção nas distintas áreas (Serviço Social e Psicologia), bem como a existência e a importância das equipes interprofissionais e dos trabalhos de enfoque multidisciplinar. Contudo, enfatiza a necessidade de delimitação de objetos, métodos e conclusões, o que não seria possível em um laudo assinado em conjunto. Citamos o referido texto:

Dentro da estrutura legal do Brasil, relativa à organização das profissões regulamentadas, é impossível juridicamente se admitir que em uma mesma manifestação técnica, tenha consignado o entendimento conjunto de duas áreas profissionais regulamentadas, sem que se delimite o objeto de cada uma.

Portanto, até por impedimento legal, não é possível que se permita que o assistente social emita um parecer misturado ou diluído com um entendimento psicológico, onde ambas as áreas de conhecimento não possuam fronteiras, isto equivaleria a reconhecer que ambos os profissionais podem adentrar a área do outro e se responsabilizar por aquele entendimento.

Visto isto, no nosso entendimento os laudos, pareceres, perícias ou qualquer outra peça técnica emitida por tais profissionais ou por outros, no seu mister profissional, têm que pressupor o limite de cada área, claramente delimitada naquele estudo. **Podem, conseqüentemente, ser conjuntas a avaliação e todos os outros encaminhamentos sobre uma determinada situação, o que caracteriza o trabalho interprofissional, porém a conclusão ou diagnóstico manifestado por escrito deve ter seu limite em cada área profissional** (grifos nossos).
(disponível em www.cress-mg.org.br, acessado dia 06/02/08)

Este parecer terá que ser devidamente apreciado pelo CFESS e o posicionamento daí resultante deverá ser repassado aos demais Conselhos Regionais. Pelo nosso entendimento, ele desaconselha a escritura em conjunto das conclusões, mas reconhece a importância e o mérito da abordagem interprofissional. Até o momento não existe um posicionamento do CFP sobre o assunto.

Concluímos que o exposto demonstra a clara importância de se discutir e normatizar a confecção de laudos interdisciplinares, nas áreas técnicas do Serviço Social e Psicologia no Tribunal de Justiça.

Referências bibliográficas

ADORNO, S. "Criança: a lei e a cidadania". In: RIZZINI, I. (org.) *A criança no Brasil hoje – Desafio para o terceiro milênio*. Rio de Janeiro: Editora Universitária Santa Úrsula, 1993.

ALONSO, D. H. de F.; MELÃO, M. J. R. "O estudo psicológico nas Varas da Infância e Juventude". In: TRIBUNAL DE JUSTIÇA DO ESTADO DE SÃO PAULO. *Manual do Curso de Iniciação Funcional para Assistentes Sociais e Psicólogos Judiciários*. São Paulo, 1993. p. 220-229.

BERNARDI, D. C. F.; GODOY, H. P.; PERALTA, Z. A. de L. "O psicólogo na Vara de Menores". In: *O menor e seus direitos. Audiências interprofissionais*. São Paulo: Lex, 1982. p. 41-50.

BERRY, K. K. "The mental health specialist as child advocate in court". In: TEXTOR, M. R. (ed.) *The divorce and divorce therapy handbook*. New Jersey: Jason Aronson Inc., 1989. p. 135-147.

BONETTI, D. A.; SILVA, M. V.; SALES, M. A.; GONELLI, V. M. M. (organizadoras). *Serviço social e Ética: convite a uma nova práxis*. SP: Cortez, 1996.

CAMARGO, A. L. C. "Audiência interprofissional – Solução para a Vara de Menores". In: *O menor e seus direitos. Audiências interprofissionais*. São Paulo: Lex, 1982, p. 7-32.

CAMARGO, E. M. V.; ANDERSON, M. C. "O estudo social na Vara da Infância e Juventude". In: TRIBUNAL DE JUSTIÇA DO ESTADO DE SÃO PAULO. *Manual do Curso de Iniciação Funcional para Assistentes Sociais e Psicólogos Judiciários*. São Paulo, 1993. p. 69-84.

COLMAN, S. A.; KADRI, A. E. "Aspectos do atendimento ao adolescente que pratica delitos". In: TRIBUNAL DE JUSTIÇA DO ESTADO DE SÃO PAULO. *Manual do Curso de Iniciação Funcional para Assistentes Sociais e Psicólogos Judiciários*. São Paulo, 1993. p. 85-92.

COMISSÃO DE DESENVOLVIMENTO PROFISSIONAL DOS ASSISTENTES SOCIAIS E PSICÓLOGOS DO TRIBUNAL DE JUSTIÇA DO ESTADO DE SÃO PAULO. *Relatório da Análise do Inventário de Necessidades para Programa de Treinamento e Aprimoramento Técnico dos Profissionais Psicólogos e Assistentes Sociais do Tribunal de Justiça do Estado de São Paulo*. São Paulo, 1991.102 p.

CONSELHO FEDERAL DE PSICOLOGIA. *Caderno Especial de Resoluções*. Brasília, 2002.

CONSELHO FEDERAL DE PSICOLOGIA. *Manual de Elaboração de Documentos Decorrentes de Avaliações Psicológicas. Resolução nº 07/2003*. Internet. www.crpsp.org.br em 14/03/04.

CONSELHO FEDERAL DE SERVIÇO SOCIAL – CFESS (org.). *O estudo social em perícias, laudos e pareceres técnicos: contribuição ao debate no judiciário, no penitenciário e na previdência social*. São Paulo: Cortez, 2003.

CONSELHO REGIONAL DE PSICOLOGIA – SÃO PAULO. *Manual do Conselho Regional de Psicologia de São Paulo*. São Paulo, 1999. 156 p.

DICIONÁRIO AURÉLIO ELETRÔNICO – Século XXI. Versão 3.0. s.l., Nova Fronteira, 1999.

FÁVERO, E. T. *O estudo social, fundamentos e particularidades de sua construção na Área Judiciária*. CFESS (org.). São Paulo: Cortez, 2003.

FAZENDA, I. C. A. *Interdisciplinaridade. História, teoria e pesquisa*. Campinas: Papirus, 1994.

JAPIASSU, H. *Interdisciplinaridade e patologia do saber.* Rio de Janeiro: Imago, 1976. 220 p.

JORGE, M. R. T. (1990) "Serviço Social. Análise do inventário de necessidades para programa de treinamento e aprimoramento técnico dos profissionais psicólogos e assistentes sociais do Tribunal de Justiça do Estado de São Paulo". In: COMISSÃO DE DESENVOLVIMENTO PROFISSIONAL DOS ASSISTENTES SOCIAIS E PSICÓLOGOS DO TRIBUNAL DE JUSTIÇA DO ESTADO DE SÃO PAULO. *Relatório da Análise do Inventário de Necessidades para Programa de Treinamento e Aprimoramento Técnico dos Profissionais Psicólogos e Assistentes Sociais do Tribunal de Justiça do Estado de São Paulo.* São Paulo, 1991. p. 64-84.

PASSOS, E.; BARROS, R. B. *Transdisciplinaridade e clínica.* Separata, s.d.

PINTO, A. C. R. "O serviço social nas Varas da Família e Sucessões". In: TRIBUNAL DE JUSTIÇA DO ESTADO DE SÃO PAULO. *Manual do Curso de Iniciação Funcional para Assistentes Sociais e Psicólogos Judiciários.* São Paulo, 1993. p. 125-163.

PINTO, A. C. R.; SHINE, S. K. "Perícia social e psicológica na Vara da Família e Sucessões". In: TRIBUNAL DE JUSTIÇA DO ESTADO DE SÃO PAULO. *Manual do Curso de Iniciação Funcional para Assistentes Sociais e Psicólogos Judiciários.* São Paulo, 1993. p. 188-195.

SHINE, S. K. "Atuação dos psicólogos nas Varas da Família e Sucessões". In: TRIBUNAL DE JUSTIÇA DO ESTADO DE SÃO PAULO. *Manual do Curso de Iniciação Funcional para Assistentes Sociais e Psicólogos Judiciários.* São Paulo, 1993. p. 165-168.

SHINE, S. K. "Experiência em grupo multiprofissional". In: *Anais do Congresso Ibero-Americano de Psicologia Jurídica* [Disquete]. Congresso Ibero-Americano de Psicologia Jurídica. Cuba, 1997.

TRIBUNAL DE JUSTIÇA DO ESTADO DE SÃO PAULO. *Manual do Curso de Iniciação Funcional para Assistentes Sociais e Psicólogos Judiciários.* São Paulo, 1993.

VIEIRA, A. "Para uma epistemologia transdisciplinar". In: *Trieb.* Rio de Janeiro, v. 2, n. 1, p. 9-19, 2003.

Anexos

Laudo I

Exmo. Sr. Dr. Juiz de Direito da 2ª vara Cível da Comarca de "x" –

Autos nº: 0000
Requerente: Sr. B.
Requerida: Sra. C.

Laudo Psicossocial

Em atenção à respeitável determinação de V. Exa., elaboramos o estudo psicossocial do caso através de instrumental técnico específico a cada área profissional.

Temos a expor o que segue:

Em primeiro lugar, cabe-nos ressaltar que, antes de iniciarmos nossa atuação no caso, compareceu espontaneamente neste Setor Técnico a Sra. C., ora requerida. Nessa oportunidade, informou-nos que se encontra residindo na cidade de São Paulo, na Rua "T.", em companhia de sua mãe.

Dessa forma, nossa avaliação será parcial, apenas com o requerente e com a criança em questão.

Estudo social

Breve histórico

Segundo informações colhidas junto ao requerente, ele e C. conheceram-se no ambiente escolar e iniciaram o namoro, ambos contavam com 15 anos de idade. A união do casal foi precipitada pela gravidez, ocorrida após dois anos de relacionamento. No entanto, o desejo de permanecer junto era mútuo, apesar da pouca idade. Quando nasceu D., já coabitavam o mesmo domicílio.

Durante o período de convivência em comum, que foi de 2 anos e meio, residiram em uma edícula, nos fundos da casa do avô de B.

Desentendimentos na relação conjugal propiciaram o rompimento, sendo que B. retornou para o domicílio de seu pai, e C. permaneceu na moradia.

Em princípio, as visitas paternas eram livres, e o requerente continuava sendo o mantenedor do lar.

Todavia, a partir do momento em que iniciou um novo relacionamento amoroso, as visitas começaram a ser dificultadas. Foi, no entanto, iniciativa da requerida ajuizar a ação de dissolução de união estável, com definição da guarda de D. e regularização de visitas, cujo processo nº 1111, tramitou na Vara Cível "Y".

Afirma o requerente que, mesmo disciplinadas, não conseguia ver a filha e, quando decidiu garantir esse direito judicialmente, foi surpreendido com a decisão da requerida de entregar-lhe a criança.

Genitora encontrava-se sem condições materiais para prestar atendimento adequado à filha, naquele momento.

Solicitou ao genitor que cuidasse de D. durante seis meses e, depois desse prazo, reaveria sua posse. Foi feito um termo de guarda provisório em 26 de setembro de 2002.

Decorrido o prazo previsto, requerida não buscou reassumi-la como havia combinado, por isso resolveu regularizar a situação da criança junto a ele (Sic.).

Informa o requerente que, nesse período em que D. encontra-se em sua companhia, a genitora visitou-a apenas três vezes, embora mantenha contato telefônico regular.

Das condições do requerente

Sr. B., 23 anos, escolaridade compatível com o ensino médio completo, trabalha, há 1 (um) ano e meio, na "companhia", onde exerce a função de ajudante industrial. Recebe salário mensal de R$ 650,00 (seiscentos e cinqüenta reais). Possui convênio de assistência médica com a "empresa S", sendo que D. é sua dependente.

Casou-se há 1 ano e 2 meses com E., 23 anos, que possui grau de instrução equivalente ao ensino médio completo. Ela não labora fora, cuida dos afazeres do lar.

O casal possui uma filha em comum: F., nasceu prematura, em 2 de abril de 2003, atualmente com 4 meses de vida. Referida criança goza de boa saúde.

Essa família reside na Avenida "R", em imóvel cedido pelo pai do sr. B.

Trata-se de casa térrea, com bom e adequado acabamento. É composta por três dormitórios, duas salas, sendo que uma delas é dividida em dois ambientes, cozinha, dois banheiros, área de serviço e garagem que comporta dois veículos.

Os móveis e equipamentos de uso doméstico são modernos, o que proporciona conforto aos moradores.

As condições de higiene e organização, observadas quando da visita domiciliar, podem ser consideradas excelentes.

A localidade é servida por infra-estrutura básica e demais recursos urbanos.

Dispõe de uma linha telefônica, cujo número é "333-3333".

Da filha dos litigantes

D., nascida em 17 de janeiro de 1998, atualmente com 5 anos de idade. É filha da sra. C. e do sr. B. Freqüenta a EMEI "R", no período vespertino. É conduzida à escola por E. (madrasta).

Encontra-se em companhia do genitor desde setembro de 2002, por ocasião do acordo feito entre os pais.

Na moradia paterna, dispõe de um quarto só para si, estando este devidamente mobiliado, inclusive com um armário cheio de brinquedos.

Pudemos observar que a criança demonstra estar adaptada nesse meio familiar; apresenta ter boa saúde; é comunicativa e está sendo bem assistida.

Observamos, ainda, que a esposa do sr. B. tem procurado atendê-la adequadamente em suas necessidades materiais e afetivas.

Outras informações

Durante nossa atuação, compareceu espontaneamente neste setor a tia paterna da criança, sra. G., ocasião em que nos informou o seguinte:

Que a requerida (sra. C) não reside no endereço fornecido a este Juízo e, sim, na Rua "Q", juntamente com a mãe, D. H.

Que as condições habitacionais são precárias, não havendo espaço suficiente para acomodar satisfatoriamente a criança.

Que a referência domiciliar fornecida anteriormente é de um irmão da sra. C. que é pessoa bem-sucedida financeiramente.

Relatou-nos que é a avó materna quem realmente tem interesse em assumir a guarda de D. e não a requerida.

Parecer social

Avaliamos do ponto de vista social que a criança demonstra estar sendo bem atendida em suas necessidades e vive sob adequadas condições de habitabilidade e conforto no lar paterno.

Avaliação psicológica

Fundamentada em entrevistas realizadas com o pai (requerente) e com sua atual esposa (duas com cada um deles); através de contatos lúdicos efetuados com a criança (duas sessões) e contato profissional com a psicóloga que a acompanha (identificação oferecida às fls. 12).

Domicílio atual da requerida (genitora), tal como consta, inviabilizou sua abordagem pelo setor.

Ação em trâmite trata da regulamentação da guarda em favor paterno. Desde setembro do ano findo, assumiu a incumbência de prestar os cuidados necessários à filha por solicitação da própria mãe. Iniciativa para a legalização do compromisso visa, portanto, ao reconhecimento de uma condição que já se sustenta nestes derradeiros meses.

Entendemos, pois, como finalidade precípua de nossa atuação, a verificação da qualidade da assistência a ela prestada e sua adaptação afetiva junto do pai e de sua atual família (esposa e irmã unilateral).

Os antecedentes que justificam e favorecem a compreensão da situação vigente já foram reproduzidos e estão disponibilizados nos autos. Desnecessário reiterá-los para o propósito em questão, ainda que relevados.

Limitar-nos-emos a retratar o estado atual averiguado.

Das condições paternas

Sua disponibilidade para a guarda da filha resultou da transferência voluntária deste encargo. Não podia se omitir diante da exigência de compromisso que também é seu no exercício da função paterna.

Desde a separação do casal, ocorrida há 3 anos, foi de consenso que esta seria atribuição a ser desempenhada pela mãe.

Requerente reconhece o despreparo e imaturidade de ambos diante de uma paternidade precoce, ainda na adolescência. Não somente a acusa nas suas limitações, mas tem também autocrítica para admitir suas próprias falhas e faltas.

Refere que, precedendo o gesto espontâneo da entrega, havia meses que a visitação paterna estava interrompida por impedimento da genitora. Achava-se em andamento ação competente para restabelecer estes contatos. Foi no escuro deste processo que, inesperadamente, viu-se surpreendido pela iniciativa materna.

Já casado nesta oportunidade, e apesar do relativo afastamento que caracterizava o relacionamento, inexistiu dificuldade no restabelecimento do convívio e na adaptação de D.

Evidente que a mudança repentina gerou desconforto inicial à criança, muito embora respondesse com reciprocidade ao acolhimento demonstrado. A observação de alguns comportamentos (agressividade, indisciplina, agitação no sono e condutas regressivas à faixa etária anterior) motivou-o à busca de acompanhamento psicológico para a filha, contribuindo para seu reequilíbrio emocional.

Requerente refere que, desde que em sua companhia, encontros entre mãe e filha foram excepcionais. Ultimamente, apenas através de contatos telefônicos, dada sua condição domiciliar. Admite que a visitação materna tem sido motivo de conflitos face à imprevisibilidade de sua ocorrência. A desorganização e o desrespeito à rotina da menina e da família paterna têm impedido a tolerância e a aceitação de sua presença no local do domicílio.

A exigência da responsabilidade parental favoreceu sua maturidade e maior envolvimento no exercício deste papel. Denota profundo afeto à criança, preocupado com sua segurança e bem-estar. No entanto, reconhece e valoriza a importância da figura materna. Disputa entre eles não motivada pela supremacia no lugar afetivo reservado a cada um. Refere que, se requerida dispuser de condições propícias, tal como consentiu no passado, também agora não se oporá à restituição da posse.

E., 23 anos, é sua esposa. Encontrava-se grávida quando a guarda de D. foi delegada ao pai. Sensibilizada pelo estado de abandono e inconstância que lhe era peculiar junto da mãe, prontificou-se de imediato à sua aceitação.

Não houve resistência da enteada para o estabelecimento de ligação emocional, mas admite algumas dificuldades na convivência, sobretudo relacionadas ao reconhecimento de sua autoridade na tarefa de educá-la. Percebe que a influência da requerida favorece sua insubordinação.

Momento atual vivido por E. caracteriza-se pela sobrecarga emocional. D. já não conta com sua atenção exclusiva. A experiência da maternidade biológica e toda dedicação que a filha com 4 meses de vida ainda exige por ter nascido prematura têm lhe acarretado tensão e esforço contínuo. Sua própria fragilidade tem propiciado algumas das dificuldades no relacionamento com a enteada.

Nota-se, contudo, que, embora desgastada, há carinho e preocupação com a qualidade do atendimento dado. Continua disponibilizando-se a aceitá-la sob a guarda paterna e colaborar diretamente na sua criação.

Da criança

D. tem 5 anos de idade.

Dois foram os contatos lúdicos realizados. É criança comunicativa e sociável. Inexistiu dificuldade para o estabelecimento da interação.

Observação da qualidade do relacionamento desenvolvido com

a madrasta, que a acompanhava nestas oportunidades, permitiu a constatação da afetividade existente.

Como de se esperar, nascimento da irmã demoveu-a do lugar antes ocupado. Já não goza da primazia na atenção recebida nem do pai nem de E. É evidente o ciúme despertado sobretudo em relação à madrasta, justamente por identificar a desigualdade pela inexistência dos laços biológicos.

D. é uma criança vivaz e espontânea nas suas manifestações. Demonstra afeto indistinto às figuras parentais, ciente das condições do acordo entre os pais quando da sua entrega ao genitor pela mãe. A previsão da transitoriedade neste momento, no entanto, parece ocasionar-lhe sentimentos conflitantes.

Se por um lado traz a expectativa do que estava previsto, retornar à guarda materna, mesmo incerta do período de concretização desta estimativa, vivência com a requerida mobiliza-lhe insegurança pelo desconhecido. Relata que, quando ainda juntas, era comum ser deixada sob os cuidados de vizinhos (pessoas até mesmo estranhas) enquanto saía.

Em concordância a sua desconfiança do tratamento e da atenção dela recebida, afeto demonstrado ao pai, irmã e à madrasta, dificulta a escolha.

Nestes últimos meses, atribuições maternas estão sendo desempenhadas por E. que é identificada como a "mãe psicológica". Verbalização de D. retrata com fidedignidade o lugar e a importância que hoje lhe atribui: "mãe de verdade (alusão à consangüinidade) é C., de mentira é E."

É nítido o esforço despendido para agradá-la e, em contrapartida, ter a aprovação e seu amor como recompensa.

As eventuais adversidades do cotidiano relacionadas à condução de sua educação não comprometem sua adaptação ao lar paterno. Sente-se amada, protegida e segura das condições oferecidas neste ambiente.

Parecer

Independente da mãe (ora requerida) dispor de condições apropriadas para o restabelecimento da atribuição da posse, conforme verificado, meio familiar do requerente dispõe de estrutura e funcionamento adequado.

Genitor e sua atual esposa mantêm relacionamento conjugal aparentemente harmonioso. Papéis e atribuições parentais exercidos por ambos são definidos claramente e complementam-se.

D. goza de estabilidade e confiança no seio do lar paterno. Adaptada ao contexto e realidade em que vive, meio tem contribuído para o delineamento satisfatório de sua personalidade.

Há evidência de afeto à mãe e seu desejo explícito de preservar esta ligação, mas não necessariamente pelo restabelecimento do convívio cotidiano. Fica feliz quando há oportunidade de contatos (visitas e/ou telefônicos apenas).

Nascimento da irmã unilateral precipitou a necessidade da reacomodação de todos.

Contato profissional com a psicóloga que a assistiu temporariamente também assegura a garantia de seu bem estar-estar físico e emocional junto da família paterna.

Sugestão para o prosseguimento de seu acompanhamento feito nesta oportunidade pelo setor deve-se à conveniência de favorecê-la no enfrentamento da nova condição familiar que se apresenta e dos sentimentos nela mobilizados em relação à madrasta e irmã pela disputa desencadeada.

Concluímos, ressaltando que mudanças desnecessárias não favorecem a construção de ligações emocionais confiáveis. Desde que não prejudicial, a continuidade de uma mesma diretriz é imprescindível para o ajustamento psicológico da criança.

Caso regularizada a guarda em favor paterno, sugerimos o ordenamento das visitas maternas visando à organização prévia de oportunidades para que o vínculo afetivo seja resguardado.

Eis o que cumpríamos expor.

Assinatura 1 Assinatura 2

"Local", agosto de 2003.

Laudo 2

Poder Judiciário de "Estado"
Comarca de "Cidade"
Setor Psicossocial

Processo: 00000
Ação: Modificação ou revogação de guarda
Autor: Sr. A.
Ré: Sra. B.

Informação

Após vários agendamentos, o Sr. A. compareceu neste Setor, no dia 15 de agosto, para entrevista psicossocial. Declarou que motivou-se a ingressar com a presente ação porque estava impedido de visitar os filhos por imposição da genitora destes, apesar de na separação consensual ficar acordado entre as partes que poderia visitá-los livremente. Acredita que os obstáculos erigidos pela ex-esposa, impedindo seus contatos com os filhos, e a maneira que ela vinha conduzindo suas participações no conflito conjugal causaram sérios prejuízos emocionais à prole, de modo que foi necessário providenciar tratamento psicológico para C. e D., malgrado esta se recusar a fazê-lo.

Afirmou que após a mudança da ex-esposa e dos filhos para São Paulo tem conseguido manter contato com os filhos e exercer seu direito de visitas, apesar de ainda encontrar algumas dificuldades no que tange à influência da mãe sobre os filhos, a respeito da sua vida particular. Reforçou que o bem-estar da prole sobrepuja qualquer questão e que, se esta quiser continuar sob a guarda da genitora, não impedirá. Todavia, acredita que, em razão da forte ligação que C. tem consigo, virá residir em sua companhia; quanto a D. entende que ela ainda permanecerá com a genitora, face a influência materna.

Salientou que C. passou as férias, período de 04 a 27 de julho, em sua companhia. D. ficou com o pai e com o irmão, de 04 a 13 de julho, ocasião em que os três viajaram para "cidade A", "cidade B" e "cidade C" e não quis vir até "cidade D". Tentamos agendar entrevistas com os infantes, porém eles alteraram a programação de férias, e C. antecipou o retorno para São Paulo, prejudicando a realização do estudo psicossocial.

Durante a entrevista psicossocial, observamos que o sr. A. possui condições sócio-afetivas para deter a guarda dos filhos. Entretanto, considerando a idade de D. e C., respectivamente com 14 e 8 anos, para alterar a guarda em favor do genitor faz-se necessária primeiramente uma avaliação dos infantes, objetivando conhecer seus interesses e desejos.

Assinatura 1 Assinatura 2

"Local", agosto de 2003.

Laudo 3

Proc.:
Ação: Regulamentação de visitas
Requerente: J.R.
Requerida: C.

M.M. Juiz: Atendendo determinação de V. Exa, realizamos o Estudo Psicossocial do caso supra cujo Laudo apresentamos a seguir.

Entrevista com a genitora

C. tem 32 anos, nasceu em (cidade), é formada em (profissão), e trabalha na profissão. Seus pais são espanhóis, o pai tem 73 anos, é aposentado da indústria metalúrgica, e a mãe tem 66 anos, é dona de casa.

Tem mais dois irmãos, uma irmã, 47 anos, casada, com dois filhos, foi gerente de Banco e trabalha no Departamento da Prefeitura Municipal, e um irmão 37 anos, casado, sem filhos, é médico.

C. sempre foi muito envolvida nos estudos. Aos 16 anos passou no vestibular da Faculdade. Foi para São Paulo, morando em república para poder estudar. Aos 21 anos fez curso de pós-graduação.

Na época ela conheceu G., com quem foi casada por 21 dias. Ele morava em uma cidade do interior de outro estado, onde exercia o cargo de fiscal. Ela trabalhava na Prefeitura e tinha consultório particular.

Eles namoraram por 3 anos, ele sempre morando em outro estado e ela vez por outra indo visitá-lo. Resolveram casar-se, montaram o apartamento, fizeram uma cerimônia tradicional com a presença de toda a família. No entanto, ao voltar da viagem de lua-de-mel na Europa, ele revelou que tinha outra mulher com a qual morava durante todo este tempo.

C. passou por uma crise emocional e resolveu afastar-se, aceitando um emprego temporário, ficando cerca de dois meses e meio.

Neste período conheceu J.R. o pai de seu filho, profissão definida. É herdeiro de uma antiga família de cafeicultores que faliram. Ele vive da renda das propriedades remanescentes e mora em apartamento próprio na Capital.

Ele tem uma vida boêmia, gosta de curtir a vida. No começo a relação dos dois foi dentro deste espaço. Ele temia assumir compromisso com ela, temia uma responsabilidade definida.

Ela aceitou, apesar do casamento, manter a vida do mesmo jeito, ele morando na Capital e vindo nos fins de semana para a praia.

Mesmo durante a gravidez a situação continuou inalterada. Ela teve muitos problemas, teve sangramento, e teve que ficar um período de 15 dias em repouso absoluto.

J.R. a acompanhava só com visitas, não mudou seu comportamento.

No final da gravidez, piorou, começou a abusar das bebidas, chegava em casa tarde, embriagado.

Ela sentiu-se muito só, sofreu muito. Eles tiveram fases de vida em comum e separados até a separação definitiva.

O filho sempre teve muitos problemas de saúde. Tinha resfriados e problemas respiratórios constantes. Ela tentava tratá-lo, até que numa das crises em que o menino foi internado com febre descobriram que ele tinha uma laringite alérgica e epiglote conjugada com infecção bacteriana.

A crise só cedia com a aplicação de cortisona. Na época tinha 1 ano e 2 meses, hoje ele conta com 2 anos e 3 meses.

Nesta época ela precisou muito de J.R., mas não podia contar com ele. Muitas vezes desesperada com a doença do filho e também com a solidão em que vivia, ligava para ele à noite. Ele vinha, às vezes, de madrugada e acabava brigando, dizendo que o caso do menino não era tão grave e que ela poderia ter resolvido sozinha.

Agora ela se mudou para outra cidade, tendo um consultório também em outro local. Aqui é mais tranqüilo pois os recursos médicos são mais adequados.

Quando o menino tem crise, precisa ser hospitalizado de imediato, caso contrário corre risco de vida.

No processo, o ex-companheiro queixa-se de seu descontrole financeiro. Na verdade ela tinha muitas dívidas acumuladas durante os momentos de crise, e está pagando.

Sobre a reivindicação de J.R. quanto a levar o filho para a Capital nas visitas, ela questiona por temer pela saúde da criança. A vida boêmia não comporta os cuidados com a criança que acaba ficando com a avó paterna, a qual nunca teve maior relacionamento com o neto.

Há também o problema ambiental, muito sério diante da crise da criança, principalmente porque o pai é tabagista.

Nas visitas, ele não tem sido freqüente, nos últimos dois anos veio ver o filho por quatro vezes.

Conclusão

Durante toda a entrevista percebemos que C. e J.R. sempre tiveram dificuldades em construir uma relação familiar que comportasse a existência de um filho. Ficou sempre a impressão de que essa perspectiva era mais uma idealização de C. Talvez fosse a materialização de um sonho antigo, frustrado frente ao desfecho do primeiro casamento.

Percebemos também que ainda é muito forte o vínculo que ela mantém com o ex- marido. Ele hoje é seu maior e mais antigo confidente. Ela continua a manter com ele contatos telefônicos diários.

Mas enquanto mãe, C. tem demonstrado ser uma mulher dedicada, afetuosa e preocupada com a saúde do filho. Tanto ela quanto a criança, presente na entrevista, mantêm fortes vínculos afetivos. Nada justifica uma mudança nesta situação (inclusive mudança de guarda não é reivindicada pelo pai).

Os empecilhos que C. apresenta para ser contra a visita do filho à casa paterna são justificados por ela como necessários à manutenção da saúde do filho. As condições de vida do pai só poderiam ser melhores avaliadas mediante realização de estudo psicossocial junto a ele e seus familiares, na comarca da Capital, onde residem.

De antemão, podemos observar que a história de vida anterior de C. e o seu padrão de relacionamento com J.R. vêm obstruindo a comunicação entre ambos e dificultando o estabelecimento de condições propícias ao exercício do papel de pais do filho que tiveram em comum. Esclarecendo-se melhor a disponibilidade e as circunstâncias de cada um, estas decisões e convivência poderiam ser facilitadas.

É o que podemos apresentar para o momento.

(município) 10 de julho de 2001.

Laudo 4

Proc.:
Adolescente: D. (16 anos)
Criança: A. (10 anos)
Filiação:
Genitor: Z.
Genitora: Y.

M.M. Juiz: Prosseguindo em nossa avaliação psicossocial em relativo à família em tela, entrevistamos o genitor, a genitora e as meninas D. e A., sendo que em uma ocasião foram aplicadas provas gráficas. Temos a relatar o que segue.

Do genitor

Sr. Z., 45 anos, nascido na China, reside há 14 anos no Brasil. Trabalha no ramo de importação e comercialização de artigos chineses (presentes, enfeites de resina, etc.).

O genitor verbalizou que conheceu a companheira aos 25 anos de idade, tendo lhe sido apresentada pelo seu progenitor. Naquela ocasião ele havia acabado de concluir os estudos em engenharia náutica e a Sr. Y. foi sua única namorada (costume bastante comum na China, uma vez que os jovens não freqüentam escolas mistas).

Referiu que tanto o pai quanto o irmão de sua companheira apresentam problemas mentais, tendo passado por várias internações psiquiátricas (informação confirmada posteriormente pela própria genitora e filhas do casal).

O Sr. Z., porém, não pode prever que a esposa seria tão nervosa, irritável, briguenta e instável (sic).

Afirmou que seu casamento tem passado por graves conflitos há 7 anos, entretanto a crise acirrou-se sobremaneira nestes últimos 2 anos, culminando com embates verbais e físicos de ambas as partes. Mostrou uma cicatriz no joelho, afirmando ter sido atacado pela esposa que o perfurou com uma tesoura.

O genitor relatou que, quando tomada de fúria, ela joga pesados objetos nas pessoas (afirmação confirmada pelas filhas do casal) e que em várias ocasiões tentou agredi-lo com a faca. Não negou o fato de que em uma das brigas recentes do casal "perdeu a cabeça e bateu na esposa" (sic).

Declarou que há dois meses a Sr. Y. arrumou uma advogada e pediu a separação. Exigiu, também, continuar com o negócio da família, propondo-lhe que arranjasse novos produtos e artigos chineses para importar, uma vez que ela continuaria com a antiga clientela.

Devido a esta exigência, o Sr. Z. viajou no mês passado à China, na tentativa de abrir novos mercados, e retornou há uma semana com a promessa de ser o representante comercial para o Brasil de uma firma de produtos eletrônicos.

O genitor verbalizou que durante todos estes anos tem trabalhado e se dedicado, juntamente com a esposa, ao negócio em comum, entretanto, conforme a tradição chinesa, entregava a maior parte dos ganhos a ela para que ela gerenciasse a parte financeira.

Relatou que sua companheira sempre viajou e se ausentou muito do lar. Muito freqüentemente ela viajava ao Rio de Janeiro e Minas Gerais e todos os anos retornava à China para passear. Só no ano passado a Sr. Y. lá esteve 3 vezes, inclusive logo após a grave cirurgia da filha D., ausentando-se durante o período de convalescença da mesma. Nestas ocasiões ele ficava se incumbindo das filhas.

Observamos que o genitor encontra-se lúcido, bem orientado no tempo e no espaço, respondendo de bom grado e prontamente ao solicitado, mesmo quando as questões eram de cunho delicado. Colocou-se com bastante sinceridade, expressando grande afeto às filhas e desejando assumir a guarda das mesmas.

Observamos que o genitor e as meninas dialogam aberta e francamente, vinculando-se através de laços afetivos de caráter paterno-filial, com significativa depositação de confiança mútua.

Da genitora

A Sr.ª Y., 43 anos, nascida na China, é importadora e comerciante de produtos chineses. Relatou ter vindo ao Brasil, antes mesmo do companheiro, em 1988, com apenas $60,00 no bolso em busca de melhores condições de vida e conseguiu fazer um bom patrimônio.

Verbalizou ter deixado a filha mais velha D. na China, aos cuidados dos avós paternos, como reza a tradição, até porque, na ocasião, ela e o esposo não tinham condições materiais para criar a filha, somado ao fato de terem de dedicar muitas horas ao trabalho. D. só veio ao Brasil em 1995, com 10 anos de idade, quando a família já tinha um bom lastro econômico.

Através de seu discurso, a genitora refere-se sempre a muito trabalho e à conseqüente falta de tempo para se dedicar à família, escusando-se nesta argumentação como fatores impeditivos a conversar mais freqüente e profundamente com as filhas.

Ao longo de toda a entrevista, a Sr.ª Y esforçou-se para denegrir a imagem do companheiro, acusando-o de "ter uma amante na China, de ser vagabundo, de não saber trabalhar", afirmando enfaticamente que só ela sabe ganhar dinheiro. Desejosa de passar a imagem de que apenas ela é a grande trabalhadora da família, enfatizou que "nunca falta nada de material às filhas, pois sua renda mensal, advinda do comércio, gira em torno de 8 mil reais" (sic).

A genitora prendeu-se insistentemente ao fato de oferecer uma vida generosa, confortável e com folga econômica à família, priorizando sempre o lado material, em detrimento do afetivo.

Informou ser diabética há 5 anos, fazendo, de certa forma, uso desta condição clínica para mobilizar pena sobre sua pessoa.

Em relativo às acusações de bater, ofender, jogar objetos e agredir as filhas, a genitora sempre nega, entretanto, ao ser por nós inquirida mais firmemente, verbalizou que só uma vez jogou um objeto de resina na parede e se surpreendeu ao ver que atingiu a filha e ainda mais por esta referir muita dor.

Atenta ao seu discurso, percebemos importantes contradições. Exemplificando melhor, ora refere-se ao marido como uma pessoa pouco trabalhadora e agressiva, sendo que logo depois afirma que tudo sempre esteve bem, em curso normal em sua família, que o problema surgiu a partir do momento em que ela decidiu se separar.

A genitora denigre sistematicamente a imagem dos parentes do marido, ora, se os considera tão inadequados, aqui cabe a indagação, por que a eles confiou a criação das filhas por longos anos em terras distantes?

Seguindo a sua linha de atuação persecutória, escuda-se na tradição chinesa, quando percebemos nitidamente que esta questão extrapola a mera cultura e costumes chineses. Houve realmente um consentimento de sua parte.

Tenta também, de forma inconsistente, culpabilizar a família do marido, justificando que a separação significa a divisão de bens.

De maneira lábil e pouco coerente refere que a família paterna "tramou tudo e fez a cabeça das meninas para que se voltassem contra ela". Demonstra importante resistência em se questionar a respeito de seu distanciamento das filhas, de sua falta de tempo para conversar mais e se envolver com as mesmas.

Distanciamento este que reflete na postura de rigidez, frieza e insensibilidade, mesmo quando colocada frente ao fato de que as meninas não querem voltar para a casa materna.

Em nenhum momento a genitora nos indaga a respeito das filhas, como estão de saúde, se estão freqüentando as aulas, como se sentem na companhia dos tios, porém afirma que tentará reaver a guarda das mesmas. Como se fosse a situação esperada e mais natural do mundo filhos permanecerem com suas mães.

A Sr.ª Y. parece comportar-se levando em conta apenas e meramente os seus interesses e desejos pessoais, percebendo as filhas como seus objetos e não como sujeitos de direitos.

Fica-nos a vívida impressão de que a genitora, lutando para conseguir a guarda das filhas, receberia o aplauso e a aprovação da comunidade chinesa, aqui residente.

Das filhas

Através de várias entrevistas individuais, conjuntas e da aplicação de provas psicológicas, temos a relatar o que segue.

D., 16 anos, cursando o 1ª série do ensino médio, esclareceu que nasceu na China e lá permaneceu na casa dos avós e tios paternos até os 10 anos de idade, quando veio ao Brasil e passou a residir com seus genitores em São Paulo.

Quando contava 2 anos de idade, sua genitora deixou a China vindo ao Brasil para abrir um negócio de importação e comércio, estabelecendo-se aqui com o companheiro. Dos 2 aos 10 anos de idade D. conviveu ininterruptamente com a família paterna, recebendo eventuais visitas dos genitores.

A., 10 anos, cursando a 3ª série do ensino fundamental, nasceu no Brasil. Entretanto, logo depois seus genitores voltaram à terra natal, deixando-a com 5 meses de idade sob os cuidados dos avós paternos, da mesma forma como haviam procedido com a primogênita e regressaram ao Brasil.

De modo que as duas irmãs estiveram durante a 1ª e 2ª infâncias, qual seja, ao longo dos anos primordiais de formação e de desenvolvimento da personalidade, sob a responsabilidade e convivência dos membros (avós e tios) da família paterna.

As irmãs apresentam significativas e alegres lembranças deste período de suas vidas, vivendo na China junto a membros da família paterna. Com tristeza, revelaram que os familiares do ramo materno as menosprezavam sobremaneira. Dado este que parece ser de cunho cultural, uma vez que as crianças do sexo feminino não são muito bem quistas.

Ambas as irmãs revelaram que o pai é uma pessoa trabalhadora, apesar da genitora insistir em afirmar o contrário. Verbalizaram também que ele é calmo, bondoso e que nunca as agrediu, nem verbal, tampouco fisicamente. Percebem o genitor como um pai próximo, afetivo e que as defende “dos ataques de braveza e explosão da mãe”.

Quanto à genitora, as meninas afirmaram ser ela uma pessoa instável, nervosa, irritadiça, explosiva e brava. “Não dá para prever quando ela está bem ou quando vai ter uma explosão. Às vezes ela já vem irritada do trabalho, não conta o que aconteceu e desconta na gente, com gritos, insultos, batendo e atirando objetos em nós” (sic).

D. e A. referiram que nestes últimos dois anos o comportamento materno piorou sensivelmente. Sem razão aparente ela passou a agredi-las muito. Relataram que a genitora fala para a filha caçula não prestar atenção na irmã D. pois esta é "doente mental e retardada"(sic). Afirmação, aliás, que teria feito também para colegas de escola de ambas, o que evidentemente, as magoou muito.

D. mencionou que sua mãe é muito desconfiada e não respeita os diários e agendas, invadindo até mesmo esta privacidade, abrindo, olhando e mexendo em tudo.

Genuinamente emocionada, D. relatou que no ano passado sofreu muito com a atitude de frieza e distanciamento maternos. Sentiu-se rejeitada pela genitora, pois passou por um longo e dolorido tratamento contra um tumor ósseo, que culminou com a cirurgia de retirada do mesmo, tendo levado 38 pontos. Aos prantos, a jovem mostrou-nos a cicatriz, referindo ao temor que teve sem saber se "o mesmo era maligno, se voltaria e até mesmo se perderia a perna e/ou os movimentos" (sic).

Esperou que sua mãe a acompanhasse às inúmeras consultas, o que não ocorreu, "ela só me acompanhou uma vez, na maioria das vezes fui levada pela tia e sempre choferada pelo genitor". Nem mesmo no dia da cirurgia a genitora esteve presente, e no 4º dia, momento da alta hospitalar, a genitora ausentou-se do Brasil, viajando com o sócio à China, lá permanecendo um mês "sem informar à família em qual hotel se hospedaria e sem telefonar às filhas durante o período em que lá esteve" (sic).

É evidente que a delicada questão clínica pela qual a jovem passou a traumatizou, sobremaneira pelo fato de não ter recebido o menor apoio por parte de sua genitora, que se negou a acompanhá-la aos médicos, e que, frente à insistência de D., respondia: "o pai leva". A Sr.ª Y parece não ter se sensibilizado nem mesmo quando a filha lhe pediu que a ajudasse no 1º banho após a alta, recebendo a seca resposta: "não posso, preciso almoçar com o sócio e embarcar para a China a trabalho" (sic).

Ao ser por nós indagada mais profundamente a respeito, a Sr.ª Y tentou minimizar a situação e responsabilizar o companheiro, afirmando que "ele a havia informado erradamente sobre a hora da cirurgia".

Com essa verbalização, a genitora perpetua sua conduta bastante imatura e inconsistente de agir, jogando a culpa e a responsabilidade de seus atos sobre as demais pessoas. Descortina o fato de estar mesmo afastada e alheia às filhas, pois se tivesse acompanhado todo o processo clínico da filha estaria a par das informações essenciais, incluindo-se aí, o horário previsto para o ato cirúrgico.

Ainda a respeito do tumor ósseo, a genitora teria dito à filha: "não se queixe, eu tive a sua irmã em um hospital público e você tirou o tumor no hospital particular, nós tivemos que gastar dinheiro" (sic).

Em outros momentos da avaliação, as irmãs esclareceram que ultimamente tem sido D. quem acompanha A. ao dentista, pois assim a mãe determina: "você leva, eu pago".

A. teve um problema ginecológico e foi D. quem a assistiu, cuidando da higiene local e passando pomadinha. "A mãe comprou o remédio, mas era eu quem passava na minha irmã e ela nem mesmo perguntava se estava melhorando" (sic).

Através do sincero discurso das irmãs, denota-se que o forte desta genitora é pagar pelas coisas e serviços, em detrimento do lado emocional, empobrecendo a vinculação afetiva.

D. informou-nos que, após sua fuga de casa, soube que a genitora telefonou a algumas de suas colegas de escola, dizendo que ela tinha fugido com o namorado e que estava na casa dele, o que evidentemente a magoou muito pois nem mesmo tem namorado.

Este fato reflete novamente a insensibilidade materna e sua capacidade de forjar os dados de realidade, distorcendo-os conforme lhe convém.

Também em relação aos estudos e parte acadêmica a questão se repete. "Mamãe é desligada, não se interessa, não pergunta como estamos indo na escola e quando pedimos para nos ajudar com alguma lição ela responde: "Pede para o pai".

D. e A. referem temer a genitora. Acreditam que o convívio na casa materna não melhorará, ao contrário, vai ser pior ainda, "ela vai nos humilhar, forçar a pedir perdão e nos tratar como objeto" (sic).

As irmãs denotam sentir muito medo da genitora, sentem-se inseguras e ameaçadas em sua presença. Afirmaram enfaticamente que preferem ser abrigadas a retornar ao convívio materno, chegando a dizer com lágrimas nos olhos: "Se o Juiz nos obrigar a viver com a mãe, nós vamos continuar fugindo" (sic).

Parecer psicossocial

Ao longo das inúmeras entrevistas realizadas, pudemos evidenciar a vivência de rejeição afetiva sentida pelas irmãs D. e A. em relação à genitora. Entre as meninas e a Sr.ª Y existe um profundo e amargo sentimento de distanciamento afetivo.

Percebemos, através de nossa avaliação, que o tecido afetivo e o elo de ligação entre mãe e filhas encontra-se rompido, assim sendo, a qualidade de seu relacionamento é pobre e marcada pela desconfiança e insegurança. D. e A. perderam a confiança básica na figura materna de quem sentem muito medo e temor.

D. e A. angustiam-se frente à ameaça feita pela genitora de tê-las de volta, pois em seus corações está claro o distanciamento e a insensibilidade maternas, que dificultam, limitam e contaminam o relacionamento.

Do ponto de vista psicossocial, acreditamos que o mais benéfico e saudável emocionalmente à D. e A. é sua permanência com o genitor, Sr. Z., ou sob a responsabilidade dos tios paternos. São pessoas aptas a acolhê-las e provê-las adequadamente, oferecendo um continente seguro aos seus anseios e propiciando-lhes uma vida familiar em atmosfera de harmonia e afetividade.

À elevada consideração de V. Exª.

Impressão e Acabamento | Gráfica Viena
Todo papel desta obra possui certificação FSC® do fabricante.
Produzido conforme melhores práticas de gestão ambiental (ISO 14001)
www.graficaviena.com.br